**Das
volkskundliche
Taschenbuch
23**

**Das
volkskundliche
Taschenbuch**
bringt bisher unveröffentlichte Originaltexte
von besonderem Dokumentationswert.
Eine Einleitung situiert das Dokument in seiner Zeit,
dazu kommen Abbildungen und Anmerkungen.

**Das
volkskundliche
Taschenbuch**
ist eine Reihe
der Schweizerischen Gesellschaft für Volkskunde,
begründet und herausgegeben
von *Paul Hugger.*

René Schnell

Briefe aus Shanghai
1946–1952

Dokumente eines Kulturschocks

Herausgegeben von
Susanna Ludwig

Limmat Verlag
Zürich

Der Autor widmet dieses Buch dem Andenken seiner Eltern

Auf Internet
Informationen zu Autorinnen und Autoren
Materialien zu Büchern
Hinweise auf Veranstaltungen
Schreiben Sie uns Ihre Meinung zu diesem Buch
www.limmatverlag.ch

Das Umschlagbild zeigt die Nanjing Road in Shanghai

Alle im Buch verwendeten Bilder stammen aus
der Sammlung von René Schnell

© 2000 by Limmat Verlag, Zürich, und
Schweizerische Gesellschaft für Volkskunde, Basel
ISBN 3 85791 310 X

Inhalt

Susanna Ludwig – *Einführung* **7**

René Schnell
Briefe aus Shanghai 1946–1952

Die ersten Wochen in der Fremde –
Dezember 1946 bis März 1947 **25**

Auf den zweiten Blick – April bis Juni 1947 **63**

Ein heisser Sommer – Juli bis September 1947 **78**

Bald ein Jahr in Shanghai: Rückblick und Ausblick –
Oktober bis Dezember 1947 **94**

Voller Erwartung ins zweite Jahr – Januar bis März 1948 **107**

Krankheit und Freundschaft – April bis Juni 1948 **117**

Juli bis September 1948 **135**

Krise – Oktober bis Dezember 1948 **145**

Die Kommunisten kommen! – Januar bis Mai 1949 **165**

«Befreit» – Juni bis Dezember 1949 **183**

Der wirkliche Kommunismus – Januar bis Juni 1950 **202**

Noch kein Ende in Sicht – Juli bis Dezember 1950 **214**

Leben im Polizeistaat – Januar bis Juni 1951 **225**

Rückzug ins Private – Juli bis Dezember 1951 **236**

Warten auf das Visum – Januar bis Juli 1952 **246**

Finale – August bis September 1952 **257**

Register **265**

Einführung

Zu den Briefen

Die in diesem Band veröffentlichten Briefe schrieb ein junger Schweizer Kaufmann, René Schnell, der sechs Jahre in Shanghai verbrachte, an seine Eltern in Burgdorf (Kanton Bern). Zwischen Dezember 1946 und September 1952 schickte Schnell jede Woche, anfangs zweimal, später einmal, jeweils etwa eineinhalb maschinengeschriebene Seiten nach Hause, insgesamt über 400 Briefe, die alle erhalten sind.

Wie bei Briefen an die Familie nicht anders zu erwarten, diente ein grosser Teil dieser Korrespondenz in erster Linie der Aufrechterhaltung des Dialogs und dem Austausch sehr persönlicher Mitteilungen mit den Daheimgebliebenen. Auch die Korrespondenz selbst war Thema der Briefe. Diese wurden numeriert und der Eingang – mit Datum – jedes einzelnen festgehalten und verdankt. Zeitweise wurden Durchschläge gemacht, die in prekären Zeiten mit dem nächsten Brief mitgeschickt oder auf einem andern Postweg versandt wurden, da es öfter Unterbrüche im Postverkehr gab, welche ebenfalls erörtert wurden. Zahllose Grüsse, Klatsch und Neuigkeiten aus der Ferne oder aus der Heimat wurden hin und her geschickt. Aber neben all diesen für Aussenstehende eher uninteressanten – wenn auch streckenweise durchaus amüsanten und anrührenden – Nachrichten enthalten fast alle Briefe eine lebendige, manchmal reflektierte, manchmal naive Beschreibung der neuen Lebensumstände des Autors im fernen Shanghai – von Begebenheiten und Erlebnissen, von Zuständen und Verhältnissen im China der Nach- und Bürgerkriegszeit, welche eine Veröffentlichung im Rahmen dieser Buchreihe durchaus rechtfertigen.

Der Aufbau der Briefe ist selten systematisch, obwohl ein gewisses formales Grundmuster vorhanden ist. So beginnt jeder Brief mit der Bestätigung des vorangehenden und dem Dank für erhaltene Briefe, dann folgt die Beantwortung der erhaltenen Briefe, darauf ein aktueller Bericht und danach die Wiedergabe dessen, was Schnell während der Woche auf dem «Notizzettel» festgehalten hatte. Doch da Schnell, vor allem am Anfang, unter dem Eindruck der Ereignisse schrieb – schnell und «einfach drauflos» –, verliess er oft diesen festgefügten Rahmen. Das bedeutet, dass er sprunghaft die Themen wechselte und ein Thema in einem Brief auch mehrfach und an verschiedenen Stellen berührte.

Die impulsive Art der Mitteilung brachte es auch mit sich, dass er gewissermassen schrieb, «wie ihm der Schnabel gewachsen» war. Damit ist gemeint, dass er die Sprache gebrauchte, die zu Hause gesprochen wurde, und diese dann mit verschiedenen Mitteln in die Schriftsprache zu transponieren versuchte. Der Grammatik des Schriftdeutschen entsprachen die Sätze oft nicht – er konnte aber davon ausgehen, dass die Empfänger – seine Eltern – ihn verstehen würden, da sie mit der Sprache vertraut waren.

Im Laufe der Monate und Jahre änderte sich Schnells Schreibstil. Der Gestus wurde weniger aufgeregt und der Stil konventioneller. Ab Ende 1948 tauchen vermehrt Anglizismen auf, also aus dem Englischen übernommene Wörter und Wendungen, z. B. «sich wundern» für «sich fragen» (von «to wonder») oder «fixieren» für «reparieren» (von «to fix»), «Applikation» für «Antrag» (von «application»), was natürlich auf den intensiven täglichen Gebrauch dieser Sprache in Shanghai zurückzuführen ist.

Man merkt auch am Inhalt der späteren Briefe, dass der Autor kein Neuling mehr ist, sondern einigermassen vertraut mit der Umgebung, und dass sich seine Perspektive auf die für ihn erst völlig fremdartige chinesische Kultur geändert hat. Am Anfang sind zum Teil noch chauvinistische Bemerkungen in den Briefen anzutreffen, wobei man oft (auch bei Äusserungen über das Geschäft) den Eindruck hat, sie seien von den Kollegen übernommen. Dieser Eindruck wird bestätigt, wenn man auch die Briefe der Eltern (ebenfalls 400 an der Zahl und alle erhalten) liest, welche keinerlei solche Äusserungen enthalten, sondern meistens zu Offenheit, Besonnenheit und Umsicht ermuntern oder mahnen und, was die Chinesen bzw. das Fremde angeht, eher Fragen enthalten, welche allenfalls etwas naiv sind, so wie man es sich im Privaten eben erlaubt («Wie ist das nun, haben sie noch Zöpfe?»), aber nie vorurteilsbeladen. Schnells späteres Urteil beruhte auf seinen eigenen Erfahrungen, und die dürften, gerade was die Begegnung mit der fremden Kultur angeht, intensiver als bei manchem seiner Landsleute gewesen sein, die sich selten der Mühe unterzogen, die chinesische Sprache zu lernen, wie Schnell dies tat. Als er 1948 eine chinesische Frau näher kennenlernte, lernte auch er «die andere Seite» noch einmal anders und besser kennen. Spätestens dann äusserte er sich in den Briefen nicht mehr undifferenziert über sein Gastland.

Schon bevor er Julie Ting kennenlernte, im Juni 1948, kündigte er programmatisch an, er wolle sich eingehender mit der chinesischen Lebensweise befassen (auch hier bestärkt von seinen Eltern), und beklagte, dass nach wie vor ein «eiserner Vorhang» zwischen ihm und den Chinesen sei, wie bei fast allen Europäern. Deshalb wolle er sich mehr und mehr mit der Kultur seines Gastlandes vertraut machen, «sei es durch Freundschaft mit einer chinesischen Familie oder sonstwie». Diesen Plan setzte er in die Tat um.

Aus der Freundschaft mit der Chinesin wurde eine Liebesbeziehung, die allerdings bei Kollegen, Vorgesetzten(!) und Bekannten zum Teil harsche Kritik auslöste und die beiden jungen Menschen in eine tiefe Krise stürzte. Als es gar um die Frage einer Heirat ging, rieten alle ab – bis auf einige wenige Freunde Schnells, welche den gleichen Weg eingeschlagen hatten, d. h. sich ebenfalls über die Vorurteile und Kritik hinweggesetzt und ihre chinesische Freundin geheiratet hatten.

Dieses sehr persönliche Problem beschäftigte Schnell vor allem während des zweiten Teils seines Aufenthaltes stark und nimmt einen grossen Raum in den Briefen ein. Es ist aber nur für kurze Zeit das alles beherrschende Thema, denn Schnell steuerte bewusst dagegen an, nur von seinem «Lebensproblem Nr. 1», wie er es nannte, zu berichten. Ausserdem hatte dieses seinen Grund im Land China selbst bzw. einer seiner Bewohnerinnen, dadurch werden die Mitteilungen nicht zur ausschliesslich privaten Angelegenheit, sondern bleiben im allgemeinen Spannungsfeld der Begegnung mit der fremden Kultur.

Angesichts der Menge und des privaten Charakters der Briefe war es einerseits notwendig, für die Veröffentlichung eine Auswahl zu treffen, andererseits gewisse Partien beim Abdruck wegzulassen. Es sind dies nicht nur die oft in gleicher Form wiederholten Verdankungen, Empfangsbestätigungen und Grüsse, sondern auch Abschnitte, welche gewisse Themen enthalten, die zwar immer wieder erwähnt wurden, oft mehrmals in einem Brief, heute aber nicht mehr von so grosser Bedeutung sind, dass ihr Abdruck in voller Länge gerechtfertigt erschiene. Als Beispiel mögen die Inflation und das Klima dienen. Die hohe Inflation wird in beinahe jedem Brief erwähnt. Sie war im täglichen Leben damals natürlich bedeutungsvoll, weil die Leute oft nicht wussten, wieviel Wert das Geld in ihrer Tasche noch hatte oder wo sie die Banknoten hernehmen sollten, um die täglichen Einkäufe zu bezahlen.

Auch die grosse Hitze während der Sommermonate war für einen Schweizer eindrücklich, so dass die Beschreibung ihrer Auswirkungen auf die Menschen einigen Raum in den Briefen einnimmt. Weitere Themen, die zugunsten anderer, die auch heute noch interessieren, weggelassen wurden, sind die vielen Hinweise auf Briefmarken, die Schnell erhielt und für seine eigene Sammlung oder für Freunde und Bekannte nach Hause sandte, und Berichte über allgemeine Geschäftsvorgänge. Auch die obenerwähnte Sprunghaftigkeit des Stils machte manche Auslassung unumgänglich, doch sind die Auslassungen gekennzeichnet durch eine eckige Klammer: […]. Mit Ausnahme der Interpunktion, welche dem heutigen Gebrauch angepasst wurde, sind die Briefe im originalen Wortlaut wiedergegeben. Wo einzelne Wörter oder Wendungen nicht (mehr) allgemein verständlich sind, wurde in eckiger Klammer eine Erklärung oder Übersetzung eingefügt. Die Titel zu den Briefen sind von der Herausgeberin gesetzt, verwenden meistens eine Briefstelle und weisen auf ein charakteristisches Thema des folgenden Briefes hin.

Um zu verstehen, in welche Situation René Schnell geriet, als er im Dezember 1946 im fernen Shanghai ankam, ist es nötig, sich die historische Situation nicht nur der Stadt Shanghai, sondern auch Chinas zu vergegenwärtigen. Der folgende Überblick über die Geschichte Chinas bzw. Shanghais soll den Einstieg erleichtern. Danach folgen eine kurze Einführung in die Anfänge der Handelsbeziehungen zwischen der Schweiz und China und eine Biographie des Verfassers der Briefe.

China nach 1945

Am 2. September 1945 endete der chinesisch-japanische Krieg, der im Juli 1937 nach einem von Japan provozierten Zwischenfall in der Nähe von Peking ausgebrochen war, mit der Kapitulation Japans – weniger als einen Monat nachdem die USA am 6. und 9. August 1945 die Atombomben auf Hiroshima und Nagasaki abgeworfen hatten. Noch zu Beginn des Jahres 1945 war es Japan gelungen, weite Gebiete im Süden Chinas zu erobern, nachdem es den Teil Chinas, der östlich des 110 Meridians liegt – von der Nordmandschurei bis zur Insel Hainan im Südchinesischen Meer –, praktisch schon ganz besetzt hatte. Nur ein paar «Inseln» in den Provinzen Fujian, Jiangxi und Guangdong, jedoch keine der grossen Städte, waren Anfang 1945 noch unter chinesischer Kontrolle.

Mit der Kapitulation Japans war zwar für China eine lange Periode kriegerischer Auseinandersetzung mit einem äusseren Feind zu Ende, aber der schon seit 1927 andauernde Kampf zwischen der Nationalen Volkspartei und der Kommunistischen Partei Chinas um die Vorherrschaft im Land brach mit erneuter Vehemenz aus, als beide Parteien versuchten, möglichst viele der von den Japanern geräumten Stellungen zu übernehmen. Während der Kämpfe gegen den gemeinsamen Feind Japan hatten sich die Kommunisten der Komintern und diejenigen um Mao, die Nationalisten (Guomindang) und andere politische Gruppierungen zu einer Einheitsfront zusammengerauft, die aber nun nach der Niederlage Japans sofort auseinanderbrach.[1]

Schon kurz nach der Kapitulation Japans kam es zu grösseren Kämpfen zwischen den Nationalisten unter Jiang Jieshi (Chiang Kaichek) und den Kommunisten, die zahlenmässig weit unterlegen waren und nur einige grössere Gebiete im Norden Chinas kontrollierten. Mitte 1946 brach trotz eines ernsthaften Vermittlungsversuchs der USA der Bürgerkrieg vollends aus.

Im Januar 1947 kehrte der US-Sonderbeauftragte, George Marshall, der die Verhandlungen zwischen den Kommunisten und den Nationalisten nicht zur erhofften Etablierung einer Koalitionsregierung hatte führen können, in die USA zurück. Im März eroberten die Nationalisten die kommunistische Basis Yan'an (Yenan), im Juni hatten sie den grössten Teil der zeitweilig von den Kommunisten kontrollierten Gebiete zurückerobert und schienen einem sicheren Sieg entgegenzugehen. Doch dann trat eine Wende ein.

Die Kommunisten hatten seit Ende 1946 mehr und mehr Anhänger gewonnen und konnten die Rote Armee langsam weiter ausbauen (nicht zuletzt mit Material und Truppenteilen von kapitulierenden nationalistischen Einheiten); die Nationalisten hingegen verloren an Glaubwürdigkeit und militärischer Kraft. Einerseits hatten die acht Jahre Krieg gegen Japan die Motivation der Truppen geschwächt,

---

1   Eine ausführliche Darstellung des Bürgerkriegs befindet sich z. B. in Hsü, Immanuel C.Y., *The Rise of Modern China*, New York und Oxford, 1995, p. 619–644, welcher ich im Wesentlichen folge.

andererseits waren die Machthaber der nationalen Volkspartei (Guomindang) korrupt und auch unfähig. Jiang Jieshi selbst schätzte ausserdem seine militärische und politische Macht falsch ein und verlor immer mehr an Boden trotz anfänglicher Überlegenheit, sowohl was Zahl als auch Ausrüstung und Ausbildung seiner Truppen anging, und obwohl er nach wie vor massiv von den USA unterstützt wurde. Die militärische Hilfe der USA war ursprünglich zur Bekämpfung der Japaner eingerichtet worden, als es aber zur Auseinandersetzung zwischen Kommunisten und Guomindang kam, intervenierten die USA ganz im Sinne des späteren kalten Krieges gegen die Kommunisten. Diese gingen Mitte 1947 in die Offensive und eroberten im Guerillakrieg im Laufe eines Jahres den Norden Chinas zurück. Im Winter 1948/1949 eroberten sie den Zugang zur Hauptstadt Nanjing (Nanking), die im April 1949 in ihre Hände fiel, und von dort aus den Süden Chinas. Die Guomindang verlegte Anfang Mai den Regierungssitz nach Guangzhou (Canton), aber sie war längst nicht mehr handlungsfähig. Noch bevor er ganz China erobert hatte, rief Mao Zedong am 1. Oktober 1949 in Peking die Volksrepublik China aus. Mitte Oktober floh die nationale Regierung erst nach Chongqing (Chungking) und im Dezember 1949 schliesslich nach Taiwan.

Man kann sich vorstellen, dass China im Dezember 1946, 15 Monate nach dem Abzug der Japaner und am Vorabend des Bürgerkriegs, kein ruhiges, reibungslos funktionierendes Land war. Wirtschaftlich war das Land nach Jahren des Kriegs und innenpolitischer Querelen mehr oder weniger ruiniert. Die Unfähigkeit und Korruptheit der militärischen Führung hatte ihre Entsprechung in der politischen Führung, so dass die weitere Entwicklung keine wirtschaftliche Besserung brachte. Im Gegenteil, obwohl die USA auch wirtschaftliche Unterstützung leisteten, konnte die Guomindang die wirtschaftliche Lage nicht konsolidieren, geschweige denn die – wahrlich galoppierende – Inflation bremsen. Einerseits war und blieb die Arbeitslosigkeit hoch, andererseits wurden nicht genug Konsumgüter produziert. Die industrielle Produktion war fast ganz zum Erliegen gekommen. Und als ob die Korruption, die das gesamte gesellschaftliche Geschehen lähmte, nicht genügt hätte, um die Guomindang grossen Teilen der Bevölkerung zu entfremden, half sie durch Erhebung immer neuer Steuern, rigorose Bekämpfung tatsächlicher oder vermeintlicher Kollabora-

teure (mit den Kommunisten) und durch die Unterdrückung einer
weitverbreiteten Friedensbewegung der Entfremdung kräftig nach.
Nachdem innerhalb von sechs Monaten offenbar wurde, dass die
Währungsreform von 1948 gescheitert war (Preissteigerung in dieser
Zeit wiederum um einen Faktor von mehreren tausend), hatte die
Regierung der Guomindang jegliche Glaubwürdigkeit verloren.

In dieser Situation erhielten die Kommunisten, die diszipliniert vorgingen und sehr motiviert waren, den Kampf gegen die Korruption zu gewinnen, viel Rückhalt in der Bevölkerung. Weil sie sich in dieser Hinsicht wohltuend von den Nationalisten unterschieden, fanden die Kommunisten, deren Stärke in der Verbindung zur ländlichen Bevölkerung lag, zunächst auch in bürgerlichen Kreisen Unterstützung. «Bürgerliche» Kreise steht hier für die wohlhabende und im Lebensstil sich weitgehend an westlichen Vorbildern orientierende, hauptsächlich in den grossen Städten ansässige Klasse einschliesslich der ausländischen Geschäftsleute in Städten wie Shanghai, Guangzhou, Tianjin (Tientsin). Wiederbelebung der Wirtschaft (im ganzen Land) und Bekämpfung der Inflation waren nach dem Krieg die wichtigsten Ziele, welche es zu erreichen galt, wenn ein vereintes China Bestand haben sollte. Die Kommunisten erreichten diese Ziele auf ihre Art, z. B. durch Verstaatlichung des Bankwesens, Gründung von Handelsgenossenschaften und Berechnung der Gehälter auf der Basis von Naturalien, so dass sie von der Inflation unabhängig waren. Der Wiederaufbau kam rasch voran, und das sicherte den neuen Machthabern grosse Sympathie auch unter den Ausländern. Nicht nur dies, die Kommunisten räumten auf, im eigentlichen wie im übertragenen Sinn: Sie säuberten die Strassen und bekämpften Korruption und Verbrechen. Nach Jahrzehnten des Kriegs, der Misswirtschaft und Ausbeutung durch eine korrupte Regierung bedeutete dies für die Bevölkerung zunächst Erholung. Erst später zeichnete sich ab, dass die neue Ordnung auf penible Kontrolle gründete, die auch Denunziation und Manipulation einschloss. Als 1951/1952 die ökonomische Umstrukturierung forciert wurde, änderte sich die Einstellung grosser Kreise der Bevölkerung gegenüber dem kommunistischen Regime. In den hier publizierten Briefen zeigt sich deutlich, dass sich in Shanghai schon früher, etwa Mitte 1950, ein grosser Teil der Bevölkerung in ihren Erwartungen enttäuscht sah und von den Kommunisten abwandte. Nicht zuletzt deshalb, weil die Kommunisten mit der von den Nationalisten angefangenen Abschaffung der Privilegien für ausländische Firmen ernst machten und mit der Verstaatlichung auch der chinesischen Unternehmen begannen.

Shanghai

Um die spezielle Situation Shanghais – innerhalb Chinas, aber auch als Welthandelsstadt – zu verstehen, muss man in der Geschichte weit zurückblättern, bis zum Opiumkrieg (1839–1842) und zum Abschluss der Verträge von Nanjing (1842 und 1844). Diese Verträge hielten die Bedingungen fest, unter welchen die Engländer den Opiumkrieg beizulegen bereit waren. Den Anlass zum Krieg gab der Versuch Chinas, den massiven illegalen Import von indischem Opium durch englische Handelskompanien zu beenden. Als Antwort stürmten die Briten mehrere Städte und Festungen an der Küste des Chinesischen Meeres und am Unterlauf des Yangzijiang (Yangtze), unter anderen Shanghai. China musste England (1844 folgten die USA und Frankreich) gemäss diesen Verträgen gewisse Handelsrechte einräumen, welche vorsahen, dass ausländische Handelshäuser sich auf chinesischem Boden niederlassen konnten. Die Verträge umfassten im einzelnen Reparationszahlungen, eine Meistbegünstigungsklausel, Exterritorialität (d.h. Ausländer in Shanghai waren ausschliesslich ihrer eigenen, konsularischen Jurisdiktion unterworfen), die Festlegung der Zolltarife (recht niedrig) sowie Handelsfreiheit für jedermann (d.h. Abschaffung der Staatsmonopole) – also ziemlich weitreichende Privilegien für die Ausländer.

Das alte Shanghai war zu der Zeit, als die westlichen Ausländer sich mit Waffengewalt die Sonderrechte erpressten, schon ein wichtiger Hafen und Umschlagplatz des binnenchinesischen Handels mit einem enormem Volumen dank seiner Lage zwischen dem Südchinesischen Meer und einem Fluss- und Kanalsystem, welches einen grossen Teil Südchinas erschliesst. Das machte die Stadt auch für die Ausländer sehr attraktiv.[2] Shanghai wird als Stadt, noch unter einem anderen

---

[2] Weitere Vetragshäfen waren Fuzhou (Foochow), Guangzhou (Canton), Ningbo (Ningpo), Xiamen (Amoy) u. a. Zum Handelsvolumen in Shanghai s. Englert und Reichert, eds., *Shanghai – Stadt über dem Meer,* Heidelberg, 1985, p. 44/45.

Namen zwar, zum ersten Mal im zehnten nachchristlichen Jahrhundert erwähnt. Ihr heutiger Name erscheint erstmals in einem Dokument aus dem Jahr 1095, und zwar als Shanghai-zhen, was soviel wie «Markt(ort) über dem Meer» bedeutet. Ab ca. 1290 ist sie als Sitz eines Unterpräfekten und Kreishauptstadt verzeichnet.

Die erste nachweisbare Erwähnung Shanghais in einem europäischen Dokument, dem Reisebericht des jesuitischen Missionars Nicolas Trigault, datiert aus dem frühen 17. Jahrhundert (1615). Die Beziehung zwischen Shanghai und Europa blieb auf die Mission beschränkt, bis Mitte des 18. Jahrhunderts Agenten der Ostindischen Handelskompanie den Weg nach Shanghai fanden und ihren Landsleuten empfahlen, hier eine Handelsniederlassung zu gründen. Dazu kam es vorerst nicht, da China sich jeglichem Handel mit dem Westen verschlossen hatte und nur vereinzelt (zum Beispiel in Macao und Guangzhou) und auch nur an einzelne Handelshäuser Privilegien vergab. Erst der Opiumkrieg, d.h. eigentlich die aggressive Handelspolitik Englands, welche die politische Schwäche der Qing-Dynastie[3] ausnützte, brach jene selbstauferlegte Beschränkung auf.

In Shanghai setzte bald nach der «Eröffnung» als Vertragshafen eine rasante Entwicklung ein. Der Historiker John K. Fairbank schrieb:

«Nach 1843 wurde Shanghai zum Treibhaus der Modernisierung und zum Zentrum des Außenhandels, nach 1896 auch der Industrie. Es wurde zu Chinas wichtigstem Zentrum für Reformbestrebungen und revolutionäre Ideen, wozu das Wachstum der Presse und des Verlagswesens ebenso beitrug wie die Bildung einer immer stärker vernehmbaren öffentlichen Meinung. Die nach ausländischem Muster gestalteten Einrichtungen einer modernen Stadt gingen mit einem europäisierten Lebensstil einher, mit dem Zustrom ausländischer Ideen und Bräuche, und einem prekären Gleichgewicht zwischen der chinesi-

---

3   Die Vertragsabschlüsse fielen in eine Zeit, in der China schweren inneren Krisen unterworfen war. Das politische System des alten Kaiserreiches zerbrach an der Unmöglichkeit, sich an die Veränderungen der Moderne anzupassen, bzw. diese zu integrieren. Moderne bedeutet hier nicht ausschliesslich Einflüsse westlicher Prägung, obwohl diese stark waren. Chinas Bevölkerung wuchs, und dies hatte neben Veränderungen in Produktion und Handel auch eine Verschiebung der Kräfte innerhalb der Gesellschaft zur Folge. Das feudalistische System, welches über Jahrhunderte unverändert geblieben war, konnte diese Bewegungen nicht aufnehmen und die nötigen politischen Reformen einleiten. Die letzte Dynastie, die Qing, wurde durch die Revolution von 1912 entmachtet.

schen Regierung und den ausländischen Konsuln mit ihren extraterritorialen Rechten. Als Chiang Kai-schek 1943 sein Buch ‹Chinas Bestimmung› veröffentlichte, bezeichnete er Shanghai mit Recht als einen Sumpf; er kannte die Stadt aus eigener Erfahrung.»[4]

Ausgangspunkt der Entwicklung waren die Konzessionsgebiete bzw. ausländischen Niederlassungen, die «French Concession» und das «International Settlement», jene Gebiete – zuerst ausserhalb der Stadt gelegen[5] –, in welchen sich die Ausländer niederlassen durften, um Handel mit den Chinesen zu treiben. Sie (allein) standen unter ausländischer Verwaltung. Allerdings wurden die Verträge und die Niederlassungsgebiete mehrfach zugunsten der Fremden erweitert, so dass immer grössere Teile der Stadt vom westlichen Lebensstil geprägt waren. Diese Gebiete unterschieden sich deutlich von den chinesischen Stadtteilen, die mit ihren engen Gassen und niederen Häusern und Hütten keinen westlichen Lebensstandard bieten konnten. Zudem war die alte Stadt noch um 1900 von einer Mauer umgeben. In den Niederlassungen gab es einerseits Wohngebiete mit Villen und Gärten und andererseits Geschäftsviertel mit Handels- und Warenhäusern, Banken und Clubs und breiten, verkehrsreichen Strassen, in welchen die Strassenbahn zirkulierte. Die Einwohnerzahl Shanghais schwoll nach 1900 an: 1882 hatte die Stadt ca. 544 000 Einwohner insgesamt. 1915 waren es bereits 2 Millionen, wobei der Anteil der Ausländer zwischen 15 000 und 20 000 lag. 1927 lebten 2,5 Millionen Menschen in Shanghai, wovon knapp 40 000 Ausländer waren.[6]

Die beiden Bevölkerungsgruppen vermischten sich kaum, es gab im Gegenteil vielfach Zusammenstösse und Auseinandersetzungen, die vor allem auf Unverständnis, aber auch auf der im Zitat oben erwähnten unsicheren Rechtslage beruhten. Für die Ausländer in den Niederlassungen galt ihr eigenes Recht, für die Chinesen in den chinesischen Stadtteilen chinesisches Recht, aber für all jene Fälle, in denen Ausländer gegen Chinesen vor Gericht standen, war die Rechtslage unklar,

4   Fairbank, John K., *Geschichte des modernen China, 1800–1985*. München, 1989, p. 184.
5   Vgl. die Farbgebung auf dem Stadtplan von 1947 (S. 53, auf welchem die ausländischen Niederlassungen und die chinesischen Stadtteile nach Farben unterscheidbar sind.
6   Zu den Erlebnissen eines Basler Kaufmanns im Shanghai der 1860er Jahre vgl. Adolf Krayer, *Als der Osten noch fern war. Reiseerinnerungen aus China und Japan 1860–69*. Das volkskundliche Taschenbuch 7, Basel 1995.

was Rechtsmissbrauch auf der einen Seite und zahlreichen illegalen «Geschäften» auf der andern Seite Tür und Tor öffnete.

Der Höhepunkt der wirtschaftlichen Entwicklung ist um das Jahr 1920 anzusetzen. Damals war Shanghai Chinas grösste, reichste und modernste Stadt. In den zwanziger Jahren profitierte die Wirtschaft Chinas von der Lähmung, welche der Erste Weltkrieg in Europa hinterlassen hatte. Gerade in den Vertragshäfen mit ihren guten Verbindungen in alle Welt setzte ein Boom ein, der bis in die dreissiger Jahre hinein spürbar war. In den zwanziger Jahren war Shanghai aber auch ein Zentrum des sozialen Umbruchs und der nationalen Bewegungen, so wurde z. B. 1921 dort die Kommunistische Partei Chinas gegründet. 1925 war es Schauplatz einer der heftigsten Zusammenstösse zwischen national gesinnten chinesischen Demonstranten und ausländischen Kapitalisten, der aus einem Lohnstreik in einer japanischen Firma hervorgegangen war und mit der Ermordung von Demonstranten durch britische Polizisten endete («Bewegung 30. Mai»).

Die dreissiger Jahre brachten der Stadt zwei Überfälle durch japanische Truppen. 1932, zu Beginn der japanischen Invasion auf dem chinesischen Festland – damals wurde Shanghai auf internationalen Druck nach ein paar Monaten wieder geräumt –, und 1937. Die Stadt Shanghai wurde als eines der wichtigsten Wirtschaftszentren schon im November 1937 von den Japanern besetzt, aber nicht zerstört. Die japanische Invasion, aber auch der Ausbruch des Zweiten Weltkriegs und die Verfolgung der Juden durch die deutschen Nationalsozialisten, die eine grosse Flüchtlingswelle nach Shanghai spülten, liess den Anteil der ausländischen Bevölkerung noch einmal stark ansteigen. Waren es 1930 etwa 58 000 Ausländer, so lebten 1942 knapp 151 000 Ausländer in Shanghai, wobei etwa zwei Drittel davon Japaner waren. Bereits 1945 war die Zahl wieder auf ca. 65 000 geschrumpft[7] und nahm im Laufe der folgenden Jahre, besonders nach der kommunistischen Machtübernahme 1949, rapide ab. Zunächst verliessen die Amerikaner, deren Regierung das Regime Jiangs unterstützte, die Stadt. Die Briten, die grössere Investitionen als die USA zu «verteidigen» hatten, ebenso wie Angehörige anderer Nationen blieben vorerst. Im September 1952, als René Schnell den letzten Brief vor seiner Abreise aus

---

7 Henriot C. et al., *Shanghai années 30*. Paris 1998, p. 42–44.

Shanghai abschickte, waren aber nur noch wenige Tausend Ausländer in Shanghai übriggeblieben. Etwas mehr als ein Jahrhundert ausländischer Dominanz in Shanghai ging mit dieser «Abwanderung» zu Ende. Nach dem Krieg war die Situation in Shanghai erst einmal unübersichtlich. Einerseits war Shanghai 1946 eine chinesisch regierte Stadt, denn 1943 hatte die Mehrheit der westlichen Länder auf ihre Privilegien in China verzichtet, andererseits bestand aber immer noch die von den Ausländern erstellte Infrastruktur, und die ausländischen Firmen waren nach wie vor präsent und entschlossen, weiter ihre Geschäfte in und mit China zu machen. Nicht zuletzt deshalb funktionierte das öffentliche Leben vergleichsweise gut. Auch die Versorgung der Stadt mit Lebensmitteln war nicht schlecht.

Bereits ab Herbst 1945 kehrten die ausländischen Geschäftsleute nach Shanghai zurück, die während des chinesisch-japanischen Kriegs zum Teil aus China geflüchtet waren, teilweise aber auch in japanischen Internierungslagern hatten ausharren müssen. Sie versuchten natürlich, das alte Leben wiederaufzunehmen, das sie aus der Zeit vor dem Krieg kannten. Damals genossen sie Sonderrechte, die denen einer Kolonialmacht nicht unähnlich waren. Wer Ende 1946 nach Shanghai kam, konnte gerade noch die letzten Spuren jener glanzvollen Hoch-Zeit, welche die Stadt zwischen den beiden Weltkriegen erlebte, wahrnehmen. Es zeigte sich aber bald, dass eine Rückkehr zu den alten Zeiten nicht möglich war, denn die Guomindang-Regierung wachte mit Argusaugen über die Tätigkeiten der ausländischen Firmen und trachtete danach, den chinesischen Markt zu schützen, indem sie die Einfuhren kontrollierte und begann, auch ausländische Firmen und Private zu besteuern. Die in Shanghai erscheinende ausländische Presse – es erschienen immer noch mehrere englischsprachige Zeitungen und eine deutschsprachige in Shanghai – unterwarfen sie der Zensur[8]. Trotzdem hofften die Vertreter der ausländischen Firmen, ihre Vormachtstellung im Handel mit China behaupten respektive zurückgewinnen zu können. Diese Hoffnung wurde – nach anfänglichem Aufschwung – durch die Machtübernahme der Kommunisten zunichte gemacht.

---

8 Nicholas R. Clifford, *Spoilt Children of Empire. Westerners in Shanghai and the Chinese Revolution of the 1920s,* Hannover (New Hampshire) and London, 1991, p. 276.

Der Handel zwischen China und der Schweiz

Der Beginn einer Handelsbeziehung zwischen den beiden Ländern, welche über den Export von Uhren nach China und Import von Rohseide in die Schweiz hinausging, ist erst mit der Revolution bzw. der Gründung der ersten chinesischen Republik 1912 anzusetzen. Den Beginn markiert die Eröffnung einer schweizerischen Handelsagentur in Shanghai, welche jedoch, da noch ohne konsularische oder diplomatische Unterstützung, nur kurz existierte (bis 1914). Die Schweiz hatte zwar 1913 die Chinesische Republik anerkannt, aber keine diplomatischen Beziehungen aufgenommen. Gleich nach dem Ersten Weltkrieg jedoch schlossen die beiden Länder einen Vertrag, welcher den Austausch von diplomatischen und konsularischen Beamten und die Errichtung eines Generalkonsulates in China bzw. einer Gesandtschaft in der Schweiz regelte und der Schweiz dieselben Privilegien zusicherte wie den anderen westlichen Mächten (also Exterritorialität, Meistbegünstigungsklausel etc.).[9] Auf diese Rechte verzichtete die Schweiz offiziell erst 1946, also drei Jahre später als die Grossmächte, da sie den besonderen Schutz ihrer Bürger in China während des Kriegs nicht aufheben wollte.

Das stärkste Motiv der schweizerischen Chinapolitik war, die Schweizer Bürger und Wirtschaftsinteressen in China angesichts der anhaltend unsicheren politischen Lage zu schützen. 1919 wurde ein Generalkonsulat in Shanghai eröffnet, wo die meisten Schweizer lebten. Im selben Jahr wurde die chinesische Gesandtschaft in Bern eröffnet. Die Schweizer Gesandtschaft in Nanjing wurde erst 1945 errichtet.

Von 1920 an stieg die Anzahl der in China ansässigen Schweizer und Schweizer Firmen stetig. 1922 lebten 350 Schweizer in China, 1930 etwa 430 (davon 220 in Shanghai), 1937 520 Schweizer. 1920 hatten 20 Firmen eine Niederlassung in China, 1930 waren es 46.[10] Es gab ausserdem seit 1923 ein «Handelstechnisches Büro» in Shanghai, welches Schweizer Unternehmer beraten und Geschäfte vermitteln konnte. Der Handel zwischen der Schweiz und China blühte auf. Ab

---

9 Howard Dubois, *Die Schweiz und China*, Bern 1978, p. 50.
10 Dubois, p. 57ff.; auch die Angaben in den folgenden Abschnitten beziehen sich auf Dubois.

1932 war der Generalkonsul auch als Geschäftsträger und also diplomatischer Vertreter der Schweiz in China akkreditiert, allerdings blieb er in Shanghai und wechselte nicht nach Nanjing, wo die chinesische Zentralregierung der Guomindang seit 1928 residierte. Das minderte seine Einflussmöglichkeiten bei der chinesischen Regierung.

In der ersten Hälfte der dreissiger Jahre machten sich die Auswirkungen der Weltwirtschaftskrise bemerkbar, das Handelsvolumen schrumpfte von 30 Mio Schweizer Franken (1930) auf 7,6 Mio Franken (1935), erholte sich aber ziemlich rasch und erreichte 1938 wieder den Stand von 1930. Ähnlich verlief die Entwicklung bei den Importen: 1930 wurden Waren im Werte von 10,3 Mio Franken eingeführt, 1934 noch für 5,3 Mio, 1937 wieder für 12,1 Mio Franken. Chemische und pharmazeutische Artikel machten 15–20 % des Schweizer Chinaexportes aus, Maschinen ca. 15 %, gefolgt von Textilprodukten, Nahrungsmitteln (Konserven, Kondensmilch), Aluminium und Waffen (die Schweiz hatte das Waffenembargo gegen China 1919 nicht unterzeichnet). Der Import aus China bestand vor allem aus Rohmaterialien und Halbfabrikaten, an erster Stelle Rohseide und Textilien (sie machten 40 % der Einfuhren aus China aus), weiter tierischen Produkten (Därme, Häute, Borsten) sowie Tee, Drogen und Chemikalien.

Der Handel zwischen der Schweiz und China war aber grundsätzlich mit einigen spezifischen Problemen behaftet, zum Beispiel Konkurrenz auch unter den Schweizer Firmen, Kreditknappheit, lange Transportwege bzw. Lieferfristen. 1937 wurde deshalb in Shanghai eine Agentur der Schweizerischen Handelsförderung gegründet, um diese speziellen Probleme lösen zu helfen. Der chinesisch-japanische Krieg stoppte die positive Entwicklung. Der Handel kam nach und nach zum Erliegen, wobei erst der Ausbruch des Pazifikkrieges 1941 das Ende brachte. Nach dem Krieg blühte der Handel allerdings für kurze Zeit wieder auf, bis die Machtübernahme des kommunistischen Regimes die wirtschaftliche Zusammenarbeit schliesslich für etliche Jahre unterbrach.

Über den Autor

Der Verfasser der Briefe, René Schnell, wurde am 18. Juni 1925 geboren und wuchs in Burgdorf, Kanton Bern, auf. Sein Vater, Hugo Schnell

(1893–1993), stammte aus einer alteingesessenen Familie – es gibt seit 1981 eine «Brüder Schnell Terrasse» in Burgdorf, die den drei Brüdern Johann Ludwig, Karl und Hans Schnell gewidmet ist, welche sich beim Sturz des Berner Patriziats und bei der Ausarbeitung der neuen Kantonsverfassung 1830/1831 hervorgetan haben. René Schnells Vater war Rechtsanwalt und als solcher der beruflichen Familientradition treu geblieben, denn unter den Schnell sind zahlreiche Juristen zu finden. Er war lange Jahre Burgerratspräsident in Burgdorf. Die Mutter Dora, geborene Lanz (1889–1971), war Zahnärztin. Sie hatte als eine der ersten Frauen, die zum Studium zugelassen wurden, 1913 ihr Staatsexamen gemacht und liess sich als erste Schulzahnärztin in der Stadt Bern nieder. Von 1918 bis 1925 führte sie ihre eigene Praxis in Burgdorf. Als der Sohn geboren wurde, unterbrach sie ihre berufliche Tätigkeit und nahm sie erst acht Jahre später wieder auf. Allerdings konnte sie die Praxis Mitte der dreissiger Jahre, in der Zeit der Rezession, nicht mehr weiterführen, da sie boykottiert wurde – nicht aufgrund mangelnder Qualifikation, sondern als «Zweitverdienende» in einer Zeit allgemeiner ökonomischer Knappheit.

René Schnell ging einen anderen Weg. Er besuchte das Gymnasium bis ein Jahr vor der Matura, verliess die Schule mit 17 Jahren auf eigenen Wunsch und trat eine Lehrstelle als kaufmännischer Angestellter bei einer Firma an, welche Filme für das graphische Gewerbe und Röntgenfilme herstellte. Im Frühjahr 1945 schloss er die dreijährige Lehre ab und machte, nach der Rekrutenschule, ab Dezember 1945 ein dreimonatiges Volontariat in Genf. Im Frühjahr 1946 bewarb er sich bei der Firma Ciba AG in Basel um eine Stelle als Sekretär in der Patentabteilung, wo er allerdings nur einige Monate blieb. Denn als die Ciba im Sommer desselben Jahres junge Leute für ihre Niederlassung in China suchte, meldete sich René Schnell kurzentschlossen. Er sah in dieser Auslandstelle eine gute Möglichkeit, der Enge und Provinzialität seiner Heimat zu entkommen. Seine Bewerbung wurde akzeptiert, und schon im Dezember des Jahres 1946 konnte er zusammen mit einem ebenfalls sehr jungen Kollegen aus Basel, André Hofer, die Reise nach Shanghai antreten.

Bedingt durch die politischen Geschehnisse in China wurden aus den vertraglich vereinbarten drei Jahren sechs lange Jahre, in denen der junge Schnell als «Commercial Assistant» für die Ciba (China) Ltd.,

Shanghai tätig war. Er hatte eine Zusatzklausel zum Arbeitsvertrag unterschreiben müssen, dass er die chinesische Sprache erlernen würde. Überzeugt, dass ihm dies einen besseren Zugang zur chinesischen Kultur ermöglichen würde, nahm er diese Verpflichtung gern auf sich. Dadurch, aber auch dank der aufgeklärten Einstellung, in welcher ihn seine Eltern unterstützten, eröffnete sich ihm eine ganz andere Sichtweise auf Land, Leute und Lebensweise seines Gastlandes, welche weit weniger durch Vorurteile geprägt war, als sie bei der Mehrheit seiner Schweizer und anderen ausländischen Kollegen anzutreffen war. Er lernte in diesen Jahren seine Frau, Ding Yung-He, genannt Julie Ting, kennen und heiratete sie 1952, kurz vor der Rückkehr in die Schweiz trotz mannigfacher Warnungen von seiten seiner Landsleute. Allen Unkenrufen zum Trotz war die Ehe von Dauer.

Julie Ting stammte aus einer angesehenen Familie aus Shanghai. Unter ihren Vorfahren zur Zeit des Kaiserreiches standen einige im Dienst des Hofs. Ihr Vater war Kaufmann, der nach dem Krieg zusammen mit einem US-amerikanischen Partner eine «Shipping Company», also eine Speditionsfirma, gründete, welche Gütertransport auf Frachtschiffen anbot. Entsprechend war er mit westlicher Lebensart und westlichen Geschäftspraktiken vertraut. Er sprach auch gut Englisch. Von Julies Mutter ist nichts weiter bekannt, als dass sie eine Chinesin «alten Stils» war. Sie sprach keine Fremdsprache und hatte zum Beispiel noch eingebundene Füsse. Julies Eltern verliessen China Anfang Mai 1949 und liessen sich in England nieder.

Zurück in der Schweiz, arbeitete Schnell zuerst weiter für die Ciba AG in Basel. Seine Frau erhielt erst ein Jahr nach ihm die Ausreiseerlaubnis aus China. Da sie sprachgewandt und vielseitig interessiert war, eine gute Schulbildung hatte und zudem eine eigenständige und entschlossene Persönlichkeit war, fand sie leicht Zugang zur fremden Kultur. Ihrer Offenheit und ihren vielseitigen Interessen verdankt das Ehepaar einen weiten Bekannten- und Freundeskreis sowohl in der Schweiz als auch im Ausland, wo die beiden, bedingt durch die weitere berufliche Tätigkeit René Schnells, viele Jahre verbrachten.

Von 1956 bis 1959 lebte das Paar in Manila, wo René Schnell für eine Firma arbeitete, welche ebenfalls Handel im Pharmabereich trieb. Von 1960 bis 1963 arbeitete er für eine grosse pharmazeutische Firma in Indien, dann kurze Zeit in Mannheim. Dazwischen unterbrach er seine berufliche Tätigkeit für eine Reise um die Welt zusammen mit seiner Frau. Am 1. November 1964 trat er wieder eine Stelle in Basel an. Bald konnte er für diese Firma als «Far East Area Manager» nach Hongkong gehen, wo er das Agenturgeschäft erst aufbauen half und dann zusammen mit seiner Frau führte. Diese Tätigkeit war mit vielen Reisen im asiatischen Raum verbunden. 1967 wurde das Büro in Hongkong aus Kostengründen geschlossen, und Schnells kamen nach Basel zurück. In den folgenden Jahren war er regelmässig in den Staaten des ehemaligen Ostblocks unterwegs. Wie sich 1990 herausstellte, trugen ihm diese Geschätsreisen mehrfache Einträge in den Fichen (Akten) der Bundesanwaltschaft ein. Als 1990 seine Frau starb, beschloss Schnell, statt sich pensionieren zu lassen, noch einmal ins Ausland zu gehen. Das Angebot dazu erhielt er, als seine Firma von einem grösseren pharmazeutischen Unternehmen übernommen wurde und dieses seine Präsenz auf dem osteuropäischen Markt ausbauen wollte. Schnell half bis 1993 beim Aufbau der Niederlassung in Moskau, dann zog er sich ins Privatleben zurück. Er lebt heute in einem kleinen Dorf in der Nähe von Basel.

Dank

An dieser Stelle möchte ich all jenen herzlich danken, die dazu beigetragen haben, dass dieses Buch erscheinen kann. Namentlich Dr. Raoul D. Findeisen, Leiter der Sektion Sprache und Literatur Chinas der Fakultät für Ostasienwissenschaften an der Universität Bochum, welcher die Herausgabe dieser Briefe initiierte, für die Vermittlung des Projekts und für die fachliche Betreuung, Herrn Prof. em. Paul Hugger, Chardonne, für sein Interesse, welches zur Aufnahme dieses Bandes in die Reihe führte, sowie seine redaktionelle Mithilfe, Herrn Jürg Zimmerli und den Mitarbeitern des Limmat Verlags für ihre Geduld und die stets freundliche Unterstützung mit Rat und Tat und Frau Ursula Fuhrer-Morgenthaler, Wettswil, für die Erfassung der Texte unter nicht ganz einfachen Bedingungen.

Basel, Juli 2000   Susanna Ludwig

René Schnell

Briefe aus Shanghai
1946–1952

Ende 1946

Die ersten Wochen in der Fremde
Dezember 1946 bis März 1947

Wer im Dezember des Jahres 1946 von Genf nach Shanghai flog, der brauchte für die Reise, wohlgemerkt im Flugzeug, eine ganze Woche und – mindestens 5600 Franken für das Ticket, ein damals horrender Betrag. Die Reise per «Flugboot» führte mit zahlreichen Zwischenlandungen zwecks Verpflegung von Passagieren, Crew und Flugzeug von London über Sizilien nach Nordafrika (Kairo), entlang dem Persischen Golf, hinüber nach Karachi, von dort via Rangoon und Bangkok nach Hongkong und schliesslich Shanghai. Plätze im Flugzeug waren damals so rar, dass die Firma die beiden Geschäftsreisenden bei der Regierung in Bern anmelden musste. Nur durch ihre Vermittlung konnte die Ciba die beiden jungen Angestellten überhaupt auf diesem Weg nach Shanghai befördern.

Schon am ersten Tag der Reise schrieb Schnell einen Brief an die Eltern. Mit diesem Brief werfen wir einen letzten Blick auf das Nachkriegseuropa, in welchem die Schweiz eine relativ unversehrte Insel bildete. Diese ist beim Lesen der Briefe aus Shanghai immer als Hintergrund mitzudenken, vor dem sich die fremde Stadt abhebt. In andern Ländern Europas sind die Spuren des Zweiten Weltkriegs, der erst seit eineinhalb Jahren vorbei war, noch deutlich sichtbar, wie die zwei ersten Briefe belegen.

Vom Londoner Nebel macht Ihr Euch keine Vorstellung

Bournemouth, 13.12.46
(South England)

Meine Lieben,
ja, wirklich, heute ist schon allerhand gegangen! Der Flug Genf–London verlief in allen Teilen äusserst gut, und wir holten die Verspätung beinahe ein. Am Zoll in Genf hatte ich keinerlei Schwierigkeiten. André traf ich in London erwartungsgemäss auf dem Flugplatz Croydon. Nach gut verlaufener Passkontrolle und auch leichter Untersuchung des Gepäcks fuhren wir in die Stadt (ca. 1 Stde).

Am Airways Terminal angekommen, trafen wir den Ciba-Herrn von London, der uns in allen Teilen behilflich war. Wir vernahmen, dass wir heute noch nach der Küste fahren müssten, denn unsere Weiterreise wird per Flugboot erfolgen. Die erste Landung wird dann wieder in Marseilles sein. Es stellte sich heraus, dass nun auch noch ein franz[ösisches] Visum notwendig sei. (André hatte bereits von früher her eines), aber ich?? Gesagt, getan, wir liessen uns in einem alten (1800??) Taxi durch die City von London führen nach dem franz. Konsulat. Nach Schlangestehen von ¼ Stde. hatte ich auch noch mein franz. Visum. Wir fuhren nach Airways Terminal zurück und genehmigten [uns] das [X][1] Mittagessen. Sehr farbenfroh, aber nach unseren Begriffen schlecht. Erbsen, Küngel [Kaninchen] oder so was undefinierbares!!! Auch das Dessert war nur aus lauter schön glänzenden Farben zusammengestellt. Man musste bei diesem Essen erstens nicht hungrig und zweitens nicht «schnäderfräsig» [wählerisch] sein!! Nach dem Essen verliess uns nun der Ciba-Herr, und wir arrangierten die Sache mit unserem Gepäck! Ich hatte gar nichts zu bezahlen! Um 16 Uhr ging es dann wieder mit einem echt altmodischen Taxi nach Victoria-Station, wo wir den Zug zu unserem ersten Übernachtungsort: Bournemouth nahmen. 1. Klasse reserviert. Was für Wagen!! 1. Klasse: unbeschreiblich!!! Es erwartete uns nun eine 3¾stündige Bahnfahrt, während welcher wir noch Tee und Toast erhielten im 1. Klass-Speisewagen!! In unserem Abteil waren noch 2 Herren (der eine fährt nach Hong Kong, der andere bis Bangkok). –

In Bournemouth angekommen, fuhr uns ein feiner Wagen ins Sandacres-Hotel, wo wir nun sind. Ich habe das schönere Zimmer als André, denn ich habe noch einen Gasofen, bei dessen Wärme ich nun schreibe, und ein Doppelbett!! doch beide haben wir keine Waschtücher und Gläser. Kriegverwüstetes Land!! Schreiben muss ich auf den Knien!! Alles äusserst gut organisiert und alles tiptop geregelt. Ihr hättet die Organisation im Airways Terminal sehen sollen! Mikrophone etc. Jeden Abend erhält man eine Karte mit dem «Tagesbefehl» für den anderen Tag! Morgen wird Marseille unser Ziel sein; dann ist die Strecke etappenweise folgende: Augusta, Cairo, Basra, Bahrein, Karachi, Calcutta, Rangoon, Bangkok, Hong Kong, welch letzteres genau heute Freitag in 8 Tagen erreicht werden soll. Dort werden wir vielleicht Weihnachten mit Blattmanns feiern. –

---

1 Wort nicht mehr entzifferbar.

Das Nachtessen war ähnlich dem Mittagessen. Alles hat so eine grelle Farbe und Geschmack!!! — Im Zimmer sind weder Gläser noch Handtücher vorhanden; Vorhänge bilden einen guten Ersatz und für das Glas die Seifenschale. Bombed countries!!

Am Morgen geht es nun um 9 Uhr weiter. Heute Abend bin ich froh, mich gründlich waschen zu können, denn die Nase z.B. entleerte sich rabenschwarz. Den Rasierapparat kann ich nicht gebrauchen, denn es sind kleinere Stecker! Ich schliesse nun den ersten Bericht und lasse vielleicht von Marseille aus wieder von mir hören, denn wir sollen schon zum Tee dort ankommen, doch wird wieder eine Zollrevision stattfinden, die etwas schärfer sein dürfte bei den Franzosen!!! —

Es war heute stets nebliges Wetter und vom Londoner-Nebel macht Ihr Euch keinen Begriff. Einzig über Frankreich war es schön sonnig. Die Zerstörungen an der Invasionsküste konnten wir gut verfolgen. Den Photoapparat habe ich nun also nicht bei mir, sondern im gr[ossen] Gepäck und dieses sehen wir nicht mehr bis Hong Kong.– Hoffentlich seid Ihr gut nach Hause gekommen heute?

Die besten Grüsse auch von André, und hoffentlich könnt Ihr das Geschreibsel lesen.

Herzliche Grüsse,

René

Die erste Begegnung mit dem Osten, mit einer fremden Kultur, auch mit den Vorurteilen und der Hilflosigkeit bei einem Teil seiner Landsleute dem Fremden gegenüber, und nicht zuletzt mit der Hitze fand in Kairo statt, der vierten Etappe. Den dritten Brief schrieb Schnell im Flugzeug.

Es ist ganz wunderbar, all das Neue und Fremde

Zwischen Bahrein und Carachi,
den 18. Dezember 1946, 17 Uhr 15

Meine Lieben,
Als ich diese Zeilen schrieb, tropften mir die Schweisstropfen nur so von der Stirne, wie bei uns im August. Wir sind hierzulande nicht gut dran mit unseren dicken Winterkleidern. Soeben verliessen wir Bahrein am oberen Persischen Golf, wo wir Tee getrunken haben. [...]

Nachzutragen ist noch, dass ich zwischen Augusta und Cairo luftkrank wurde, sodass ich eine Zeitlang jeden Moment glaubte, erbrechen zu müssen, was ich jedoch durch 3 Pillen gegen diese Krankheit im letzten Moment verhindern konnte. Heute dagegen war es ein ganz wunderbarer Flug, und wir alle sassen wie in der Eisenbahn oder in einem Auto!

Am Abend gab es in Cairo ein wiederum etwas merkwürdiges Nachtessen, das sich noch einmal nicht mit dem unsrigen vergleichen lässt, und z. B. der Wein roch ganz deutlich nach Sprit, so dass ich den Resten stehen liess. Wir logierten in Cairo in einem Hausboot, das extra für die BOAC-Passagiere hergestellt [hingestellt] wurde. Nach dem Nachtessen gab es natürlich wiederum nichts von zu Bett gehen, denn diese Engländer sind in dieser Hinsicht merkwürdige Leute: noch vor 2 Tagen kannte sich niemand in der Reisegesellschaft gegenseitig, und gestern wie heute sassen wir noch bis fast zum Morgen (2 Uhr) beisammen, so dass es wahrlich keinen grossen Wert mehr hatte, zu Bett zu gehen. Eines steht auf alle Fälle fest, einmal in Hongkong oder Shanghai angekommen, müssen wir gehörig nachschlafen, denn wenn dieser Betrieb so weiter geht, haben wir schlussendlich ein gutes Schlafmanko beisammen!

Heute morgen wurden wir also um 3 Uhr 15 geweckt und um 4 Uhr 50 starteten wir. Das Wetter versprach heute ganz wunderbar zu werden, denn in der Morgenfrühe sah man kein Wölklein am Himmel. Schade nur, dass wir alle zusammen so wenig geschlafen haben, und somit den orientalischen Morgen, d. h. die Morgendämmerung nicht vollständig in ihrer Schönheit erfassen konnten. So eine Morgendämmerung im Osten ist etwas ganz Wunderbares und kommt beinahe der unsrigen in den Alpen gleich, nur ist diese noch farbenprächtiger (wie das Essen!). In Anbetracht dessen, dass wir alle sehr müde waren, wurden im Flugzeug die Betten bereit gemacht, und die Müdesten unter den Müden legten sich schlafen. [...]

Um 11 Uhr hiess es, dass wir in ein paar Minuten Basra am Persischen Golf erreichen, um dort das Mittagessen einzunehmen. Das Mahl war recht gut, und was man hier als Europäer besonders schätzt, sind die feinen frischen Früchte, geradewegs von den Bäumen: Bananen, Mandarinen, Orangen und Datteln.

Ich hatte Gelegenheit, in Basra noch einige wenige Photos zu machen, doch schon gar zu bald hiess es, weiter bis Bahrein, wo wir das

Das Flugboot «Hotspur» der BOAC (Marke «Sunderland Flying Boat»)

«Zvieri» [Zwischenmahlzeit am Nachmittag – etwa um *vier* Uhr] genehmigten.

Es hatten sich für diese Strecke noch 4 weitere Passagiere zu uns gesellt, die aber in Bahrein das Flugzeug wiederum verliessen. Als wir dort ausstiegen, umfächelte uns ein Wind, wie er bei uns im Juli und August weht, und man hatte reichlich warm, so dass Hüte, Mäntel und Schale im Flugzeug gelassen wurden. Nur die Inder nahmen diese Effekten mit sich. […]

Um 16h55 Lokalzeit verliessen wir die Station in Bahrein, um jetzt in 7-stündigem Flug nach Carachi zu gelangen, wo wir ca. um 1 Uhr nachts ankommen sollen. Wenn möglich, werde ich versuchen, von dort ein Telegramm senden zu können. Bis jetzt war nirgends mehr Gelegenheit, dies zu tun. […]

Zusammenfassend stelle ich fest, dass diese Reise uns bis heute unendlich viel Interessantes und Neuartiges gebracht hat, und man hat leider, leider *viel* zu wenig Zeit, alles in sich aufnehmen zu können. […] Auch luftkrank wurde ich heute nicht, und hoffe es auch nie mehr zu werden, denn ich kann schon sagen, eine angenehme Sache ist dies nicht, wenn man jeden Moment glaubt, auf den äusserst wackeligen WC springen zu müssen. Wir können uns wirklich glücklich schätzen, eine solche schöne Reise machen zu können, denn es ist ganz wunderbar, all das Neue und Fremdartige, das man bisher nur vom Hörensagen und der Geographie[stunde] her kannte. In Shanghai wird uns noch manches weitere begegnen. Herr Bless von der Ciba Kairo sagte uns, dass wir sehr lange, mindestens 10 Jahre brauchen würden, um die Mentalität dieser fernöstlichen Menschen in ihrer Brutalität, ihrem Sadismus etc. kennenzulernen. Ganz würde es uns überhaupt nicht gelingen. Der Weisse werde nach wie vor als ein Eindringling angesehen, obschon gewisse fremdländische Kreise ihn schätzen und achten, doch im Innersten verberge sich eine geheime Wut und Abneigung. Er erzählte uns u. a. von seinen Erlebnissen in der Wüste, in Ägypten und andern Ländern des Orients, wo er seit 1922 für die Ciba tätig ist und in Cairo das ganze Geschäft aufbaute. Er ist ein St. Galler und war auch seit 7 Jahren nicht mehr in der Schweiz. Mit einer ungeheuerlichen Kunst lenkte er das Auto durch die Strassen Cairos, die Hand andauernd auf dem Horn [Hupe], was absolut notwendig ist, denn sonst gehen die Leute nicht auf die Seite, es ist dies ein anhaltendes [andauerndes] Gehupe und ein fürchterlicher Lärm. [...]

Ich schliesse und hoffe, wie schon geschrieben, von Carachi ein Telegramm senden zu können. Herzliche Grüsse an alle,

René

PS: Schon heute schöne Weihnachten und ein gutes Neues Jahr – wann kommt wohl dieser Brief an?

Der Brief kam tatsächlich noch rechtzeitig am 30. Dezember 1946 in Burgdorf an. Am zweiten Weihnachtsfeiertag berichtet Schnell über die Ankunft in Shanghai. Mit diesem Brief beginnt er die fortlaufende Numerierung:

Das Gehupe auf der Strasse macht einen ganz konfus

René Schnell c/o Ciba (China) Ltd.
159 Kiukiang Road, Shanghai

Shanghai, den 26. Dezember 1946
Brief Nr. 1

Meine Lieben
Endlich komme ich wieder dazu, Euch ein paar Worte schreiben zu können! Wenn ich mich nicht irre, verliess ich Euch in Cairo oder

Karachi oder sonstwo, auf alle Fälle schrieb ich schon während einer ziemlichen Weil nicht mehr heim. Dies ist jedoch nicht verwunderlich, und ich bitte Euch, die Verspätung zu entschuldigen. […] – Gut also, da wären wir nun, und es kommt mir so vor, als wäre ich schon eine unheimlich lange Zeit von zu hause weg, und dabei sind es gerade 13 Tage seit meiner Abfahrt in Genf! Ich kann Euch heute nur eines sagen: Diese Luftreise war äusserst interessant, und wir hätten es bedauert, wenn wir nicht per Flugzeug hätten reisen können, doch *Alles* ging viel zu rasch, und die Ereignisse zogen an einem vorüber, ohne dass wir dazu etwas sagen konnten. Zu morgen [Frühstück] assen wir in dieser Stadt, zu Mittag wieder anderswo, und das Nachtessen wurde wiederum weiss ich nicht wieviele Meilen weitweg serviert. Es ist schade, in den letzten vier Tagen fand ich keine Zeit, mein Tagebuch nachzuführen, und so gingen viele Ereignisse leider verloren. Auf alle Fälle kann ich heute noch sagen, dass wir einen sehr gemütlichen Abend in Bangkok verlebt haben bei den Herren der Firma Diethelm & Co. Während dieser Nacht gingen wir überhaupt nicht zu Bett, sondern plauderten. Dieses eine ist sicher: wir haben ein ganz enorm grosses Schlafmanko beisammen, das nun in der nächsten Zeit ausgeglichen werden muss. Wir kamen sozusagen nie mehr richtig zum Schlafen, denn am Ankunftsort sass man noch beisammen und plauderte, und am Morgen ging es jeweils früh wieder weiter. Es hatte somit gar keinen Zweck, jeweils zu versuchen, unterwegs nachschlafen zu wollen, denn es wäre gleichwohl nicht möglich gewesen.

Den ersten Eindruck einer fernöstlichen Stadt gewannen wir in Hong Kong, wo wir am letzten Samstag ankamen. Wir wurden von Herrn und Frau Blattmann aufgenommen, schliefen aber in einem guten Hotel. Das Flugzeug für Shanghai hatte einen Tag Verspätung, so dass wir erst am Dienstag, den 24.12.1946, am Heiligen Abend also, in Shanghai ankamen. Bei Blattmanns hatten wir sehr nette Tage und verlebten äusserst gemütliche Stunden. Dem dortigen Office statteten wir natürlich auch einen Besuch ab. Auch dieses ist sehr gross, doch soll Shanghai noch grösser sein. In Hongkong tätigten wir noch etliche Käufe, so kaufte ich einen Spiegel als Ersatz für den zerschlagenen im Necessaire und liess meine Maschine reparieren, was eine kleine Sache war. Wir kauften weiter eine Füllhaltergarnitur, wo die Kappen aus 14 Kt Gold waren. […]

Nun gut, wie dem auch sei, wir sind also in Shanghai gut angekommen, und dies zwar mit einer ohnmächtigen [unsäglichen] alten Dakota-Maschine der chinesischen Armee. Wir sassen in diesem Flugzeug wie Soldaten, 32 Personen an der Zahl. Man verstand seine eigene Stimme nicht, so machte alles einen Krach. Die Passagiere sassen alle der Wand entlang, Kraut und Rüben durcheinander. Ich war wirklich froh, als wir nach 6-stündigem Flug, mit Zwischenlandung in Canton, um 19 Uhr in Shanghai ankamen. Dieser Flug war entschieden nichts gemütliches, obschon er HK$ 550.– (1 HK$ = Sfrs 1.–) kostete!

Es war bereits Nacht, als wir landeten, und auf dem Flugplatz erwartete uns Herr Nussberger, einer der frisch nach Shanghai ausgereisten Techniker (Februar 1946). Wie schon gesagt, kamen wir einen Tag zu spät an, auf welchen Umstand das zurückzuführen ist, wissen wir nicht. Gleich mussten wir wieder antreten, an die Junggesellen-Weihnachtsfeier im Bungalow des Herrn Buner (Churer). Wir hatten uns zwar verschworen, gleich zu Bett zu gehen, denn schon in Hong Kong mussten wir, todmüde angekommen, an einem *chinese dinner* teilnehmen (meinem ersten überhaupt) und dort mit den Stäbchen funktionieren. Es ging dies sehr gemütlich zu, und wir gewannen einen ersten Einblick in diese für uns Europäer äusserst merkwürdigen Sitten und Gebräuche der Chinesen. Es gab circa 15 Gänge, unter denen natürlich alle Sorten Esswaren wie Vogelnester, Haifischflossen, faule Eier etc. vertreten waren. Ich kann mich rühmen, bis heute hatte ich noch keine Magenverstimmung irgendwelcher Art. –

Gut, in Shanghai angekommen, fuhren wir gleich zu Herrn Buner hinaus. […] Es war ein äusserst feines Essen, und wir Schweizer, frisch von der Heimat weg, müssen nur staunen darüber, wie hier in Shanghai, wie auch in Hong Kong, hineingeschaufelt wird. Jetzt muss man sich nicht verwundern, dass alle Leute so verhältnismässig dick sind (siehe nur Herr Nufer!). Es war dies ein äusserst feines Essen, mit allen Leckerbissen der Heimat gespickt. Um 1 Uhr nachts verabschiedeten wir uns (André und ich) und gingen uns schlafen legen, und dies zwar bei Buner, weil im YMCA das bestellte Zimmer auf den 20.12.46 schon wieder vergeben worden war. Dieser Umstand erbitterte uns gleich ein wenig, bei der Ankunft in Shanghai nichts vorzufinden, wo wir unsere Sachen hätten deponieren können und uns ein wenig waschen. Kurz und gut, die erste und zweite Nacht bei Herrn Buner. Wir

Das Park Hotel und dahinter (x) das Gebäude des YMCA (zeitgenössische Postkarte)

schliefen gestern von nachts 1 Uhr bis am andern Tag um 4 Uhr nachmittags, also gute 14 Stunden. Als wir aufstanden, gingen wir, wie schon abgemacht, zu Herrn und Frau Vögeli, wo wir gestern Abend die zweite Weihnacht feierten mit einem Herrn und Frau Stocker aus Bern und Herrn und Frau Wolfer aus Zürich zusammen. Die beiden Herren arbeiten auch in Schweizerfirmen, wie Sieber-Hegner und Ott & Co. in Shanghai, und sind auch erst vor ca. 3 Wochen per Schiff angekommen. Alles war erstaunt, dass wir Flugplätze [Flugkarten] erhalten konnten. Wir müssten gar wichtige Personen sein etc.!

Bei Vögelis war es also äusserst nett, und das ganze Essen ist einfach unbeschreiblich für unsere Begriffe. Einen Haufen von allen Sachen, und wirklich fein zubereitet. Wir gingen auch erst um 4 Uhr morgens heim, nachdem wir immer und immer wieder zugreifen mussten und die feinen Sachen aufessen. – Die Verwandtschaft mit Zieglers[2] wurde auch wieder aufgegriffen und durchgehächelt zur beidseitigen grossen Freude! Sie lassen Euch recht herzlich grüssen, ebenfalls Dr. Döttlings. Sie [Vögelis] sind im Hause von Herrn Nufer sehr gut eingerichtet,

---

2   A. Vögeli-Ziegler war eine entfernte Verwandte Schnells (ihre Mutter war Cousine von Schnells Mutter).

doch müssen sie auch wieder zügeln [umziehen], sobald dieser zurückkehrt, wohin, wissen Vögelis auch noch nicht! Heute morgen nun standen wir um 10 Uhr [auf] und bezogen unsere Zimmer im YMCA in der City Shanghais. Wir haben fürs erste zusammen ein Doppelzimmer, das natürlich viel zu klein wäre, wenn unser Gepäck ankommt, welches um ca. Mitte Januar (Andrés frühestens Februar) erwartet wird. Sobald dieses dann hier ist, muss mit allen Mitteln eine Änderung gesucht werden. Eine gemeinsame Wohnung sei äusserst teuer. Die Gelegenheit besteht, dass einer von uns (und zwar voraussichtlich ich, weil André das Landleben nicht so sehr liebt) in den Bungalow von Herrn Buner zieht, da Herr Eger nach Hong Kong versetzt wird. Dieses Haus steht circa 10 km ausserhalb der Stadt, und mit dem Auto hat man jeweils 45 Minuten zu fahren am Morgen und am Abend. Die Möglichkeit, am Abend nochmals in die Stadt zu gehen, ist klein, und man würde eher zu hause bleiben, was mir nicht unangenehm wäre, denn man hätte so sein eigenes Heim mit Garten etc. Ständig im YMCA zu bleiben, wäre unhaltbar für mich, denn das Gehupe auf der Strasse macht einen ganz konfus. Die Firma besitzt 2 Autos, und diese besorgen den Verkehr zwischen Heimstätten und Büro. Auf sie ist man hier UNBEDINGT angewiesen, und so könnte es natürlich vorkommen, dass wir im Bungalow draussen auf ein Auto verzichten müssen, wenn es gerade an diesem Abend (vielleicht sogar beide) von der Direktion benützt wird. Nun gut, *on verra*, vorläufig bleiben wir im YMCA für ein paar Wochen, bis wir den ganzen Trapp oberflächlich kennen. Aufgehoben sind wir gut, es sind Coiffeur, Swimming Pool, Turnhalle etc. vorhanden, und zwar im Gebäude selbst. Es ist dies ein enorm riesiges Gebäude von 12 Stockwerken (wir sind im 7.), welches von der japanischen Besetzung her allerdings noch diverse Schäden aufweist. Der Ofen im Zimmer z. B. kann man buchstäblich nicht berühren, so glühend heiss ist er. Wir müssen ständig ein Fenster offen halten! Wie gesagt, fürs erste sind wir äusserst gut aufgehoben und wollen zufrieden sein.

Heute nachmittag statteten wir dem Büro den ersten Besuch ab, welches in der Zwischenzeit etwas renoviert wurde. Es ist also nicht so wüst, wie wir es uns vorstellten. Es hat gefehlt: mir wurde die Buchhaltung zugeteilt, d.h. Führen des Hauptbuches und derjenigen vertraulichen Buchhaltung, die niemanden etwas angeht, d.h. den Ver-

Nanjing Road, Vogelperspektive (zeitgenössische Postkarte)

kehr mit Basel, Saläre etc. Ich habe einen äusserst feinen Platz im Büro der Direktion (Nufer, Mills und Vögeli zusammen) erhalten. Feines Stahlpult mit Drehstuhl. Diktaphon, Signalanlage sind auch vorhanden, und wenn ich nun noch ein paar Bilder bringe, kann ich mir einen äusserst feinen Arbeitsplatz herrichten. Das alles ist gut, doch die Buchhaltung macht mir ein wenig Sorge! Bin ich der Sache wohl auch gewachsen? Es hat Chinesen hier, die in der Buchhaltung bestimmt besser «durch» sind als ich, und doch muss ich diesen quasi vorstehen. – Guter Mut, guter Wille, und *alles* wird bestimmt gehen! – André hat mit den Verschiffungen, Versicherung und dem Pharma-Geschäft zu tun, ein eher etwas vielseitigeres Geschäft. Morgen früh um ½ 9 Uhr nehmen wir unsere Arbeit auf, und Herr Vögeli will mich einweihen. Er ist ein sehr netter Herr, und mit ihm lässt sich bestimmt arbeiten, und zwar gut. – Der schöne Arbeitsplatz freut mich sehr und machte mir erneut Mut. Hört, André liegt neben mir auf dem Bett, den Füllhalter in der Hand und schläft. Er ist beinahe ein wenig erledigt und findet keine Worte heimzuschreiben. Es wird aber auch bei ihm wieder «tagen». Auch mir hat es zeitweise ein wenig «gestunken», als wir z. B. kein Zimmer vorfanden, doch man muss es überwinden und aus der schlechten Situation das Beste herausholen. Wir müssen uns

Nanjing Road (zeitgenössische Postkarte)

ganz klar sein, wir leben nun seit ein paar Tagen in einem Land, das 10 Jahre lang Krieg hatte, und da verwundern einen die Zustände keineswegs mehr. Über Krüppel, Leichen etc. auf der Strasse geht man schon weg, wie [als ob] es nichts wäre! Das ist das Leben Shanghais. Ich habe aber einen wunderbaren Ausblick auf die Nanking Road, eine der grössten Strassen Shanghais. Rikschahs, Autos, Jeeps etc. in buntem Gewimmel durcheinander. Wie in Hongkong, so auch in Shanghai, man sieht die letzten, modernsten Autos, von denen wir in der Schweiz noch keine blasse Ahnung haben. Leider fahren diese Chinesen so unvernünftig mit diesen Wagen, dass sie in ein paar wenigen Jahren vollständig defekt sein werden! Über den Verkehr könnt Ihr Euch keine Vorstellung machen: ein Auto hinter dem andern, von Zeit zu Zeit wieder eine Stockung, so dass plötzlich 50 Autos hintereinanderstehen und hupen. Das scheint *Shanghai* zu sein!

Heute Abend sind wir bei Herrn Dr. Duss (dem Pharma-Chef) eingeladen zum Essen, doch wollen wir früh zu Bett, denn morgen ist der 1. Arbeitstag, der um ½ 9 Uhr beginnen soll, doch wird es mit dem Erscheinen nicht sehr streng genommen. Das Geld ist eine weitere Angelegenheit, an die wir uns gewöhnen müssen: wir haben in 1000 und 10 000 zu rechnen. In der Tasche hat man gewöhnlich 30–40 000

Am jenseitigen Ufer des Huangpu: The Bund (zeitgenössische Postkarte)

CNC$ [Chinese National Currency Dollar]. André liess seine Kleider bügeln: 2000 CNC$ [etwa Fr. 1.–]! Was das Zimmer kosten soll, wissen wir noch nicht genau, ca. US$ 110.–, ziemlich viel! – Mit dieser Geldeinheit kann man nämlich auch alles kaufen, doch weniger vorteilhaft. Punkto Geld war Hong Kong glänzend, dort konnte man rechnen wie in der Schweiz.

Ich will schliessen für heute, denn das Gehupe macht mich ganz krank! Ich sage auf Wiedersehen, resp. Wiederschreiben. Von Euch wird wohl auch bald etwas eintreffen?

Ein glückliches Neues Jahr und recht herzliche Grüsse,

René

Die Chinesen wurden jedoch nicht vorgestellt, da dies eine ganz andere Kategorie Mitarbeiter ist

Shanghai, den 30. Dezember 1946
Brief Nr. 2

Meine Lieben
Ich bestätige meinen 1. Brief vom 26. Dezember 1946. Ich mache gleich einen Vorschlag wegen dem Briefverkehr: das Doppel des jeweils vorangegangenen Briefes schicken wir nun per gewöhnlicher Post, da

Am Arbeitsplatz

die Luftpostbriefe sonst zu schwer werden. Ich sah es bei meinem ersten Brief, der mich, inklusive der Beilagen, auf CNC$ 4500.– [etwa Fr. 2.25] zu stehen kam. Das Porto summiert sich sonst dermassen, dass es nicht mehr interessant sein dürfte, wie ich von andern Leuten hier hörte! Doch nun genug vom Administrativen geschrieben. Ich will weiter meine ersten Eindrücke aus der Weltstadt Shanghai zu schildern versuchen.

Die Party bei Herrn Dr. Duss war sehr nett, und man erhielt wiederum ein überreichliches Essen, an das wir einfach nicht gewöhnt sind! Am 27. Dezember war ich also den ersten Tag im Büro, und ich konnte am Morgen gleich Euren lieben Brief vom 15. Dezember in Empfang nehmen […].

Was die Wohnung anbelangt, so kann ich Euch heute mitteilen, dass es uns immer noch nicht gelungen ist, im YMCA 2 Einzelzimmer zu erhalten, und der jetzige Zustand ist unhaltbar, da wir einander langsam im Wege sind, was ja begreiflich ist in einem so kleinen Zimmer. Eine

Aus dem Fenster des Büros der Ciba China Ltd.

wunderbare Aussicht, ja, das haben wir von unserem im 7. Stock gelegenen Zimmer, doch mit dieser hat man nicht gelebt! Heute morgen machte ich eine Aufnahme vom UNBESCHREIBLICHEN Gewimmel auf der Nanking Road, das für unsere Begriffe einfach einzig dasteht. Das ewige Gehupe der Autos hört man bald nicht mehr. Von Zeit zu

Zeit fährt ein Rotkreuz-Auto durch die Strasse, versehen mit dem gleichen Ton unserer seinerzeitigen Sirenen. Dieses Auto wird wohl Leute bergen, die einem Verkehrsunfall (was nicht zu verwundern wäre) zum Opfer gefallen sind. – Im Büro habe ich schon ein wenig Fuss gefasst und habe, wie gesagt, den grossen Vorteil, direkt mit Herrn Vögeli zusammen arbeiten zu können. Er weiht mich nun nach und nach in die Buchhaltung ein. Er hat für mich ein Arbeitsprogramm aufgestellt, von dem ich Euch gelegentlich eine Kopie zustellen werde. Vorläufig arbeiten wir noch nicht regelrecht, da unser Vertrag ja erst am 1.1.1947 in Kraft tritt. – Die Mitarbeiter im Büro sind nett; den Chinesen wurden wir jedoch nicht vorgestellt, da dies eine ganz andere Kategorie Mitarbeiter sind als wir: Wir drücken auf die Glocke, und schon steht einer neben uns, dem wir unsere Wünsche bekanntgeben können. Praktisch brauchen wir den ganzen Tag nicht vom Pult aufzustehen! [...]

Nach dem Nachtessen vom Samstag bei Vögelis kam noch ein amerikanisches Ehepaar (aus Texas) zu uns, die gerade über der Strasse wohnen. Wir unterhielten uns sehr gut, und unsere englische Konversation wird bestimmt mit jedem Tag schon besser und besser. Es entspann sich zwischen Herrn Vögeli und dem betr. Herr eine dermassen heftige Diskussion über das Negerproblem, dass die «Sitzung» bis um 2 Uhr früh dauerte, so dass wir dann ein Taxi kommen lassen mussten, das uns in 20-minütiger Fahrt nach dem YMCA brachte und CNC$ 10 000.– kostete. Ja, ja, dieses Geld, das ist eine Angelegenheit für sich, und man muss sich in dieser Sache ganz umstellen von unseren Begriffen. In der Tasche hat man meistens 50–60 000.– Dollars, denn ein gutes Mittagessen (à la Nachtessen in der «Pomeranze»[3]) mit Dessert und Kaffee dabei kostet Dollars 5700.–. (So dagewesen heute Sonntag Mittag.) Das Morgenessen variiert zwischen 2–3 000.–. Dabei ist dann allerdings für mich Porridge, Butter, Konfitüre (Butter stets zu jeder Mahlzeit und überall à discretion), ein Glas Milch, Fruchtsaft. Vorgestern kaufte ich mir für 18 000.– eine Büchse Ovomaltine, die ganz wunderbar ist. Sie ist in einer prachtvollen Weissblechbüchse mit doppelter Wandung eingeschlossen, doch stellt umgerechnet der Betrag von Sfrs 9.– einen ziemlichen Zapfen Geld dar, für welchen Betrag wir

---

3   Ein preisgünstiges Restaurant in Basel.

Die Angestellten der Ciba (China) Ltd. im Sommer 1946

zu Hause 2 Büchsen erhalten würden. Die Vertretung für Wander hat hier Trachsler & Co. Das Nachtessen liegt in der gleichen Preislage wie das Mittagessen ungefähr.

Wie ich hörte, wird nun einer von uns (und zwar bestimmt ich) zu Herrn Buner in den Bungalow wohnen gehen können, da Herr Eger nach Hongkong geht. Diese Züglete [Umzug] dürfte Anfangs Januar erfolgen, und ich würde mit tausend Freuden dorthin ziehen, wenn es mir gelingt, es zu erreichen. André zieht das Leben hier im Hotel vor, und überhaupt das Stadtleben, wogegen ich das Landleben mehr schätze, wenn man den ganzen Tag in dem furchtbaren Rummel der Stadt war. [...] Ihr findet doch auch, dass diese Wohnung idealer wäre, als hier zu bleiben, obschon auch das YMCA seine Vorzüge hat, wie z. B. im Sommer und Winter das Hallenbad, die Turnhalle, flotte Bedienung etc. etc. Doch allen diesen Bequemlichkeiten für Hygiene etc. ziehe ich das freiere Leben in einem sogenannt eigenen Hause vor, da man dort schalten und walten kann, wie man will, und man kann den Angestellten seine Anweisungen geben etc. etc. Das Essen kann man nach seinem eigenen Geschmack gestalten, was auch sehr wichtig ist. Wenn auch dieses Wohnen teurer sein dürfte, so spielt das weiter gar keine Rolle, denn gut gewohnt ist halb gelebt, oder? Wenn man am Abend einmal in die Stadt will, ist es dort aussen etwas schwieriger, doch hat man dann auch weniger den Drang, auszuziehen, da man seine eigenen 4 Wände hat. Ich werde nun sehen und die Sache mit den Herrn besprechen, denn sobald mein Gepäck ankommt, muss die Sache im Butter sein mit der Wohnung. (Bei Buner ist auch viel mehr Platz als im Hotel für all' meine Sachen!) [...]

Ich schliesse, denn wir müssen zum Nachtessen und nachher einmal früh zu Bett, was man sich nicht mehr gewöhnt ist. Recht herzliche Grüsse an Euch alle (auch von Vögelis),

René

Man muss auch hier ein wenig Fatalist sein

Zu Beginn des dritten Briefes (vom 5.1.1947) schreibt Schnell nach Hause, dass er sich auf dem Schweizer Konsulat immatrikulieren liess und nun eine entsprechende Karte besitze. Er berichtet bei dieser Gelegenheit, dass auf dem Konsulat nur ledige Mitarbeiter angestellt werden, weil nicht genug Wohnraum für Familienangehörige zur Verfügung steht. Ausserdem berichtet Schnell stolz, dass H. de Torrenté, Schweizer Gesandter in Nanjing (in den Briefen «Nanking»), ihm auf einen Brief geantwortet und ihn nach Nanjing eingeladen habe, wo er in der Gesandtschaft logieren könne. Weiter heisst es in dem Brief:

Das grosse Ereignis ist dieses, dass ich jetzt im Bungalow, laut Brief Nr. 2, wohne! Vorgestern, d.h. am 2. Januar, bin ich eingezogen und habe mich bereits recht gut eingelebt. Ich wohne mit Herrn Buner (Techniker aus Chur) zusammen, dessen Braut im Frühjahr nachkommen wird, sodass wir bald eine dreiköpfige Haushaltung bilden werden. Ich glaube, ich habe hier keinen dummen Tausch gemacht, denn das Leben hier draussen ist doch ganz anders als in der Stadt, wo man ja den ganzen Tag über ist. Die Verhältnisse im Bungalow sind gut: ein Boy, eine Amah[4], 1 Kühlschrank, 2 Badezimmer, 2 Aufenthaltsräume

---

[4] Haushaltsangestellte, meistens verantwortlich für Kinder, Wäsche, Putzen u.a.; für die Küche ist der Boy zuständig. Boy und Amah eines Haushaltes sind nicht notwendig ein Paar, wie in diesem Fall.

Der Bungalow in Hongqiao

A. Hofer, Herr Buner, Annemie Vögeli, R. Schnell, Januar 1947

und 2 Schlafzimmer, wovon eines nun mir gehört. Es ist das ein fast 3-mal so grosses Zimmer wie im YMCA. Was man hier vermissen wird, ist die feine Duschanlage, die Turnhalle und das Schwimmbassin (Hallenbad), doch daneben haben wir hier viele andere Vorteile, die nicht zu unterschätzen sind: man hat sein eigenes Heim. Im Sommer muss es hier ganz prächtig sein mit diesem schönen Garten. Der Rasen ist ca. doppelt so gross wie der unsrige in Burgdorf. Das Transportproblem ist allerdings eine andere Frage: jeden Morgen werden wir im

Boy und Amah mit Kindern vor dem Bungalow

Wagen von Herrn Dir. Mills abgeholt und am Abend wieder gebracht. Unser Heim, gelegen an der Siensia Road Nr. 1, liegt ca. 20 km vom Büro entfernt. Nette Strecke jeden Tag, nicht wahr? (Es sind also 20 km, nicht nur 10, laut Brief Nr. 2!) Allerdings wurde letzte Woche in der Umgebung hier eine Räuberbande aufgegriffen, die mit einem Lastwagen, leichten Maschinengewehren etc. die Häuser plünderte und dabei noch so im Handumdrehen 2 Polizisten erschoss! Wir wollen nun hoffen, dass diese Herren nicht auch noch bei uns vorsprechen und unsere Schränke, wie an den übrigen Orten, gleich samt dem Inhalt auf die Lastwagen verbringen! Vorläufig wäre bei mir noch nicht viel zu suchen, doch wenn einmal das Gepäck da ist, wäre es dann anderlei! Wir dürfen keine Waffen irgendwelcher Art tragen, denn wir Weisse sind überall, auch wenn es um ärgste Räuber geht, im Fehler. Was wir haben, ist eine Signalpfeife und einen Gummiknüppel, mit welchen Sachen wir allerdings nicht viel ausrichten könnten! Ich hoffe nun, es werde nie soweit kommen. Man muss auch hier ein wenig Fatalist sein. Unser Haushalt wird dirigiert von uns zwei, zusammen mit einem Boy und einer Amah, die übrigens sehr billig sind (CNC$ 200 000.– im Monat). Die übrigen Ausgaben teilen wir stets zur Hälfte.

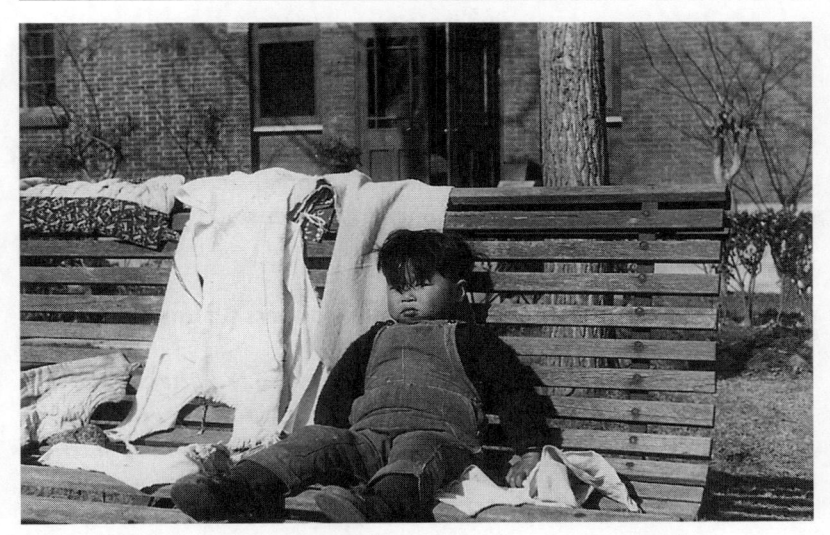

Eines der Kinder vor dem Bungalow

[...] Zur Zeit ist das Heizproblem die grösste Sorge, denn wir haben nur einen Petrolofen, mit dem wir leidlich das kleinste Zimmer heizen können. Die Schlafzimmer sind halt wie ein Eiskeller, doch das ist weniger wichtig: Wenn nur ein Raum schön warm ist, und in 1-2 Monaten braucht man ja schon nicht mehr zu feuern. [...]

Die Wäsche wird hier draussen sehr gut gemacht, ebenfalls Kleider gebügelt und Strümpfe gestopft. (Ich habe zwar seit meiner Abreise noch kein einziges Loch gehabt!) Überhaupt, für nichts muss man schauen, das Essen steht immer auf dem Tisch, und dann was für welches! Es ist ganz schrecklich, wie wir hier draussen einpacken: Zu jeder Mahlzeit frische Butter, 2 mal zusammen 1 Lt. Milch (Morgens und Zvieri, wenn wir heimkommen um 17½ Uhr). Gleichschwerkuchen, Schokoladekuchen, Ananaskuchen etc. etc. sind an der Tagesordnung. Essen, gut essen, das sei die einzige Sache, die man hier in Shanghai neben dem Büro tun könne, heisst es allgemein! – Ich glaube also, ich habe es hier auf dem Lande sehr gut getroffen, obschon, wie gesagt, noch viele Anschaffungen etc. zu machen sind, doch nachher hat man dann umso mehr Freude am eigenen Heim.

Habt Ihr eigentlich meine Briefe von der Reise alle erhalten? Ich möchte einmal genau wissen, was alles schon eingetroffen ist. Die NZZ [«Neue Zürcher Zeitung»] werdet Ihr inzwischen abonniert haben, denn für hier draussen ist das besonders wichtig. Auch daneben alle 14 Tage ungefähr ein Bund anderer Zeitungen senden, Illustrierte etc., denn hier wir gehen am Abend nie nochmals in die Stadt, sodass man gerne Literatur hat, und die Bücher, die hier sind, werden bald gelesen sein.

Unbegreifliche Sitten und Gebräuche, besonders für uns Schweizer

Auf dem Notizzettel für Brief Nr. 5 vom 16.1.1947 hatte Schnell u. a. notiert, dass in der Fassade des Bungalows Einschläge von Geschossen zu sehen seien, da das Haus während des chinesisch-japanischen Kriegs in der Kampfzone lag, und dass das Nahrungsmittelangebot in Shanghai viel reichhaltiger sei als in der Schweiz, wo nach dem Krieg noch manche Lebensmittel rationiert waren. Offenbar hatten er und seine Eltern angenommen, er würde in Shanghai keine oder zu wenig Milchprodukte erhalten, deshalb meldete er, dass er jeden Tag einen Liter Milch und ein «gehöriges Stück» Butter bekomme und kein «Milchmangel» zu befürchten sei. Im Weiteren heisst es:

Was unsere Chinesischstunden betrifft, so unterbreiten wir die Sache zweimal unseren zuständigen hiesigen Herren, die die Sache zur Kenntnis genommen haben. Mehr können wir auch nicht mehr machen. Wenn sie nicht für einen Lehrer schauen wollen, tant pis! Wir lernen auch lieber zuerst tüchtig Englisch. Das Wetter ist zur Zeit so ca. 4–5 Grad Celsius und meist neblig. Regen hatten wir seit einer Woche keinen mehr, doch die Luft ist sehr feucht, und gar bald dürfte verschiedenes zu rosten anfangen, was weniger angenehm wäre! Ich habe fast ein wenig Angst für meine Schreibmaschine. Sie ist hier draussen ein unersetzliches Möbel geworden, denn sonst könnte ich nicht diese «langen» (unübersichtlichen???) Briefe schreiben!! – Morgen Abend werden wir Vögelis zum Abendessen haben, und unser Boy versprach, ein gutes Essen zu bereiten, das u. a. auch Fasan, Nidle, Omeletten etc. etc. aufweisen wird! […]

Auf der Strasse sind u. a. auch Bettler vorhanden, und schon die kleinen Kinder kommen mit raffinierten engl. Sätzen einem nach, und sol-

che kleine Aufdringlinge [be]kommt man fast nicht mehr los, doch wenn man einmal etwas gegeben hat, sind sie einem immer wieder aufsässig. Sie kennen scheints die Leute, die ihnen je etwas gegeben haben. – Gestern und heute bin ich allein zu Hause, da Herr Buner eingeladen worden ist. Ums Haus herum klöpft es immer ein wenig, doch ich liess mir sagen, es seien dies die sog. «Kräcker», welche bei uns am 1. Aug. abgelassen werden. Hier zum kommenden Neujahr. Sie tönen ganz wie MG-Feuer! [...]
   Die Ciba und die andern Schweizer-Firmen haben heute wiederum ein wenig Einfuhrbewilligungen erhalten, sodass die Ware gelöscht werden kann, die auf den Dampfern unterwegs oder schon hier im Hafen liegt. – Als Beilage sende ich noch eine meiner heute erhaltenen Visitenkarten, die auf der Rückseite den Namen, die Adresse auf Chinesisch aufweisen. – Gestern waren wir in einem Seidenladen, um Vorhangstoff für unsere Fenster auszusuchen. Ihr könnt euch nicht vorstellen, diese Fülle von Seide. Seide ist hier das billigste, das man für Vorhänge etc. verwenden kann. Ich werde bestimmt Mammi einmal einige Meter Seide schicken (4 m kosten ca. 80 000.– CNC$ oder Sfrs. 40.–) für einen Morgenrock versehen mit einem typisch chin. Dessin. Ich könnte mir jetzt schon ein paar Kisten füllen mit all den typisch chin. Sachen, die ich nach drei Jahren heimfahren werde. Dann werde ich für ein paar Monate den Lohn *bestimmt* ganz beziehen! [...] Solche Seidenläden sind ein wahres Eldorado für eine Frau. Übrigens alle Kleider und überhaupt alle Läden hier in Shanghai. Man kann alles finden: z. B. einen schönen Pelzmantel für 250.– Sfrs. umgerechnet. Schuhe, Kleider, Esswaren ganz besonders im ÜBERMASS, Alles ohne Rationierung – und doch gehen tagtäglich so und soviele Leute zugrunde. – Langsam, langsam gewöhnt man sich an das hiesige Leben, das für uns Neuankömmlinge jedoch jeden Tag wieder so und so viele Rätsel mehr aufgibt. Jetzt wäre man bereit, in freien Stunden Bücher über China zu lesen, d. h. solche von Pearl S. Buck, Lin Yu Tang (welch' letztere hier auch erhältlich sind, doch sehr teuer, sodass Ihr mir sie lieber sendet). Es sind dies wirklich ganz eigenartige Leute, diese Chinesen, mit all' ihren Sitten und Gebräuchen, angefangen schon beim obligaten Spu[c]ken auf der Strasse, dass man immer aufpassen muss, dass sie einen nicht ankodern [anspucken]. Macht einer einen Brunnen [uriniert] ausserhalb [des Hauses], so kehrt er sich frisch fröhlich *gegen* die

Strasse, und mitten in der Stadt säugen Mütter ihre Kleinen! In allen Teilen für uns Weisse, und ganz besonders für uns Schweizer, unbegreifliche Sitten und Gebräuche.

Dieser Reiswein ist ein unheimlich starkes Getränk

Shanghai, den 20. Januar 1947
Brief Nr. 6

Meine Lieben

[...] In Shanghai wurde plötzlich letzte Woche ein Run auf Benzin veranstaltet, da man sagte, es werde rationiert, was jedoch in der Folge nicht der Fall war. Vor jeder Benzintankstelle standen so ungefähr 50–60 Wagen! Am Samstag-Mittag waren die Herren Buner, Nussberger, Hofer und ich bei Vögelis zum Mittagessen eingeladen, zu dem sich auch die amerikanischen Freunde aus Texas gesellten. Es war dies ein Chinese-Essen, das die Servants von Vögelis ihren Leuten gaben. Ein richtiges Essen mit Stäbchen wiederum, bei dem natürlich auch der vielberüchtigte Reiswein nicht fehlte, der dann in der Folge recht guten Absatz fand! Ich kann Euch nur verraten, dass die Party von mittags 1 Uhr nach Büroschluss bis um 24 Uhr dauerte und mit Kegeln, Ping Pong-Spielen im Columbia Country Club aufhörte! Das wird genug sagen! Wenn Annemie nicht zum Schluss abgewunken hätte, wären wir bei Rückkehr nochmals bei Vögelis hineingesessen und hätten weitergefahren. Bei diesem Zeitpunkt allerdings wäre es dann dumm herausgekommen und auch blöd. Wir gingen dann gerade im richtigen Moment weg. Ich kann nur noch sagen, dass ich einmal richtig auf den WC musste, wo es unten und oben gehörig Ausdruck gab, wonach es mir wieder kreuzfidel war! Man glaubt es nicht, aber dieser Reiswein ist ein unheimlich starkes Getränk, und 4–5 Tassen (Schwarzkaffee-Tässchen) davon genügen vollauf – besonders wenn man ihn, nach Sitte der Chinesen, dem sog. *campe*, d. h. Ex trinkt! Ja, es war auf alle Fälle recht amüsant, und wir alle hatten grosse Freude. Annemie ist unter den hiesigen Schweizer-Frauen die reizendste und netteste, wie es allgemein heisst. Auch Herr Vögeli ist ein äusserst sympathischer Herr, und zeitweise ist er verdammt ungern in der Ciba, denn die hiesigen Verhältnisse sind ein Problem FÜR SICH, das ist ganz sicher. Er sagte mir u.a., dass wir Ciba auf der ganzen Länge «verseckeln» könnten, wenn wir wollten. Er wollte sogar mit mir auch «dutzis» machen, was

ich und Annemie jedoch verhüten konnten, denn beiden Seiten wäre damit nicht gedient gewesen. [...]
In 2 Tagen beginnt das chin. Neujahr[5], und unsere Feiertage werden sich nach denjenigen der hiesigen Banken richten, die überhaupt in vielem massgebend sind. [...]
Nehmt euch bitte einmal die Mühe und schreibt meine Adresse auf chinesisch auf das Couvert, was unheimlich grossen Eindruck machen würde bei den Postleuten hier, und ich würde in ihrem Ansehen sehr steigen, d. h. ich würde sehr viel «Gesicht» erhalten, was das Gegenteil ist von «Gesicht verlieren». Steht das nirgends in den Büchern von Pearl Buck? oder bei Lin Yutang? [...]
Letzte Woche ging im Büro die Elektrizität aus und kam erst am Morgen wieder, als wir ins Büro gingen. Wir mussten daher unsere Pforten bereits um 16.45 [Uhr] schliessen!! – Das ist auch ein typischer Shanghai-Zustand: plötzlich keine Elektr. mehr! Die Zustände sind eigentlich ungeheuerlich verschieden gegenüber der Schweiz, in jeder Hinsicht, schaut nur einmal, wie das Telephon funktioniert, ja es funktioniert, man muss verlangen, wie zu hause, aber vielleicht erhält man die Verbindung, vielleicht auch nicht.– Ja ja, wir werden nach 3 Jahren unsere [Schweizer] Zustände wieder sehr schätzen – auch wenn es nicht mehr soviel zu essen geben wird. – Ein paar Worte über Eure Rationen würden mich auch freuen, doch ich kann dieses ja dann in den Zeitungen lesen. [...]
Zur Zeit wird hier in Shanghai auf Tod und Leben drauflos «geklöpft», wie bei uns am 1.8.! Dies ist jedoch aus Anlass des chin. Neujahr und teilweise auch in Bezug auf die mysteriöse Geistervertreibung, die hier zu Lande noch Sitte ist! – Dies könnte man alles in den Büchern von Lin Yutang und Pearl Buck lesen, und deshalb wäre ich Euch sehr dankbar, wenn ihr diese Literatur zur Verschiffung bringen könntet.

---

5   Das chinesische Neujahr wird nach dem Mondkalender errechnet, daher wechselndes Datum jeweils im Januar oder Februar; es dauert drei Tage und ist das wichtigste traditionelle chinesische Fest.

Was wir hier erleben, wird uns stärken für den Rest des Lebens

Shanghai, den 24. Januar 1947
Brief Nr. 7

Meine Lieben,

[...] Diesen Brief hier schreibe ich am dritten Feiertag anlässlich des chin. Neujahres, und ich weiss nicht, ob morgen Samstag-Vormittag noch ein Brief von euch im Büro sein wird, was nicht sehr wahrscheinlich ist, da ja die Post auch nicht zu arbeiten scheint an diesen Tagen. Es kam einem wirklich sehr merkwürdig vor, dass drei Tage lang die Geschäfte, Restaurants, Kinos etc. geschlossen waren und dass man auf den Strassen ohne Schwierigkeiten zirkulieren konnte! Mir allerdings hangen diese Festtage bald zum Hals heraus, denn bis heute haben wir noch keine einzige Woche richtig durchgearbeitet! Es wird dann das Jahr über mit Feiertagen mieser bestellt sein, nehme ich an! – Als Beilage sende ich noch Papiergeld, das den folgenden «enorm grossen» Wert repräsentiert: 10 yuan = ½ Rappen und die beiden 5 yuan Noten je ¼ Rappen!! Ihr könnt diese 3 Noten als Erinnerung und Rarität aufbewahren! [...]

Gestern Mittag waren André und ich bei Vögelis zum Mittagessen, nachdem wir drei am Morgen rasch ins kalte Büro gefahren waren. Wir tranken zum Essen eine Flasche Weisswein, die Herr Glaser [einer der Direktoren der Ciba in Basel] noch hier liess. Alsdann warfen wir im Garten mit einem Bambusspeer und setzten uns anschliessend zum Jassen! Gott sei Dank konnte Annemie auch nicht so gut, denn ich wollte dergleichen tun, als könne ich gut jassen, was mir jedoch absolut nicht gelang! Vielleicht kann ich es dann, wenn ich nach 3 Jahren nach Hause komme. Es ist merkwürdig, wie jedesmal, wenn wir bei Vögelis oder bei andern Schweizern sind, bereits das Problem des *homeleave* [Urlaub in der Heimat] zur Sprache kommt, nachdem wir ja erst einen knappen Monat und Vögelis bald ein Jahr hier sind. Man kommt automatisch auf dieses Thema zu sprechen, wenn man anfängt, die GANZ UNBESCHREIBLICHEN Zustände in der hiesigen Firma zu diskutieren. Macht Euch aber ja keine Sorgen um mich deswegen, denn wir drei, Vögeli, Hofer und ich, halten durch DICK UND DÜNN zusammen, und wenn es einmal einen grossen Krach absetzen wird. Auch die andern zwei jungen Schweizer, Buner und Nussberger, werden auf unserer Seite stehen. Ich muss André aber immer wieder sagen, *wir zwei* im besonderen dürften noch nicht so dreinhauen, da wir die ganze Entwicklung und die ganze Sache erstmal richtig überblicken und überprüfen müssten! Man merkt schon, diese Firma hat auch ihre 6–8 Jahre Krieg hinter sich, trotzdem es ja eine Schweizer-Firma ist. *Bitte nur zum vertraulichen Gebrauch:* Man hat sich nicht gescheut, den hiesigen Nazis mit viel Geld etc. in die Schweiz zu verhelfen, und es vergeht kein Tag, ohne dass nicht ein solcher Gauner mit einer richtigen Berliner Schnauze auf dem Büro erscheint. Dies aber absolut nur für diskreten Gebrauch. Ich kann Euch ALLES dann in drei Jahren ausführlich und genau erzählen, denn ich mache mir meine Notizen. Aber sagen muss ich schon, manchmal fragt man sich *schon heute:* wird man wieder zurückkehren, wenn solche Zustände immer noch nach 3 Jahren herrschen werden? – Ich finde es auf alle Fälle bis heute sehr interessant, denn man merkt nun, was eigentlich im Leben alles passiert, und später wird man die Dinge in der Schweiz anders ansehen und auch ein wenig durch das Durchmachen der hiesigen Zustände gestärkt sein, oder meint Ihr nicht auch?

Der Februar brachte weniger Neuigkeiten und Aufregendes aus der Stadt. Dafür beschrieb Schnell sein neues Heim. Es war so kalt im wenig geheizten Haus, dass die Wasserleitung nachts gefror und im Bad statt fliessendes Wasser nur noch ein Eimer zur Verfügung stand. Auch der Ofen funktionierte nicht zufriedenstellend, so dass es auch im Wohnzimmer zeitweise empfindlich kalt war. Doch die Sonne scheint selbst in dieser frühen Jahreszeit sehr warm gewesen zu sein, so dass sich Schnell mit der Aussicht auf den herannahenden Frühling (gemäss chinesischem Kalender begann der Frühling mit dem Neujahr, das war 1947 am 5.2.) tröstete.

Die Zustände hier spotten nämlich jeder Beschreibung

Im Geschäft hatte sich Schnell im Gegensatz zu seinem Kollegen Hofer gut integriert und konnte sich den gestellten Aufgaben, u. a. Reorganisation und Einführung einer Lagerkontrolle, widmen. Nach und nach bekam er Einblick in die in jeder Hinsicht besonderen Verhältnisse des Auslandsgeschäfts grosser Firmen, wobei er zu diesem Zeitpunkt noch überzeugt war, man könne das, was er als Missstände empfand und be-

zeichnete, bereinigen. Doch die Verhältnisse in der Ciba waren kaum anders als in anderen Firmen in Shanghai, und gewisse Erscheinungen, wie die Verwendung eines Mittelsmanns bei Geschäften mit Chinesen und die Korruption, gehörten zum Phänomen Shanghai und betrafen keineswegs nur die Ciba China Ltd.:

[...] Im Büro haben wir, wie schon gesagt, den Pharma-Chef, Herr Dr. Duss. Das ist ein Unikum bester Güte. Neben Frauenangelegenheiten beschäftigt er sich während des Tages hauptsächlich mit Händelen [treibt Handel], so verkauft er Whisky und Schweizer-Stumpen, die er irgendwoher hat [...]. Er spaziert grossartig mit den Händen in den Taschen herum, raucht Grossverdienercigarren und tut einfach nicht viel. Daneben, selbstverständlich, bezieht er einen sehr grossen Zapfen [Lohn] und hat auch noch Kommission an den Pharma-Verkäufen, die ohne sein grosses Zutun zustande kamen. (Kommission haben scheints auch Nufer und Mills.) Ist das wirklich so Brauch bei solchen Vertretungen im Ausland wie hier? Es ärgert mich dies nur, weil wir im vorderen Büro so viel zu tun haben, und dann kommt einer mit den Händen in den Taschen und schnüffelt herum, weil er *nichts* zu tun hat! [...]

Im Büro haben wir noch einen weiteren solchen Kautz, der spät kommt, viel verdient und in allen Dingen der lachende Dritte ist: der Compradore[6], d. h. der Mittelsmann zwischen Europäern und den Chinesen. Er verhandelt mit den chin. Kunden und Dealern und schliesst Kaufverträge ab. Überall bezieht er natürlich seine Kommission und hat neben der Ciba noch ein eigenes Farbstoffgeschäft. Von gewissen Ciba-Leuten wird er eben beschützt, und darum kann er so ungeniert sein Wucherleben leben! Was der an Provision, Kommission

---

6 «Compradore (portug. für Einkäufer). Sie traten zuerst in Canton auf. Ihre Aufgabe beschränkte sich zunächst auf das Besorgen von Schiffsvorräten für die englische Ostindien-Kompanie; später wurden sie die Vermittler zwischen ausländischen und chinesischen Händlern bzw. Handelshäusern und besorgten als chinesische Partner der Ausländer das ganze China-Geschäft (notwendig, da die Ausländer selten Chinesisch konnten). «Sie waren vertraglich den westlichen Auftraggebern unterstellt, durften aber nicht denselben Klubs angehören. Vermutlich wären jedoch die Ausländer im ‹Shanghai-Klub› [...] über die Noblesse des gesellschaftlichen Lebens der chinesischen Kaufmannsgilden überrascht gewesen. Dank ihren ausländischen Verbindungen wurden die Compradores die ersten modernen Unternehmer Chinas. Sie gründeten alle Arten von neuen Firmen in den Vertragshäfen und wurden manchmal reicher als ihre Auftraggeber.» (Fairbank, p. 105)

Stadtplan von Shanghai 1947. Rechts unten die alte chinesische Stadt, darüber ein Teil der French Concession (bis zur Avenue Edward VII), darüber ein Teil des International Settlement. Die Begrenzung der ehemaligen Niederlassungen ist mit —·—·— gekennzeichnet.

und wie die -ssionen alle heissen, beziehst, ist ganz ungeheurlich. Diese Mitteilung, wie auch die über Duss, im vertraulichen Sinne. Sie ja nicht weitersagen! – Vögeli, Hofer & Schnell, der sog. Dreierbund [wie es] bei den andern Schweizern hier [heisst], wird durch dick und dünn zusammenhalten, auch wenn Hr. Nufer wieder hier ist, und allen diesen Dingen, sie mögen nun heissen und sein, wie sie wollen, langsam aber sicher den Boden ausschlagen – und wenn es ganze 2–3 Jahre gehen sollte. Gehen wird es, da sind wir sicher! Die Zustände hier spotten nämlich jeglicher Beschreibung. – Alles das ist gut für uns, denn wir lernen viel für später! Oder nicht?

[Brief Nr. 11 vom 8.2.1947]

Vereinsleben

Eine zentrale Einrichtung des Lebensstils in der ausländischen Niederlassung war der Klub – nicht nur für die Briten (deren «Shanghai Club» an der Prachtstrasse «The Bund»[7] *Weltberühmtheit erlangte), sondern in einem bescheideneren Rahmen auch für die Schweizer. Der Schweizer Klub war während des Ersten Weltkriegs gegründet worden. Andere Vereine, welche ebenfalls halfen, den Kontakt unter den Schweizern in Shanghai aufrechtzuerhalten, waren: die Swiss Association, welche eine karitative Funktion hatte, und der Schützenverein. Vom Ruderklub, den Schnell regelmässig frequentierte, war in den Briefen bereits die Rede. Auch hier galt, wie für die Geschäfte der ausländischen Firmen, dass 1947 die goldenen Zeiten in Shanghai vorbei waren. Schnell schrieb nach seinem ersten Besuch im Schweizerklub:*

Am Sonntag waren wir am Vormittag mit Annemie Vögeli zusammen (André und ich) im Schweizerklub, da Hr. V. reiten gegangen war mit Herrn Britt (siehe Cocktailparty!). Wir wurden eingeführt und werden nun in den nächsten Tagen die Applikationen zugestellt erhalten. Der Mitgliederbeitrag beträgt CNC$ 20 000.– pro Monat, also rund Sfrs. 10.–! Ich hatte noch Gelegenheit, eine Photo vor dem Klub mit der

---

7   Anglo-indisches Wort, das «Quai» bedeutet. The Bund war zudem eine der grossen Verkehrsadern Shanghais und Promenade entlang des Huangpu (in den Briefen «Whuangpoo»).

Rowing Club mit Schwimmbad, dahinter die Garden-Bridge über den Suzhou Creek (zeitgenössische Postkarte)

Das Haus des Swiss Club

Schweizerfahne zusammen aufzunehmen. Ich betrachtete inwendig [innen] im Haus hauptsächlich die verschiedenen Schnitzereien, die scheints von Brienz stammen. Eine Bibliothek ist im oberen Stock auch vorhanden. Daneben natürlich die verschiedenen Bilder, wie Rütli, Tellskapelle (überhaupt auch bei Strassenhändlern an der Nanking-

Road zu finden, und wenn man sie fragt, so heisst es, es [sie, die Kapelle] sei ganz nahe, ca. 10 km vor Shanghai draussen!), Schloss Chillon etc. etc. Auch das Tellsdenkmal von Altdorf in verkleinertem Massstab ist vorhanden. – Essen könne man scheints Rösti und «Geschnetzeltes» zum Nachtessen, jeden Tag. Ich werde es mal versuchen gehen.

[Brief Nr. 12 vom 11.2.1947]

Chaotischer Bürokratismus

Volle zwei Tage waren der Zollabfertiger in unserer Firma und ich unterwegs: von einem Büro zum andern, um meine Sachen so rasch wie möglich durchzubringen. Am Donnerstag rannten wir den halben Tag herum, weil ein falscher Stempel auf meinen Verschiffungs-Dokumenten war, und heute morgen war es der Gipfel: die Kisten mussten in zwei Godowns [Lagerhallen] zusammengesucht werden; weil die eine etwas eingestaucht war, wurde sie als *damaged* [beschädigt] betrachtet und in einen andern Godown gestellt. Nun gut, alle drei Kisten mussten zuerst geholt und in das Zollhaus der *Shanghai & Honkew Wharf* [Hafenverwaltung] gebracht werden. Dort machte ich gute Bekanntschaft mit dem *Examiner-in-charge* [Aufsicht], einem Estländer. Ich brachte es soweit (mit Schweizerbürgerrecht, *allen* Schweizercigaretten und Hormonpräparaten unserer Firma!), dass nur eine Kiste geöffnet wurde und nur kurz eine Kutte [Jacke] gelüftet – das war alles! Das war alles: der Herr meinte, es ist schon recht: alles pers. Dinge, drei Jahre China usw. usw. Tausend Dank erntete ich auch noch, und alles war «*all right*»! – Jetzt jedoch mussten die Koffern wieder an ihren früheren Standort in den 2 Godowns zurückgebracht werden, bis die Wharfage-Due [Hafengebühren] bezahlt war. Bürokratismus, so etwas, oder nicht? Endlich, nachmittags um 15 Uhr am 14.2.47 kaperte ich einen Camioneur [Spediteur] und fuhr diesem voran in einem unserer Geschäftswagen (wegen dem Wegzeigen) meinem Hause zu. Nette Kolonne – hätte ein Bild gegeben, wenn ich den Apparat hier gehabt hätte. Ich kann schon sagen: es herrscht hier in China auch Bürokratismus – noch mehr als bei uns –, aber, was das Schlimme daran ist: Bürokratismus mit grosser Unordnung! Ihr hättet das *Customs-General-Office* sehen sollen: ein wahres Bild von Unordnung und auch

Gemächlichkeit! Ich musste wieder über alles – über den ganzen Betrieb, wie ich ihn nun in diesen zwei Tagen erlebte, von neuem staunen – für unsere Begriffe unglaublich, und doch leben in dieser Stadt über 4 ½ Millionen Menschen in «diesem» Betrieb!

[Brief Nr. 13 vom 15.2.1947]

Im Brief Nr. 14 vom 17.2.1947 berichtete Schnell von der Hochzeit der Tochter eines der höheren chinesischen Angestellten, zu welcher er eingeladen war. Die Feier sei allerdings recht europäisch ausgefallen und deshalb enttäuschend gewesen. Dieses Urteil setzt die Erwartung voraus, dass alles «echte» Chinesische exotisch und fremd sein müsse. Dies war natürlich gerade in Shanghai nicht unbedingt der Fall, wo ein beträchtlicher Teil der chinesischen Bevölkerung – nämlich derjenige, der seit der Öffnung der Vertragshäfen im direkten Kontakt mit den Ausländern lebte – sich an die westliche Lebensweise angepasst hatte. Zudem hatte eine grosse Zahl von jüngeren Chinesen im westlichen Ausland studiert und den Lebensstil ihres Gastlandes übernommen. Der Vizechef der Pharma-Abteilung der Ciba China Ltd., Dr. Yen, hatte z.B. in der Schweiz studiert. Schnells Erwartungshaltung änderte sich in dieser Hinsicht im Laufe seines Aufenthaltes.

Bei den Geschäften der Ciba China Ltd. zeichnete sich das Ende der fetten Jahre deutlich ab. Die Einfuhrmenge für Farbstoffe wurde auf ein Kontingent für alle Importeure zusammen beschränkt, die Einfuhr von Pharmazeutika sogar vorübergehend verboten. Man stöhnte über die Einschränkungen, es gab Diskussionen über die weitere Entwicklung, aber niemand war zu diesem Zeitpunkt schon gewillt zu glauben, dass die Geschäfte aller ausländischen Firmen, die in diesen Branchen aktiv waren, einmal ganz zum Erliegen kommen würden.

Dem letzten Brief im Februar (der Nummer 16) legte Schnell eine erste Liste der gesandten und erhaltenen Briefe bei. Dies wiederholte er, vor allem in den ersten beiden Jahren und nach der langen Unterbrechung durch die kommunistische Eroberung Shanghais, noch öfter.

In einem der folgenden Briefe gab er einen Auszug aus der Haushaltsrechnung des Monats Februar. Daraus geht hervor, dass für Milch umgerechnet über Fr. 100.– ausgegeben wurde, fast soviel wie für den Lohn des Boys. Hingegen betrug die Telefonrechnung nur Fr. 1.15 und die für Elektrizität etwas über Fr. 80.–.

Ein heimeliger Stumpengeruch im Büro

Shanghai, den 1. März 1947
Brief Nr. 17

Meine Lieben,

[...] Unser Häuschen ist ziemlich gut möbliert, nur in meinem Zimmer ist kein Teppich, sondern es ist nichts am Boden. Bei Gelegenheit möchte ich schon gerne noch einen solchen anschaffen. Das Wohnzimmer ist mit einem grossen Kanapé und 2 Fauteuilen versehen, einen solchen habe ich auch im Zimmer. Das Esszimmer hat einen grossen Tisch mit 6 Stühlen, 1 Buffet und ein Schränkchen, unsere Hausbar! In Herrn Buners Zimmer hat es ein grosses Doppelbett und einen grossen Schrank. Ebenfalls 2 Fauteuils und 2 Schränkchen. Einen Teppich hat er auch. Das Badzimmer (seines) streicht er gegenwärtig neu an, meines dürfte dann mit der Zeit auch noch drankommen. Einen Kühlschrank haben wir auch, wie ich bereits berichtete. (Nicht so gross, aber fast, wie der unsrige zu Hause.) Die Küche hat alles Nötige, das man braucht, um die guten Mahlzeiten zubereiten zu können. Ich schaue nicht *zu* oft hinein, denn die Ordnung des Boys gefällt mir nicht immer, doch lasse ich ihn machen, denn dies ist sein Reich mit Familie. Sobald dann Herr Buners Braut hier ist, wird alles bessern, denn sie kann dann zum Rechten sehen in allen Teilen, auch beim Einkaufen. Zur Zeit wird etwas drauflos gekauft, was wir nicht genügend kontrollieren können, begreiflicherweise natürlich. – Bis jetzt hört man nichts mehr von den Banden; sie scheinen unschädlich gemacht worden zu sein. [...]

Die Wasserversorgung geschieht mittels einer Zisterne im Garten, von dort wird das Wasser jeden Morgen durch den Boy in einen Tank oben am Dach hinaufgepumpt, von wo es dann in die Leitung und in unsere Badezimmer und Toiletten fliesst. Sehr einfach, aber praktisch, und praktisch nie versiegbar ist diese Quelle, denn knappe 2 Meter unter der Erdoberfläche ist Wasser, d. h. der Wasserspiegel. So haben wir ständig und absolut nicht teures Wasser, denn es kostet uns rein gar nichts, nur hie und da die Pumpe etwas ölen, oder, wenn es schlimm geht, reparieren! [...]

In Shanghai werden hauptsächlich Philip Morris Cigaretten geraucht (Amerikanische). Papi hat sicher auch schon ein Paket solcher gehabt am Morgen, oder? Herr Vögeli verzehrt einen unheimlich grossen Haufen solcher Cigaretten pro Tag, die gerade von den meisten Leuten in Paketen von zehn Päckli gekauft werden! Dr. Duss liess kürzlich eine Kiste Weber-Stumpen [Zigarren] kommen, die vor wenigen Wochen eingetroffen sind, und so flutet nun hie und da am Mittag ein so heimeliger Stumpengeruch durch unsere Büros! (Auch Pfeife sieht man hie und da!) [...]

Wir können direkt keine Auslandsschweizer-Sendungen bei uns zu hause hören, sondern hören nur hie und da von Stockers, dass sie sie gelost [gehört] haben. Sie kommen um Mitternacht.– Man freue sich immer besonders, wenn gejödelet werde, was man aber zu hause immer abgestellt habe! – Im Büro sind wir alles in allem 35 Leute, davon 9 Weisse (Nufer, Mills, Voegeli, Duss, Nussberger, Buner, Hofer, Miss Suhareff, Schnell). – Die übrigen sind Chinesen, und davon sind noch 6 im Godown, unserem Lagerraum, wo auch eine sog. Mahl- und Mischanlage (nicht so schön wie in Basel) eingerichtet ist. [...]

Jetzt noch mein Notizzeddel dieser Woche: Nestlé-Schoki [Schokolade] konnte ich am Montag auf der Strasse sogar kaufen. Wenn nämlich Schiffe angekommen sind, werden die gestohlenen Waren auf den Strassen angeboten und etwas [Geld] daraus gelöst, wenn auch nicht sehr viel, da sie jeweils sehr billig sind. Diese Händler tauchen auf wie Pilze und verschwinden auch wieder bald. Manchmal sind sie schon nach 2 Stunden nicht mehr da!

Wir eröffnen jetzt bald eine «Burgdorfer-Kolonie»

Shanghai, den 10. März 1947
Brief Nr. 20

Meine Lieben,
Am letzten Samstag waren wir von [der Sekretärin] Fräulein Suhareff in den French Club (einen der exquisitesten Clubs Shanghais) eingeladen. Nach dem feinen Nachtessen (anderswo soll es aber bessere geben!) tanzte man. Ich hatte mein Pläsir am Zusehen und am Hören der Musik, die wirklich sehr gut war – man spielte vom Wi[e]nerwalzer bis zu den modernsten Schlagern. Etwas sah ich noch, dass [sic] ich noch nie gesehen hatte, einen federnden Tanzboden. Dieser war wirklich so konstruiert, dass beim Tanzen der Boden auf und ab ging, sodass einem also das Tanzen gar keine Mühe mehr machte. Ich weiss es

nicht, denn ich habe es nicht ausprobiert! Auf alle Fälle findet man in der Schweiz bestimmt keinen solchen Boden, oder? [...]

Ich lese in der Zeitung von der Eröffnung einer neuen Luftlinie London–Hongkong in 2½ Tagen! Vielleicht haben jetzt dann die Briefe auch nicht mehr so lange, resp. noch weniger lang! Wer weiss, vielleicht steht Ihr selbst einmal vor den Toren Shanghais, wenn man in so kurzer Zeit herfliegen kann? Das wäre noch eine Überraschung! Jetzt habe ich noch eine spezielle Überraschung. Ich lernte heute einen Herrn Glanzmann kennen, der hier frisch angekommen ist per Schiff, und er arbeitet bei J. H. Trachsler & Cie, Ltd., S'hai. Herr G. wohnte früher in Burgdorf, besuchte das Gymnasium, kennt also halb Burgdorf. Wir eröffnen jetzt bald eine «Burgdorfer-Kolonie». Die Welt ist doch klein, und sogar im fernsten Osten finden sich die berühmten «Burgdorfer». [...]

Nächsten Montag gibt es hier eine Abschiedsparty von einem [gemeint: für einen] Schweizer, der heimkehrt. Er ist schon seit 1938 hier. Ob ich ihm etwas mitgeben kann, weiss ich noch nicht, er fährt mit dem Schiff heim und wird für ein Jahr oder für immer zu Hause bleiben.

Immer wieder meldete Schnell seinen Eltern, wenn ein Schweizer in die Heimat zurückkehrte. Oft gab er diesem die Adresse seiner Eltern mit (und andere Kleinigkeiten, wie im Brief oben angedeutet) und bat ihn, die Eltern zu besuchen. Auch umgekehrt funktionierte das Botenwesen: Die Eltern konnten den nach Shanghai fahrenden Schweizern Geschenke für den Sohn mitgeben.

Unversehens sah sich Schnell Mitte März schon wieder mit dem Wohnungsproblem konfrontiert, denn einerseits wollte sein Wohngenosse heiraten, andererseits ging das Gerücht, dass dieser nach Hongkong versetzt würde. Schnell hatte keine Lust, allein in dem Bungalow vor der Stadt zu wohnen, konnte aber im Büro nichts Genaues über seinen nächsten Wohnort erfahren und war entsprechend aufgebracht. Das Problem zog sich über einige Wochen hin und tauchte immer wieder auf, denn im Laufe der sechs Jahre musste Schnell mehrere Male umziehen.

Im Brief Nr. 22 vom 18.3. berichtet Schnell von der oben erwähnten Party anlässlich der Rückkehr eines Landsmanns in die Schweiz:

Um 18 Uhr fuhren wir vier zuerst zu Vögelis heim (das andere Haus ist ganz nahe), wo wir mit Trinken begannen. Gegen 19 Uhr machten wir uns auf den Weg nach Herrn Schmids Haus, wo diese Party stattfand. Bereits hatten sich ca. 30 Schweizer und Schweizerinnen eingefunden – unten bei der Türe wurden Kleidermarken ausgegeben –, es sollte demnach eine grosse Sache sein. Das Haus zu beschreiben wäre verwegen, denn mir fehlen die Worte für all' diese Schönheit. Es ist ganz rund gebaut und oben ein grosses Solarium – man nennt dieses Haus auch etwa das Goetheanum von Shanghai, obschon es keine Ecken aufweist! – Von der Schönheit aller Möbel, der Anlage der Badezimmer, Ausstaffierung etc. macht man sich gar keine Vorstellung. Viele Schweizerhäuser – wenn nicht zu sagen alle – kommen an dieses Haus nicht heran. Herr Schm. ist Amerika-Schweizer (hat also beide Bürgerrechte) und soll das Geld scheints in Europa noch gemacht haben – ich weiss es nicht. – Ich werde ihn fragen, ob ich einmal ein paar Photos machen könnte. Gegen 21 Uhr machten wir uns alle wieder auf den Weg nach hause, denn so eine Cocktailparty geht nie sehr lange – doch immer umso heftiger! – Es ist nur ein allgemeines Herumstehen und Herumschwätzen! – ich lernte keine neuen Leute mehr kennen, d.h. doch, viele Amerikaner, da er ja beide Bürgerrechte hat.

Im selben Brief erwähnt Schnell, dass er auf dem Weg durch die Stadt einen chinesischen Tempel angeschaut habe und sich angesichts der Opfergaben und brennenden Räucherstäbchen «ins Altertum zurückversetzt» fühlte. Anschliessend war ich noch im grössten Warenhaus von Shanghai, das dem Loeb und anderen gar keine «Füeteri» gibt [mit «Loeb» nicht zu vergleichen ist]. Herr Nussberger wollte noch Schuhe kaufen, doch unmöglich. Es existieren hier Konfektion gar keine so grossen Nummern. [...] Man muss unsere Nummern alle nach Mass arbeiten lassen. Ich werde somit bestimmt während drei Jahren kein Schuhwerk zutun. [...]

Man liest heute, auf Grund der Moskauer [Aussenminister-]Konferenz in der ganzen Stadt folgende Anschläge in Englisch und Chin.: «Oppose foreign intervention – no international intervention» =: «Kämpft gegen fremde Einmischung – keine internationale Einmischung»! Bezeichnend, nicht wahr?

Im Brief Nr. 25 vom 28.3.1947 berichtet Schnell noch einmal über sein Heim bzw. die Hausangestellten:

Boy und Amah essen in unserer Küche und leben z.T. auf unsere Kosten. Beim Eingang haben sie 2 Zimmer (zusammen mit dem Watchman, der sich besserte). Resten [vom Essen] sehen wir selten, denn diese finden bei den 4 Knaben reissenden Absatz!

Schnell vermisste ein Fahrrad, das ihm grössere Bewegungsfreiheit verschafft hätte. Er bat seine Eltern, sich zu erkundigen, auf welche Weise sein Fahrrad am schnellsten und billigsten nach China transportiert werden könnte. Schliesslich konnte er eines ausleihen, später ein chinesisches kaufen, welches ihm für eine Weile gute Dienste leistete. Er berichtete weiter, dass Ausländer auch für Reisen innerhalb Chinas ein Visum benötigten. Da Schnell vorhatte, über Ostern nach Nanjing zu fahren, besorgte er sich rechtzeitig das Visum, obwohl er noch keine Bestätigung von der Gesandtschaft in Nanjing erhalten hatte, dass er kommen könne. Es dauerte länger, bis er tatsächlich nach Nanjing fahren konnte, aber das Visum konnte er bald für andere Fahrten in die weitere Umgebung Shanghais gebrauchen.

Auf den zweiten Blick
April bis Juni 1947

Ein Massenvolk erster Güte

Shanghai, den 1. April 1947
Brief Nr. 26

Meine Lieben

[...] Für Ostern bei Vögelis werden in unserem Labor auf Tod und Leben Eier gefärbt. Man muss sie dann suchen in diesem [ihrem] grossen Garten. Hoffentlich ist dann das Wetter noch gut, wie es heute und die letzten Tage immer war. Gestern hatten wir bereits 26 Grad am Schatten! Man drückt sich schon gerne am Schatten herum, und beim Federchenspiel [Federballspiel] am Sonntag in Vögelis Garten schwitzte ich schon dermassen wie seinerzeit in der RS [Rekrutenschule]. Ihr könnt es Euch nun wohl vorstellen! Ich bin jedoch vorsichtig, wie ich mich jetzt anziehe – auf keinen Fall werde ich schon alles «abschreissen» [vom Leibe reissen]!

Auf den Strassen drücken sich die Chinesenfrauen schon um die Hydrante[n] herum, um etwas Wasser für ihre Wäsche ergattern zu können. Dann wird z. T. auch in Pfützen usw. die Wäsche gewaschen. Bilder sieht man zeitweilig – in der Schweiz würde man die Hände über dem Kopfe zusammenschlagen bei einem solchen Anblick! – Ich begreife, warum die Chin[esen] soviele chemische Waschanstalten haben – der Schmutz hier ist unbegreiflich! Überall und alles ist immer schwarz und schmierig!

Den Begriff von der «Volksmasse» lernt man auch hier draussen kennen. Jeder der Chinesen taucht in der Masse unter, und die ganze Gesellschaft ist ein «Massenvolk» erster Güte – der Einzelne kommt nicht mehr zur Geltung, wenn er nicht im Stande ist, sich dank seiner Bildung oder sonstwie aus dieser Masse zu erheben. Dies können jedoch nur wenige, da die Bildungsmöglichkeiten weitgehend fehlen.

Seid Ihr Euch bewusst, dass ich bereits ein Vierteljahr hier draussen bin?! – Ich denke heute manchmal zurück – vor 2 Jahren waren wir um diese Zeit gerade im Tessin – fuhren mit den Velos [Fahrrädern] nach Spruga, nach Brissago – tranken Kaffee auf der Strasse – ach was, es hat gar keinen Sinn, darüber nachzudenken – hier draussen hat man das alles nicht, und wenn man sich in diesen Gedanken verliert, könnte man leicht den Verleider kriegen. Ich darf nicht auch in diese Gedankengänge hineingeraten, denn neben mir hat es so und so viele Freunde, denen man ein wenig auf die Beine helfen sollte (sogar Annemie musste ich am Sonntag etwas trösten, obschon es [sie] sich mit der ganzen Situation prima abfindet, es ist in dieser Hinsicht zu beglückwünschen)! – Wir haben hierherkommen wollen, gut – nehmen wir auch die Kehrseite der Medaille zur «Kenntnis». [...]

Empfangt nun alle meine herzlichsten Grüsse und Küsse,

René

PS: [...] Ich komme grade zurück von der ersten Reitstunde und kann fast nicht mehr schreiben geschweige denn laufen. Alles tut mir schon weh. Es hiess bei mir immer *sit down, sit down* – absitzen, absitzen[8]! Morgen haben André und ich schon die zweite Stunde!! Kann ich wohl noch gehen dann?!!

Ein Auto mit Chauffeur gehört auch dazu

Shanghai, den 26. April 1947

Brief Nr. 33

Meine Lieben,

[...] Das grösste Ereignis dieser Woche bei mir ist wohl wieder einmal die Wohnfrage, die nun endgültig gelöst zu sein scheint! – Am Dienstagabend war ich programmgemäss mit Dr. Duss bei Herrn und Frau Plattner zum Nachtessen eingeladen. Herr Stockar war ebenfalls zugegen. – Diese Leute sind äusserst freundliche und sehr sehr nette, und die Sache war bereits im Butter, als ich ca. 5 Minuten dort war! Ich schien ihnen gefallen zu haben, sodass da gar keine weitere Diskussion mehr nötig war. [...]

Das Haus ist äusserst gut eingerichtet: unten ein schönes Wohn- und Esszimmer (letzteres mit einem Windpropeller für die heissen Sommertage), und oben habe ich ein Schlafzimmer mit anschliessendem sehr modernen Badezimmer. Daneben wohnt Herr Stockar mit den gleichen beiden Zimmern. Ich werde heute nachmittag nochmals das ganze Haus ansehen gehen, da wir am Dienstag nach diesem feinen Essen

---

8 Analog zur allgemeinen Bedeutung des Wortes im Schweizerdeutschen, nämlich «sich setzen», «absitzen», hier nicht «vom Pferd steigen», sondern «sitzen bleiben».

Das Haus von Herrn und Frau Plattner an der rue Lafayette, ehem. French Concession: Schnells Wohnhaus 1947–1948

wahrlich nicht mehr Lust hatten, eine Hausbesichtigung «durchzumachen»! – Ein Auto mit Chauffeur gehört auch dazu, sodass das Transportproblem endgültig für mich gelöst sein wird. Wir verfügen zu gleichen Teilen über diesen Wagen. (Ich habe ihn jedoch noch nicht gesehen.) Ein Garten (zum Teil mit Gemüse) ist auch da und eine grosse Veranda und ein Spaniel-Hund! – Plattners wohnen schon seit ca. 35 Jahren hier in Shanghai, in diesem Haus ca. 20 Jahre, und die Servants, die ganz prima dressiert sind, haben sie schon 25 Jahre. Wir haben nur dafür zu sorgen, dass wir sie nicht etwa «verderben»! – Plattners reisen ca. Mitte Mai per Schiff über Amerika nach der Schweiz, wo sie wenigstens ein Jahr zu bleiben gedenken. Sie waren seit 1934 nicht mehr daheim. Herr P. ist ca. 65 Jahre alt, seine Frau ca. 62, letztere eine gebürtige Französin, er ein Reigoldswiler. Der schweizerische Patriotismus ist bei diesen Leuten noch keineswegs verschwunden, im Gegenteil!

Ich musste nach China kommen, um richtig Käse essen zu können

Shanghai, den 29. April 1947
Brief Nr. 34

Meine Lieben,
[...] Was den Käse anbelangt, so könnt Ihr Euch trösten: letzten Samstagnachmittag trug ich ganze 12 Pfund vom Schweizerklub heim. Jede Person erhielt zugeteilt 3 Pfund, und wir bekamen noch denjenigen von André, da er im YMCA nicht gut Käse lagern kann. Bei uns und wohl in der ganzen Schweizerkolonie von Shanghai und Nanking werden in den nächsten Wochen sehr viele Käsespeisen, hergerichtet von gutem Emmentaler, Greyerzer und Sbrinz, auf den Tisch kommen, nehme ich an. Ich, resp[ective] wir haben am kommenden Donnerstagabend bei uns draussen einen grossen «Chäsfrass», der hoffentlich, wenn meine Bemühungen gelingen, mit Wein von Herrn Plattner getränkt werden kann!! – Zum Zmorgen können wir nun wieder ganz gehörig hineinfahren, in diesen feinen Käse. Stücke von einer Grösse, die wir in der Schweiz nur mehr vom Hörensagen her kannten. Ich musste also nach China kommen, um richtig Käse essen zu können – es ist schon lustig!! – (Im ganzen standen den ca. 250 Schweizern hier in Shanghai 3 Laibe Käse zur Verfügung und ca. 3 noch in Nanking!!) [...]

Am Reiten bekomme ich immer mehr Freude, und wir reiten nun ca. 3 Mal pro Woche am Morgen früh hinaus. André und ich waren auch am Sonntagnachmittag. Es war ganz wunderbar, und ich habe nun anfänglich noch ein ganz zahmes Pferd – eine Kuh, wie sie im Munde der Kenner heisst. – Ich dachte bei diesem Ritt an Euch in Magglingen. [...] Wund war ich schon ein wenig, doch «Adersan» etc. brachten die Stelle rasch zum Heilen, und jetzt ist ein «Ruf» [Wundschorf] entstanden, der langsam abgeht – also nicht sehr gefährlich. – Mit Rudern habe ich nicht begonnen, obschon alle fast es tun, auch so André. Ich sagte mir, ich wolle nicht zu viel, denn plötzlich hat man für nichts mehr recht Zeit. [...]

Euch muss ich wirklich gratulieren, wie Ihr immer real schreibt und wirklich Dinge, die mich interessieren. Dass ja Heimweh auch da ist, das kann ich begreifen – beiderseits ja –, da könnt Ihr sicher sein. Man muss es jedoch mit eiserner Härte bezwingen, da hat Mammi wirklich recht. [...]

Der Kurs für Sfrs erreichte am Samstag die Höhe von 10000.–, und

Reitausflug: Schnell (Mitte) mit A. Forrer (links) und einem holländischen Begleiter (November 1947)

der offizielle diejenige von ca. 3500.– Wir haben also wieder über 3 Millionen Lohn! Tönt das nicht fantastisch? Was sehr billig ist, ist das Telephon: umgerechnet hatten wir diesen Monat eine Rechnung von knappen 25 Rappen!!, – inkl. Telephonapparat-Miete! – Auch die Trams sind äusserst billig.

Die Erdbeeren müssen wir zuerst in Kaliumpermanganat waschen

Shanghai, den 20. Mai 1947
Brief Nr. 39

Meine Lieben,
[...] Am letzten Donnerstagabend waren wir von unserem Chinesisch-Lehrer in ein chin. Theater eingeladen worden und hatten dort Gelegenheit, auch hinter die Kulissen sehen zu können, was wirklich äusserst interessant war. Wir sahen besonders eine Schauspielerin, die pro

Saison rund 50 Millionen CNC$ verdient, von welchem Betrag sie aber auch alle ihre Diener (etwa deren 6) unterhalten muss, die ihr jeden Abend für die umfangreiche Vorbereitung behilflich sind. Wir zählten die Perücken – nicht weniger als deren 7! – Vielleicht mache ich ein kleines Berichtlein fürs [Burgdorfer] «Tagblatt» darüber (wenn's nicht mehr so heiss ist!) [...]

Auffahrt [Christi Himmelfahrt] wurde hier nicht gefeiert. Was habt Ihr wohl unternommen? Wie war das Wetter? – Die Streikwelle hier in Shanghai scheint nun auch etwas vorüber zu sein, jedenfalls liest man nicht mehr so viel in den Zeitungen. Ich lege noch ein paar Bilder bei von einer Studentendemonstration, denen man verschiedene Fakultäten beschnitten hatte. Sie wollten gen Nanking zu Tsch[i]ang Kaischeck ziehen und wollten dazu die Eisenbahn benützen, die ihnen jedoch nicht zur Verfügung gestellt wurde. Die Eisenbahndir. hatte jedoch nicht den Mut, ihnen das geradewegs zu sagen, sondern entledigte sich so der Aufgaben, indem die 2 obersten der Railway sich der Verantwortung einfach entzogen – der eine war bei Tschang Kaischeck selbst zu Besuch und der andere stellte sich krank. So macht man es hier in China, wenn einem etwas nicht passt. Auf jeden Fall kamen die Studenten nicht nach Nanking. Ihr könnt den Rest in den Ausschnitten lesen. Es ist ganz amüsant, zu sehen, wie dies machen [sic]! [...]

Ich habe bereits 2 Mal am Mittag tapfer geschwommen im Rowing-Club. Es ist ein feines Bad – grösser noch als das Basler-Hallenschwimmbad! Auch gut gechlortes Wasser. – In letzter Zeit essen wir recht häufig Erdbeeren mit Nidel, die jetzt hier Saison haben. Es ist wunderbar. (Nur müssen wir immer die Erdbeeren zuerst in Kaliumpermanganat waschen.)

Die Boys sind wirklich noch vom alten Schrot und Korn

Shanghai, den 26. Mai 1947
Brief Nr. 41

Meine Lieben,

[...] Seit gestern Pfingstsonntag bin ich also im Hause Plattner und habe mich bereits recht gut eingelebt. Die Dienerschaft besteht aus 3 Mann und einer Amah – für unser 2 männlichen Personen! – Diese Boys sind dann wirklich noch vom alten Schrott und Korn – erzogen etwas ganz wunderbares. Man braucht für nichts mehr einen Finger zu rühren – Heinzelmänner im wahrsten Sinne des Wortes. Am Morgen um 6 Uhr klopft einer und stellt den obligaten «englischen Frühthee» ins Zimmer, der scheints für die Verdauung gut sein soll. Wir werden nun sehen! Im Badezimmer ist inzwischen auch alles gerichtet worden – heisses Wasser, da wir wegen den hohen Kohlenpreisen nur einmal heisses Boilerwasser machen. Ich fange nun wieder an, mich nass zu rasieren, da man doch sauberer wird. Das Morgenessen wird uns im kleinen Aufenthaltsraum im oberen Stock serviert, und für nichts müssen wir rennen! Der Wagen steht um 8 Uhr vor der Türe – wir steigen ein, und schon sind wir einer weiteren Sorge enthoben. Für schweizerische Begriffe also ein Märchenleben – hier nichts als natürlich und auch selbstverständlich. – Herr Stockar ist ein 1899er Zürcher. Lebt seit 1925 mehr oder weniger hier in China (Chungking [Chongqing] – Hongkong – Tientsin [Tianjin] – Shanghai). Er kennt oder scheint wenigstens es zu kennen – nämlich China. Er scheint manchmal ein wenig ein Komischer zu sein – ist halt alter Junggeselle. Bestimmt kein Ungerader und auf jeden Fall sehr nett und zuvorkommend. Ich komme mit ihm bestimmt gut aus. [...]

Wir hatten im Bungalow noch einen kleinen Auftritt mit dem Boy, resp. mehr mit der Amah. Sie wollten, weil wir wegziehen, drei Monatslöhne miteinander. Wir fertigten sie ab – es gab jedoch eine Aufregung beiderseits. Man nimmt solche Sachen hier in Kauf, auch dass der Geschäftswagen heute Pfingstmontag erst um 14 Uhr wieder im Büro erschien, wenn wir, da doch Feiertag ($\frac{1}{2}$) gemacht wurde, um 12 Uhr weggehen wollten. Das sind so Momente, wo man diese «verfluchte» Chinesenbande in die 7. Hölle verwünscht. Kann man wohl nicht auch in solchen unangenehmen Momenten seinen Charakter festigen und seinen Willen stärken. Ich glaube es bald, und zeitweise muss ich, als unverbrauchte Kraft vielleicht, schlichtend einwirken, wenn alle die Sache am liebsten sich selber überlassen und davonlaufen möchten. Ich bin bald Ableger für allerhand Sachen geworden, und wenn mir etwas übertragen ist, führe ich es aus, bis zum Schluss – wenn es auch noch so über Steinen führt. [...]

Hinter den Studentenaufständen schienen auch die Kommunisten zu stecken – die Demonstrationen gehen zum Teil noch weiter – hindern uns aber im weitern gar nicht.

In der Schweiz haben wir eigentlich wirklich paradiesische Zustände

Shanghai, den 3. Juni 1947
Brief Nr. 43

Meine Lieben,
[...] Es war ein «stürmisches» Wochenende, das jetzt gerade zu Ende gegangen ist – hauptsächlich in Bezug auf dieses verfluchte Haus in Hungjao [Honqiao]. Am Samstagnachmittag musste ich den Vertrag nochmals neu schreiben – gestern Sonntagnachmittag hatte ich das Vergnügen mit dem sog. neuen Mieter und den Chinesen – (der Eigentümer) nochmals hinauszugehen und alles an Ort und Stelle zu besichtigen. Ich kann Euch nur eines sagen: es ist alles andere als angenehm, als mit diesen verdammten Schlitzaugen zu verhandeln! Jedenfalls kamen wir bis heute noch zu keiner Lösung, und Herr Vögeli machte mir heute einen Vorwurf, dass alles nicht so weit gekommen wäre, wenn ich eben noch draussen geblieben wäre. Ich finde zwar, dass es keinen grossen Zweck hat, wenn ich Euch nun im Langen und Breiten alle Einzelheiten berichte, da Ihr die Verhältnisse an Ort und Stelle – alle Umstände etc. etc. nicht kennt. Vielleicht einmal mündlich dann. – Jedenfalls eines steht fest – ich habe wiederum allerhand gelernt und Fehler gemacht, die ich jetzt einsehe. Diese neue Wohnung, die ich jetzt habe, muss wahrlich verdient sein. Es bewahrheitet sich wieder einmal, dass man halt einfach GAR NICHTS umsonst erhält. Jedes will seinen Lohn haben – alle Dinge haben eine Kehrseite, und es bleibt nur zu hoffen, dass die «Troubles» [Schwierigkeiten, Unannehmlichkeiten] (welches Wort hier sehr sehr viel gebraucht werden muss – leider) bald einmal aufhören oder wenigstens abflauen, denn mit der Zeit habe auch ICH genug davon. Das Geschäft nimmt jetzt bald den kleinsten Teil der Arbeit weg – André ist gerade zur rechten Zeit ausgezogen – wahrlich. – Ich will nicht klagen – auf keinen Fall –, nur rapportieren. Ich tröste mich heute nur damit, dass ALLES EINMAL EIN ENDE HAT – auch hier in China!!

Gestern Sonntagmorgen fuhren Herr Stockar und ich eine Strecke mit dem Wagen aufs Land und begannen dann von dort über Land zu spazieren mit dem Hunde Thomi. Das Wetter war – wie heute überhaupt auch – und wohl nun immer jetzt in Zukunft – äusserst dunstig und schwül – in der Nacht hatte es geregnet. Wir waren «pflotschet-

In der Umgebung von Shanghai (1947): Hüttensiedlung

Frau Stocker im Kreise der Kinder eines chinesischen Dorfes

Beim Ausladen von Schweinen

nass» [tropfnass] nur vom Aussteigen aus dem Auto. Ich fing heute an, Sommerhemden als erstes anzuziehen – die Shorts dürften wohl bald einmal folgen. Das Thermometer in meinem Zimmer zeigt jetzt um 20 Uhr 30 (2.6.47) noch 27 Grad C. und während der Nacht kühlt es nichts ab. Im Büro rinnt der Schweiss nur so – jedoch ist dies alles noch gar nichts, verglichen zu dem, was im Juli/August noch zu erwarten ist. – Am Sonntagmorgen hatte ich wieder einmal ein warmes Vollbad – das erste seit 5 Monaten!! Ich genoss es richtig. [...]
Heute Mittag waren wir Zeugen von einer grossen Demonstration in der Nanking Road, die u. a. einen grossen Erdball mit sich führte, auf dem das Land China von einem Weissen mit einem Messer durchstochen wurde, der Weisse jedoch zu gleicher Zeit einen Hieb erhielt, sodass er fiel. Weiter führten sie einen gefesselten übergrossen Weissen mit sich im Umzug. Beteiligt daran waren alle verschiedenen Klassen von Leuten – bis zu den kleinsten Kindern, die natürlich nicht wussten, um was es eigentlich hier geht. Aber auch sie mussten rote Transparente mittragen. Der Verkehr war natürlich für eine Zeitlang lahmgelegt, und die Autostockung könnt Ihr Euch gut vorstellen – wenn man schon bei «normalen» Verkehrsverhältnissen um 12 Uhr mittags

Bauer beim Pflügen

nicht gut durchkommt! – Leider hatte ich den Photoapparat nicht bei mir. Herr Buner konnte noch ein paar Aufnahmen machen. Wenn sie gut sind, werde ich sie senden. Auch die Zeitung wird bestimmt Bilder des Umzuges bringen morgen oder so. –

Noch etwas: vergesst ja nie, wenn Ihr meine Adresse schreibt, die POBOX No. 849 anzugeben, denn sie wird jetzt neuerdings energisch verlangt, um eine schnellere Verteilung der Post zu erreichen und Irrläufer zu vermeiden. Ich muss immer aufpassen, dass mir der Schweiss nicht zu sehr in die Maschine tropft, denn es täte ihr nicht gerade sehr gut. – So, eigentlich weiss ich nichts mehr – ich bin wacker müde vom heutigen Tag und möchte ins Bett. – Bin ich nur froh, dass mein Wohnproblem nun geregelt ist, denn wenn ich noch an das auch noch denken müsste, könnten sie mir alle «blasen», ich würde nicht so den Johann spielen, wie ich es jetzt vielleicht tue! – Mit unserem alten Boy ist auch noch nicht alles im Butter – er will das Haus auch nicht verlassen und erklärt, er finde keine neue Stelle. Das Geld, das er verlangt, geht auch ins Guttuch – wahrlich. Es ist ekelhaft, mit diesen Leuten zu verhandeln, und bei der ganzen Affäre ist die Amah die «Rabauzige» – wie die immer wütet und jähzornig wird – einem frech kommt etc. etc., es

Bewässerungsanlage

Fahrende Färberei (mit Ciba-Farbbüchsen)

braucht manchmal starke Nerven, um nicht auch loszuziehen!! – Es geht alles vorüber, es geht alles vorbei – – – – das sei das Losungswort unserer Tage – für alle hier! [...]
Nehmen wir nun jeden Tag wie er kommt – versuchen wir alles ruhig und gelassen hinzunehmen – es ist besser so. – Heute sehe ich, wie wir in der Schweiz eigentlich wirklich paradiesische Zustände haben, und jeder, der heute zu Hause irgend etwas reklamiert oder so, sollte für einige Zeit hier nach China kommen – vielleicht nur 5 Monate, wie ich jetzt eben bin –, es würde ihm bald vergehen zu reklamieren!

Begegnung mit der Polizei

Shanghai, den 14. Juni 1947
Brief Nr. 46

Meine Lieben,
[...] In 10 Tagen ist ja hier das sog. Dragonboat-Fest, das uns scheints drei freie Tage bringen wird. On verra – ob auch die Ciba schliesst!! [...]
Ich zügelte mit einem Camion [LKW] – ganz einfach, wie in der Schweiz. Über Stockar schrieb ich auch schon, Stellvertreter von Plattner und geboren 1899. – Kostenpunkt erschwinglich, weil ich ja keine Miete bezahlen muss, jedoch beizusteuern habe an ein Auto, an den Gärtner und an 3 Servants – dies alles für uns 2, die wir nur morgens und abends daheim sind! Ein wenig übertrieben, doch für China nichts Aussergewöhnliches! [...]
Eine gewisse Anzahl von Studenten ist immer noch im «Kitchen» untergebracht, und die ganze Sache scheint eine Inszenierung von kommunistischer Seite zu sein. [...]
Die Bungalow-Angelegenheit ist eine sehr dumme Sache. Jedenfalls wird er jetzt wieder nicht vom betr. Mr. Pirola übernommen, und ich weiss heute faktisch nicht, was damit passiert. – Jedenfalls hatte ich gestern den Boy noch hinauszuspedieren, was mich ein grosses Stück Arbeit kostete und damit begann, dass er mich auf die Polizei schleppte, mit der Bemerkung «very bad man». Die ganze Geschichte ist noch zu frisch, dass ich sie hier nochmals des Langen und Breiten wiederkäuen wollte und auch zu unliebsam. Im übrigen habe ich sie hier schon so manchmal erzählen müssen, dass es mir nicht sehr drum ist, sie nochmals zu tippen! Ich finde ja auch, Ihr kennt die näheren

Umstände, die Mentalität etc. der Leute nicht, und so will ich mich aufs Gröbste beschränken! – Es handelte sich darum, ihm einen Abschiedslohn zu zahlen, und da war er mit der von B. und mir vorgeschlagenen Höhe nicht einverstanden. – Kurzerhand ergriff er mich gestern an der Cravatte und schleppte mich wie einen Schwerverbrecher auf die Polizeistation – triumphierend natürlich, einen Weissen um die Ecke gebracht zu haben. Auf der Station erledigte man gestern noch nichts – ich ging heute morgen nochmals, und jetzt zwar zusammen mit einem Chin. aus dem Büro und einem guten Freund von ihm von der Hauptpolizei in der Stadt. Der machte Eindruck auf der Landpolizei draussen und so einigten wir uns auf 1 Mill. CNC$ – allerdings einen schönen Haufen, der jedoch unter Buner und mir geteilt werden wird. Der Boy hat nun das Haus sofort zu verlassen – wurde sogar schriftlich dazu verpflichtet. – Lustig wird die ganze Sache einmal sein, zu Hause erzählen zu können – vor vielen Zuhörern –, im Moment jedoch war ich ärgerlich und zerschriss ihm endlich noch sein Hemd. Hinter mir war die Amah mit dem Kleinsten auf dem Arm und stüpfte und boxte mich stets vorwärts. – Und diese Photos von diesen verdammten Gaunern finden Interesse – ja bei Euch – nicht aber mehr bei uns hier. Das war nun ein äusserst unrühmlicher Abschluss, und ich musste wirklich nach China kommen und faktisch wie ein Kriegsverbrecher spiessrutenlaufend durch ein Dorf geschleppt zu werden! – Welches Bild – schwitzend – Cravate hinunterhangend – Haare im Gesicht – Tableaux!! – [...]

Letzthin musste Mr. Mills als Zeuge zu einem Kriegsverbrecherprozess hier in Shanghai wegen seinerzeitigen Malträtierungen durch chin. auf Japanerseite [vermutlich gemeint von chinesischen Kollaborateuren während der japanischen Besetzung].

Kurzer Prozess

Shanghai, den 21. Juni 1947
Brief Nr. 48

Meine Lieben,
[...] Als Beilage sende ich noch einen recht langen Zeitungsausschnitt über die «2 Japaner», die diese Woche hier durch die Strassen geführt wurden. Anschliessend wurden sie dann erschossen. Diese Menschenmenge an den Strassenrändern. Nicht zu beschreiben. Man konnte

praktisch nicht mehr gehen! Auch ich passte sie ab – musste dann aber ins Bureau zurück, da sie erst gegen 3½ Uhr erschienen auf einem Lastwagen – aber lest besser selber den Artikel! Ich hoffe, Euer English sei nun schon so weit fortgeschritten! Die Zeitungsartikel sind im grossen und ganzen leicht verständlich geschrieben. Jedenfalls nach meiner Meinung. Ich lese sie ohne grosse Mühe. Hie und da ein Wort, das man gerade nicht weiss – oder nur den Sinn erfasst. [...]

Die Lebensmittelrationierung ist nicht in Kraft. Man liest hie und da etwas in den Zeitungen, fest steht aber absolut gar nichts. Dass man dieses in den Schweizer-Nachrichten bringt, kann ich nicht verstehen. Hier weiss überhaupt niemand etwas Definitives darüber!

Ein heisser Sommer
Juli bis September 1947

Im Brief Nr. 51 vom 1. Juli 1947 berichtete Schnell, dass er am Nachmittag dem Schweizer Klub einen Besuch abstattete, wo er sich bei grösster Hitze mit Pingpongspielen schwitzend die Zeit vertrieb. Die Hitze und das starke Schwitzen waren, gerade in diesem ersten Jahr, oft ein Thema in den Briefen, in den folgenden Jahren scheint sich Schnell etwas akklimatisiert zu haben (und das Thema war nicht mehr neu), denn er erwähnte beides nur noch beiläufig.

Im nächsten Brief führt Schnell weiter aus, was die grosse Hitze für ihn (und auch andere Leute) bedeutete:

Die Hauptstrassen von Shanghai sind nun nachts stets übervölkert von Menschen, die draussen schlafen

[...] Zum Reiten ist es nun zu heiss geworden, und ich warte zu bis in den Herbst, bis die kühleren Tage wieder kommen. Wir haben jetzt ständig so ca. 30–32 Grad C – Tag und Nacht, und am Morgen erwache ich meistens pflotschnass [tropfnass]. Herr Wolfer [...] lag gestern Abend und während der Nacht dreimal in die Badewanne gefüllt mit kaltem Wasser, so schwitzte er! – Das Badezimmer ist jetzt zu einem häufig frequentierten Ort geworden, und das erste Ding, wenn man am Abend heimkommt, ist das, eine Dusche (kalt) zu nehmen. Mir laufen den ganzen Tag die Schweisstropfen nur so hinunter, und Ihr wisst ja, wie ich jeweils im Winter schwitzte, wenn ich zum Mittagessen heimkam! – Voegelis haben nach wie vor fast kein Wasser, was ein äusserst unangenehmer Zustand ist, besonders jetzt für [die schwangere] Annemie, das [die] etwas leidet unter dieser drückenden und schwühlen Hitze, die jedoch heute abend durch ein kleines Gewitter mit Regen gemildert wurde. [...]

Diese Woche, während dieses heissen Wetters, kriegten verschiedene Leute, so auch Voegeli und Stockar, Magenbeschwerden mit leichtem Fieber und zum Teil Abführen oder Verstopfung. Ich habe gar nichts bis heute. Die Hauptstrassen von Shanghai sind nun nachts stets übervölkert von Menschen, die draussen schlafen. Sie legen einfach eine Strohmatte auf die Trottoirs oder überhaupt nichts manchmal, und legen sich darauf. Man muss aufpassen, dass man nicht über sie stolpert. [Brief 52 vom 5.7.1947]

Überhaupt, mit dem Einsetzen des heissen Wetters hat alles hier einen unangenehmen Geruch angenommen

Shanghai, den 8. Juli 1947
Brief Nr. 53

Meine Lieben,
[...] Das Wetter ist also ausnehmend warm und heiss. Richtiger Shanghai-Sommer. Die Temp. soll scheints bis im August noch weiter ansteigen, und es sei scheints der bisher heisseste Sommer zu erwarten. Das kann ja noch nett werden. Während der Nacht kühlt es halt gar nichts ab! Morgens ist man jeweils so nass wie abends! [...] Schade, dass es hier in Shanghai keine offene Badanstalt gibt, sondern nur Hallenbäder in den verschiedenen Clubs. Ich nütze am Mittag die Zeit immer, um ein erfrischendes Bad im Rowing-Club zu nehmen, was sehr gut tut. Nur ist das Wasser immer so ca. 26 Grad, was nicht mehr abkühlt. Vor und nachher kommt noch eine warme und kalte Dusche – die reinste Sauna, wie Ihr seht! – Mit unseren Geschäften ist es furchtbar, nichts, aber auch gar nichts mehr zu tun. Das Nachführen der Buchhaltung wird uns nächstens wieder für ein paar Tage beschäftigen, aber nachher wird wieder Schluss sein. [...]

Überhaupt, mit dem Einsetzen des heissen Wetters hat alles hier einen unangenehmen Geruch angenommen, der sehr durchdringend wirkt! Als Beilage folgt noch ein Zeitungsausschnitt über die «Generalmobilmachung», die von Ch[i]ang Kai-Tschek angeordnet wurde! Hoffentlich versteht ihr den Artikel, bei dem [am] Anfang leider ein bis zwei Buchstaben «dran glauben» mussten! – In der Zeitung liest man neuerdings über Nazibewegungen in Deutschland, an welchen jedoch bestimmt nicht viel Wahres sein wird, oder?

René

Kleine, mittlere und Tiger-Hitze

Shanghai, den 12. Juli 1947
Brief Nr. 54

Meine Lieben,
[...] In der Zwischenzeit schwitzen wir ruhig weiter, denn dieser Tage

war es erneut sehr heiss. Es sei zwar jetzt erst die sog. «kleine Hitze», die mittlere und endlich am 25.7. die «Tigerhitze» folgen erst noch! Das Unangenehmste ist das, wenn man am Morgen ganz durchnässt aufwacht – das Nachthemd kann man jeweils ausdrehen, denn während der Nacht kühlt es meistens kaum 1–2 Grade ab! Hie und da geht ein leichter Wind, aber nie stark. In Büros, Läden, Wirtschaften etc. laufen stündlich und täglich die elektrischen Windpropeller, die den Aufenthalt angenehm gestalten. Auch in unserem Haus hat es solche, auch im Büro. Doch zu Hause nahmen wir sie bis jetzt noch nicht in Gebrauch, denn wir wollen warten, bis es noch heisser wird. – Man geht immer mit einem Handtuch umgebunden aus, um den Schweiss in der Ordnung abwischen zu können. Shorts gehören natürlich jetzt zur Tagesordnung, doch gibt es noch eine Schweizerfirma (Siber Hegner), die das Shorts-tragen nicht gestattet – wie kann man auch!

Seit drei Tagen unaufhörlich Regenfall, und viele Strassen stehen unter Wasser

Shanghai, den 18. Juli 1947
Brief Nr. 56

Meine Lieben,
[...] Mit Andrés Radio kann ich nur Lokalstationen hören, und die Schweiz habe ich selbst noch nie gehört, nur liess ich mir von Herrn Stocker den Inhalt einer Sendung mitteilen. Er hat einen grossen amerik. Armeeapparat bei sich zu Hause. Ich war also nie selber am Empfänger (nachts 23 Uhr), wenn von der Schweiz gesendet wurde. Im Hause Plattner haben wir auch nur einen kleinen Lokalempfänger. Der Thomi ist ein kleiner Spaniel, reicht mir bis etwa zum Knie! Er versteht glaube ich alle drei erwähnten Sprachen. – Ich finde es ein wenig Wasser in den Rhein getragen, noch Weiteres über das Haus zu schreiben, da ja Plattners aus erster Quelle berichten können, wenn sie bei Euch weilen werden. [...]

In der Schweiz soll scheints das heisseste Wetter seit 124 Jahren herrschen. Wir hier haben jetzt wieder seit 3 Tagen unaufhörlich Regenfall, und viele viele Strassen stehen unter Wasser. Und gerade heute haben wir uns (Hr. Stockar und ich) für nächsten Sonntag, 20.7., für [einen Ausflug nach] Wusih [Wuxi] angemeldet. Die Reise wird vom [Reiseveranstalter] Thomas bei jedem Wetter durchgeführt, und es bleibt zu

hoffen, dass wir Sonnenschein haben werden, schon nur wegen dem Photographieren! – Bericht folgt am Montag! [...]
Bei einer kürzlichen Überschwemmung in Honan [He'nan] kamen, lt. Zeitungsmeldungen, 20000 Menschen ums Leben! Was ist diese Zahl schon für das Land China?

Auf der Strecke nach Wuxi: sehr viele Lotusblumen in Blüte sowie Reisfelder und noch mal Reisfelder

Shanghai, den 22. Juli 1947
Brief Nr. 57

Meine Lieben,
[...] Gestern Sonntag waren Hr. Stockar und ich also in Wusih (siehe Prospekt). Es war ein Glanztag nach dem Regen der letzten Woche – leider «ein wenig» heiss – Donnerwetter brennte diese Sonne den ganzen Tag auf unsere Köpfe, und heute Montag haben wir leichten Sonnenbrand. Die Organisation klappte ganz wunderbar, und es war eine Reisegesellschaft wie bestimmt bei uns zu Hause beim Dähler-Wirz [Reiseveranstalter in Burgdorf]! Sie bestand gestern aus 7 Nationen (Amerika, England, Indien, Österreich, Spanien, Russland, Schweiz). Es waren wirklich allerhand Sehenswürdigkeiten, die wir besuchen konnten, und die dortige Gegend gemahnt mich ganz an den Langensee [recte Luganersee] mit dem Damm von Melide – auch ein solcher Damm ist eben vorhanden. Im übrigen machte ich ca. 26 Photos (Film noch nicht fertig), die ich Euch bald schicken werde. An Hand dieser werdet Ihr dann noch einen besseren Begriff der Gegend bekommen. Auch am Essen fehlte es nicht, obschon wir nicht gerade auf Menus mit 4 Gängen (siehe Abendessen!) eingestellt waren – wir tranken lieber gestern! ich hielt mich fortwährend an den warmen Thee, der sich bei mir als den besten Durststiller in dieser heissen Zeit entpuppte! – Zum Mittagessen gab es auf dem Schiff (kleineres Thunerseeboot) Chinese-Chow (chin. Essen – wenn Ihr die Sprache noch nicht verstehen solltet!). Im übrigen taten wir uns (ich jedoch nicht, weil ich Angst habe wegen Magensachen) an Wassermelonen gütlich, die verlockend waren. Zum Nachtessen-Dessert gab es die hier jetzt üblichen Ananas. Sehr viele Lotusblumen in Blüten konnten wir sehen, und auf der Hinfahrt am Morgen im Zug (2½ Stunden) hatten wir leider nichts anderes vor uns als Reisfelder und nochmals Reisfelder – ganz unvor-

Ausflug nach Wuxi (Juli 1947): Wasserstrasse in Wuxi

stellbar grosse Felder! Die Landschaft ist nicht sehr abwechslungsreich. Wusih liegt auf der Linie nach Nanking, und Ihr könnt den Ort auf dem Atlas bestimmt finden. – Am Abend, zurückgekehrt in den Ort, besuchten wir noch den dortigen Markt, der eine Sehenswürdigkeit für sich bildet mit all' diesen verschiedenartigen Auslagen! (Wir waren jedoch schon etwas *zu* müde, um alles richtig würdigen zu können, und das Wetter machte einen recht schlapp. Leider hatten wir zur Heimfahrt einen «Blauen Pfeil» (Gasoline-Train), der jedoch in der 1. Klasse nicht so bequem ist wie *unser* «Blauer Pfeil» von Bern nach Thun! Die Berichterstattung wäre nicht vollkommen, wenn ich nicht noch erwähnen würde, dass ich die Bekanntschaft einer netten Spanierin (zwar geboren in Shanghai) gemacht hätte [sic!], die recht zutraulich wurde, trotz ihres feurigen Temperamentes! Wenn einer eine Reise tut – – –! Wir kehrten am Abend heim, erfüllt mit mannigfaltigen Eindrücken dieses fremden, für uns wohl lange noch nicht zu begreifenden Landes!

Heute und wohl auch die folgenden Tage werde ich recht viel zu tun haben, da Hr. Vögeli zu Hause ist mit einer Krankheit, die man hier

Brücke am See «Tai Hu»

scheints bekommen kann u. a. Er hat das Fettabsonderungsvermögen im Darm verloren und muss nun strenge Diät halten So gibt es für mich mehr zu tun, erstens deshalb und zweitens weil [die Sekretärin] Frl. Suhareff am Nachmittag nicht mehr arbeiten kommt und vom 15. August an überhaupt ausbleiben wird. Sie hat gekündigt wegen finanziellen Sachen. Es muss schon viel heissen, wenn in der Ciba jemand nach 9-jähriger Arbeitszeit die Fa. verlässt, nur weil sie zu wenig Lohn bekommt, und man ihr nicht hinaufgehen kann! (Siehe mal Ciba Ltd. Basel!) Nun, die ganze Sache geht mich nichts an, und ich bitte Euch, auch ja [nicht] Hr. Nufer oder Dr. Duss etwas davon zu sagen. Ich meinerseits bin froh, dass ich dann vielleicht so quasi die ganze Korrespondenz erledigen kann, was mir einen noch besseren Einblick geben wird. Vielleicht aber stellt man auch jemanden Neues an – ich weiss es noch nicht. Vorläufig jedenfalls habe ich am Nachmittag in diesem Sektor «freie Hand»!, was mich freut. – Lizenzen haben wir jedoch immer noch keine erhalten, und weiter ist im grossen ganzen nicht viel Arbeit herum.

Sonnenuntergang am See «Tai Hu»

Der Schweizer Klub bietet nicht viel

Shanghai, den 25. Juli 1947
Brief Nr. 58

Meine Lieben,
[...] Der Schweizer-Klub-Beitrag ist ja wirklich hoch, doch Ihr vergesst, dass eben auch unsere Löhne dementsprechend hoch und der jeweiligen Teuerung angepasst sind. Die Leute bieten wirklich nicht viel: Tennis war einmal und von einem Swimming-Pool gar nicht zu reden. Man kann lediglich ziemlich billig trinken und essen und ein wenig kegeln und Ping-pong-spielen. Das ist alles, und ich bitte Euch, unter dem Schweizer-Klub das wenigste vorzustellen, was man von einem Klub überhaupt erwarten kann hier draussen! Er *hatte* seine guten Zeiten! – Als Beilage folgen neue Lokalmarken für die Städte hier mit dem Bild des Generalissimus. Sie werden sicherlich Abnehmer finden, nehme ich an. [...]

Für den Dinner-Dance am 1.8. haben der Swiss-Club und die Swiss Association eine Sammlung unter den Schweizerfirmen und Einzelmitgliedern durchgeführt. Die Fa. gab 500 und jeden [jeder] von uns nochmals 100. Man rechnet zu liebe gar nicht mehr um – nur eines bleibt zu sagen – wir verlieren hier [das Gefühl für] den Wert des Geldes komplett und, einmal wieder daheim, müssen wir uns bestimmt gehörig umstellen und mit so Ausgeben stoppen, es sei denn, unser zukünftiger Lohn sei auch entsprechend. André schreibt von HK, dass Ihr Büro umgebaut werde und mit allerhand modernen Einrichtungen, wie Air-conditioned-Anlage, Blinkrufsystem etc. versehen werde. Wann kommt das in Shanghai – in dieser elendiglichen Bretterbude, die sich Büro der CIBA (CHINA) LIMITED schimpft! Sie sind nämlich ein Hohn, unsere hiesigen Büros, und einer Millionenfirma wie der CIBA absolut unwürdig. – Wir schliessen von heute an um 16 Uhr wegen der Hitze – es wurde von den Chinesen durchgesetzt, weil diese nicht den ganzen Nachmittag frei haben wollen, denn sie lieben es, im Büro bleiben zu können, weil ihre Wohnungen jetzt viel wärmer sind. Hier haben sie doch Propeller etc., die einen Aufenthalt einigermassen erträglich machen. Ich jedoch glaubte nie, dass man *so* schwitzen könnte, und ich schiesse auch hier bei allen den Vogel punkto schwitzen ab – neben Herrn Wolfer natürlich. Papier und alles klebt – die Schweisstropfen rinnen Tag und Nacht. Es sei gesund – ja schon gut! Man kann sich heute wieder nicht vorstellen, wie wir im letzten Winter geschlottert haben bei diesen ungeheizten Büros. Gut, dass wir jeden Mittag schwimmen und warm duschen können, denn das ist eine dringende Notwendigkeit hier. Kleiderwechseln natürlich alle Tage. – Am nächsten Sonntag gehe ich an die Küste im Meer baden (mit Thomas-Travel-Service). Als Beilage folgt ein Programm. Die Fahrt erfolgt per Autocar dieses Mal.

Welch' Erlebnis, im Meer zu baden!

Shanghai, den 29. Juli 1947
Brief Nr. 59

Meine Lieben,
[...] Heute ist ein äusserst heisser Tag – wohl der heisseste diesen Sommer bis heute: in meinem Zimmer am Schatten 35 Grad C und am Observatorium (Lt. Zeitung von gestern 38 Grad C.). Man ist so nass, dass man nichts machen kann, ohne dass nicht alles nass und voller Schweisstropfen wird. So geschwitzt habe ich also noch nie! [...]
Die Feuchtigkeit hat jetzt eher etwas nachgelassen, doch die Hitze ist sehr gross. Unvorstellbar wohl für Eure Verhältnisse! Hr. Wolfer

und ich schlagen den Schwitzrekord weit und breit. Unsere Haut ist voll von sog. «Prikli-Heatern» [Hitze-Pickel], eine Erscheinung, die man hier bei abnorm starker Schweissbildung erhält. Die meinigen konzentrieren sich auf die Kniekehlen und ein wenig den Hals, die von Hr. Wolfer sind aber über seinen ganzen Körper verstreut. [...] – Ob ich abgenommen habe, weiss ich nicht; ich muss mich mal im Rowing-Club auf der Waage wägen! Zu Mittag esse ich jeweils nur ein Stück Apfelkuchen und trinke zwei grosse Humpen Schwarztee (eisgekühlt)! Hunger habe ich absolut keinen – nur immer trinken – trinken und nochmals trinken! – (Mammis Brief ist ganz verschmiert von meinem Schweiss!!) –

Gestern waren wir also in Chapoo [Zhabei] (Ihr könntet es auf dem Atlas finden), und wir haben im Meer gebadet. Welch' Erlebnis. Für mich das 2. Mal seit Juist im Jahre 1939. Es war wunderbar, und wir tummelten uns fast 3 Stunden im Wasser, welches zwar sehr gelb war und nicht durchsichtig. Landschaftlich ist die Gegend prachtvoll – felsig etc. Am Strand gibt es einen Haufen Strohhüttlein für die Leute. Viele nahmen auch das Zelt mit (die, welche schon am Samstagnachmittag gingen). Die Menge Privatautos von Shanghai ist ganz unvorstellbar. Wir fuhren in 2 Trucks [LKW] hin, und die Fahrt war nicht sehr komfortabel, da die Strasse sehr schlecht war und mit vielen Löchern versehen. Wir hatten zweimal Reifendefekt: am Hinfahren platzte einer wegen der grossen Hitze, und bei der Rückfahrt wurde einer bei dem Übersetzen auf die Whangpoo-Fähre defekt. Man muss nämlich eine solche Fähre benützen, um über den Whangpoo zu gelangen (siehe Bodensee!). Ca. 9 Autos haben auf ein Mal Platz, und am Abend mussten wir eine Stde. warten, so viele Wagen waren vor uns. Am Morgen ging es besser. Für einen Privatwagen ist es eine Sünde, diese Strasse zu fahren. Aber gleichwohl waren, man kann fast sagen, Hunderte und Hunderte von Privatwagen. Die meisten Leute waren Russen. Unsere Gesellschaft bestand dieses Mal aus ca. 40 Personen, verteilt auf 2 Lastwagen, in denen man den Wänden nach sass – also nicht sonderlich bequem. Man nahm dies alles aber in Kauf, um nachher so schöne Stunden am Meer verbringen zu können. Schade, dass wir nicht gleich 8 Tage bleiben konnten! [...] (A propos, die Spanierin war auch wieder, zusammen mit ihren 3 Schwestern, die auch am letzten Sonntag schon mitkamen. Sie hat mich für diese Woche einmal zum

Ausflug nach Zhabei (Juli 1947): Abfallsammler am Strand

Nachtessen zu ihr nach Hause eingeladen!) – In diesen Trucks wurde man unvorstellbar schmutzig vom Staub der Strasse. Alles war schwarz, und am Morgen (Montag) nahm man gerne ein Bad, um sich auch noch vom Salz zu waschen. Der Rücken ist ein wenig mit Sonnenbrand versehen, denn es glühte gestern den ganzen Tag unheimlich, und die Salzkruste auf der Haut verursacht noch grösseren Sonnenbrand! – Es ist jedoch nicht schlimm und heute abend schon fast wieder weg. Gut müde langten wir nach 4-stündiger Heimfahrt zu Hause an – erfüllt mit vielen Erinnerungen, die wir noch lange bewahren werden an dieses Meerbaden (es ist bestimmt nicht das letzte Mal gewesen, dass ich dort unten war!).

In langen Roben zur 1.-August-Feier

Shanghai, den 1. August 1947
Brief Nr. 60

Meine Lieben,
Um doch den üblichen Samstagsbrief nicht ausfallen lassen zu müssen, will ich jetzt, 18 Uhr, doch noch rasch zu den Tippen greifen, und um 19 Uhr müssen wir dann ins Konsulat gehen zu dem Empfang des

1.-August-Feier im Garten des Konsulates, 1947

Konsuls und der anschliessenden Party, deren Verlauf ich jetzt noch nicht vorherzusagen weiss! [...]

Heute Mittag war bereits ein Empfang beim Konsul, wohl für die Direktoren der Schweizerfirmen mit Frauen. V. waren nicht, da er nach wie vor zu Hause weilt (noch bis nächsten Montag). – Gestern und heute hatten wir Regen. Heute Abend hat es jedoch aufgehellt – gerade recht für den 1.8., den wir hoffentlich im Garten des Konsulates feiern können, da es in den Zimmern zu heiss wäre. Die Frauen sollen scheints in langen Roben erscheinen! Auch wir müssen uns, ungern jedoch, in lange Hosen stürzen!

2. August 1947/9 Uhr

[...] Die ganze Sache war gut organisiert. Der Konsul, Dr. Koch, hielt in heimeligem Solothurnerdialekt eine ca. 5 min. dauernde Ansprache an die versammelte Schweizerkolonie (ca. 130 Personen von 180 im Total). Man schätzte es, nicht lange stehen und «losen» zu müssen bei der Hitze. Die Landeshymne ist leider etwas «abverheit» [missraten], da die treibende Kraft von zu Hause, ein Männerchor, fehlte, resp. nur durch eine Schallplatte ersetzt wurde. Dennoch liess es sich eine Schweizerin, die lange Jahre bei den Japanern gefangen war (mit ihrem

Mann, Vertreter von Sulzer), nicht nehmen, eigenhändig die Fahne am Mast aufzuziehen. – Bald wurde dann ein kaltes Buffet serviert, das sehr reichhaltig war. Auch das Bier und schlussendlich das «Swiss water» [Kirsch] fehlten nicht, und wir an unserem Tisch hatten für 9 Personen allein 4 Flaschen feinen weissen Wein. – Es wurde nachher noch getanzt unter den Klängen eines Emigrantenorchesters[9], und um 23½ Uhr war allgemeiner Aufbruch. Im grossen und ganzen still und schlicht verlief diese Feier – den Verhältnissen in jeder Beziehung angepasst. [...] Was mich noch ganz besonders freute, war das, dass man Abzeichen kaufen konnte – für 20000 CNC$. Vielleicht hat das Konsulat noch etwas verdient daran?! – Es sind nette Abzeichen dieses Jahr – wirklich gediegen. Findet Ihr nicht auch?

Jeder Schweizer sollte einmal das sehen können – keiner würde mehr meckern

Shanghai, den 8. August 1947
Brief 62

Meine Lieben

[...] Gestern Abend war ich von Frl. Cohen (dieser Spanierin) zum Nachtessen (!!) eingeladen worden. Ich war um 18 Uhr in ihrem Haus und traf dort noch andere Geschwister. Ihre Mutter war noch nicht zu hause. Immer und immer wartete ich auf das Nachtessen, das einfach nicht kommen wollte. Ich erhielt bloss etwas Cocacola und kleine Sandwiches. Nie gab es jedoch richtiges Nachtessen, und um 22 Uhr gab ich es endgültig auf. Ich kann es gar nicht begreifen, was das für eine Art ist – um 18 Uhr dort – und kein Nachtessen! Es ist dies für mich ein Rätsel. Die Lösung werde ich wohl nicht herausbekommen, oder es sei denn, ich frage richtig ein Mal! Ich hatte einen recht guten Eindruck von dieser Familie – in keinem Falle aber zu vergleichen mit einer, sagen wir, Schweizerfamilie. Sie alle wollten sehr viel über die Schweiz wissen, und ich musste mit meinen Englischbrocken tüchtig herausrücken. Niemand spricht dort eine andere Sprache – nicht einmal Spanisch, da sie ja alle in Shanghai geboren sind. Leute, die im Grunde genommen zu bedauern sind – nie etwas anderes gesehen, als

---

9   bestehend aus russischen Emigranten, die nach der Oktoberrevolution ausgewandert waren.

diese schmutzige Stadt – immer in diesem dunklen Apartment gewohnt
– ohne rechten Garten. (Dies was die Jungen dort anbetrifft, die Mutter
scheint in Indien gewesen zu sein). – Aber eben, solche Leute kennen
dann auch nichts anderes und sind sehr erstaunt und können es fast gar
nicht begreifen, wenn man ihnen Bilder aus der Schweiz zeigt – diesem
Paradies. Wir Schweizer hier, alle zusammen, wissen ja gar nicht, was
für einen enormen Vorteil wir in jeder Beziehung gegenüber allen sog.
«Shanghailandern» (in Shanghai geborene Leute [recte: in Shanghai lebende Ausländer]) haben. Wir haben kein Recht, absolut kein Recht,
zu reklamieren, auch wenn es einmal nicht so gut geht, wie wir es gerne
möchten und es von zu Hause her gewöhnt sind, wo alles am
Schnürchen läuft. Es herrschen zu Hause keine Schwierigkeiten, verglichen mit Shanghai […]. Ich schäme mich immer wirklich ein wenig,
wenn ich in ein solches Haus komme, wie z. B. gestern abend, und versuche dann möglichst bescheiden aufzutreten, so gut das eben geht.
[…] – Jeder Schweizer sollte einmal das sehen können – keiner würde
mehr meckern und brummeln über diese so kleinen «troubles», die er
manchmal zu Hause hat, wo er zu seinem Recht kommt!

Nach acht Monaten in der Fremde zog Schnell im folgenden Brief eine Zwischenbilanz:

Mit keinem Gedanken habe ich bis heute bereut, diesen Schritt getan
zu haben, nämlich mich zu melden für diese hiesige Stellung. Ich bin
mir dessen wohl bewusst, dass Alles, was ich hier sehe und lerne – geschäftlich und privat – mir später einmal 100%ig zu Gute kommen
wird!

[Brief 63 vom 11.8.1947]

Einer der wenigen Hinweise auf die Zeit des Krieges und der japanischen Besetzung findet sich im Brief Nr. 66 vom 23.8.1947:

Den Nazideutschen wurde hier wirklich energisch zu Leibe gerückt,
obschon die Internierung nicht sehr streng war, wie ich hörte. Dennoch
treiben sich noch etliche herum, die zu entschlüpfen vermochten. Ich
kenne z. B. einen davon.

Als ihn die Eltern nach seinen Erlebnissen fragten, antwortete Schnell, er habe keine grossen gehabt, seitdem er bei der Spanierin (die sich dann als staatenlose Armenierin entpuppte) eingeladen gewesen war. Dies passte einerseits zur grossen Hitze, andererseits hatte sich für ihn tatsächlich eine Art «Normalzustand» oder «der Alltag» etabliert. Das merkt man den Briefen der folgenden Wochen und Monate an, die berichteten Vorkommnisse sind vergleichsweise unbedeutend. Und doch konnte Schnell fast immer über kleine Wirbel im täglichen Strom der Eindrücke berichten, über Differenzen zwischen seinen Erwartungen und der Realität der Fremde. Manchmal war es nur der rasante Verfall der lokalen Währung: der Kurs für einen Schweizer Franken betrug Anfang 1947 ca. CNC$ 2000.–, Ende des Jahres schon über 20000 CNC$ und fiel weiter. Manchmal war es die Kleiderordnung während der Arbeit bzw. tagsüber: Shorts in praktisch allen Situationen bedeuteten wegen der grossen Hitze keine Missachtung der Etikette, oder die Geräuschkulisse, welche die Zikaden bildeten («ohrenbetäubende[r] Lärm, an den man sich gehörig gewöhnen muss am Anfang. Manchmal versteht man das eigene Wort kaum mehr!»), oder der Anblick eines mit Schreibmaschine geschriebenen chinesischen Briefs («Er sah sehr zierlich aus»).

Staatlich verordnete Sparmassnahmen

Shanghai, den 9. September 1947
Brief Nr. 71

Meine Lieben,
[...] In der Zeitung liest man von «Drastic measures» [Massnahmen] in jeder Beziehung, die wohl Rationierung etc. etc. umfassen werden. Auch Kinos, Tanzstätten etc. werden erfasst und müssen alle bereits um 23 Uhr schliessen. Wie weit wir dadurch berührt werden, weiss noch niemand. In gewissen Kreisen hat eine «Hamsterwelle» (siehe bei uns in den Jahren 1939/40) eingesetzt. Wir, Hr. St. und ich, beschlossen, vorläufig noch nichts im Überfluss zu kaufen, denn wie manchmal schon las man von solchen verschärften Restriktionen resp. Bestimmungen des zivilen Lebens, und noch nie bis heute traten sie wirklich in vollem Umfange in Kraft. Einmal kann es ja das erste sein! On verra – auch hier!! [...]
Gestern Sonntag waren wir zu Hause und ergötzten uns an unzähli-

gen Heftli vom Ringier-Verlag, die A. Glanzmann uns zum Lesen gab. «Die Schweizerhausfrau», «In Freien Stunden» usw. usw. Ganz köstliche Sachen, und auch der «Nebelspalter» war dabei. Was machte es bloss aus, dass alle diese Hefte von der Zeit Jan/Mai waren? Es war uns liebe und unterhaltende Lektüre den ganzen Sonntag über. Am Abend ging ich noch rasch eine Stunde reiten. Ich hatte leider ein Pferd, das sehr scheute, was nicht gerade angenehm war – besonders nicht auf der Strasse mit den Autos.

Es wird in den Zeitungen eine neue «Verkehrswoche» für Shanghai angekündigt. Wie die wohl herauskommen wird – die letzte, die sie durchführen wollten, ist gründlich abverheit, da man mit diesen Trotteln von Chinesen nichts machen kann. Auch diese jetzt wird sicherlich kein Erfolg werden, glaube ich! – Es ist ja manchmal schon scheusslich, dieser Verkehr hier – für Euch ganz unvorstellbar, und ein Chauffeur muss wahrlich ein Künstler sein!

Ausflug nach Suzhou (Soochow)

Shanghai, den 16. September 1947
Brief Nr. 73

Meine Lieben,
[...] Gestern war ich also mit dem Thomas in Soochow, von wo als Beilage 2 Photostreifen folgen, die wir dort kaufen konnten. (Gleich wie zu Hause – die Souvenirs!) Es ist die sog. Tiger-Pagoda auf dem «Tiger-Hill». Wir erhielten vom rührigen Thomas auch noch eine geschichtliche Beschreibung der Gegend von Soochow, die ich gerade heute per gewöhnliche Post spediert habe. [...] Das Wetter war wunderbar – angenehm kühl, und wir (Wolfers waren wieder dabei – daneben aber mehr Chinesen!) genossen diesen Tag sehr. Im Swiss Club hätte man zwar schiessen können, doch ich zog es vor, etwas aus der Umgebung (ca. 80 km) zu sehen. Die Bahnfahrt dauerte fast 2 Stunden. Am Mittag gab es ein wunderbares chin. Essen, am Nachmittag den üblichen Thee und am Abend dann in YMCA von Soochow ein «foreign»-Essen. (Auch sehr gut.) Um 23 Uhr waren wir wieder zu Hause und hatten einen sehr schönen Tag verlebt, der uns wieder etwas mehr vom interessanten China in dieser Beziehung brachte. [...]

Man hört und munkelt hier neuerdings von verschärften Bestimmungen für Autos, d.h. dass Privat- und Geschäftspersonen, resp.

Firmen, die Lizenz entzogen werde, wenn die Benützung des Wagens nicht als ausserordentlich dringlich betrachtet werde. Der Luxus von 2 Geschäftswagen für 4 Leute würde wohl auch beschnitten werden, und Hr. Stockar und ich könnten auch schauen, wie wir morgens ins Geschäft kommen und wieder heim. Man schlägt allgemein Velos vor. Nun, on verra (wieder einmal), wie sich diese Sache weiter entwickelt. Vorläufig stand noch nichts davon in den Zeitungen. Es wäre dies wieder im Zuge der Unterstützung der allg. Mobilmachung. – Unser chin. Lehrer kam heute auch wieder nach 14tägigem Unterbruch in unserem Unterricht. Wir fangen nach Neujahr dann mit Lesen, nicht aber mit Schreiben, an.

Immer wieder finden sich zwischen den zusammenhängenden Berichten unvermittelt kurze Beobachtungen am Rande, etwa:

In unserem Garten leben wilde Schildkröten. Die Schildkröte ist für den Chinesen ein hässliches Tier, und es ist für einen ein grober Übername, wenn man ihn Schildkröte schimpft.
Oder
Inzwischen war ich nicht mehr im Büro, da wir heute Montag einen Freitag haben, da die Chinesen das «Mid-Autumn-Festival»[10] feiern. Überall kann man nun die sog. «Moon-cakes» essen, eine Spezialität, die speziell für dieses Fest von Confiserien zubereitet wird. Es gibt süsse und gesalzene «Moon-cakes».

[Briefe 75 und 77]

Ende September erhielt Schnell eine Anfrage der Firma Roth in Burgdorf. Er wurde gebeten herauszufinden, ob und welche Nahrungsmittelimporte nach China möglich und rentabel sein könnten. Es dauerte einige Wochen, bis er alle Daten beisammen hatte (Auskünfte der «Swiss Chamber of Commerce» und des «Office for Development of Trade») und die (negative) Antwort schicken konnte. Käse, Honig, Schokolade etc. gehörten zu jenen Waren, deren Import «vorübergehend verboten» (temporarily suspended) *war; andere Waren, welche die Schweiz exportieren könnte, seien zu teuer für den Markt in China.*

---

10 Das chinesische «Mid-autumn Festival»[Mitt-Herbst-Fest] oder Mond-Fest wird jeweils am 15. Tag des achten (Mond-)Monats gefeiert.

Bald ein Jahr in Shanghai: Rückblick und Ausblick
Oktober bis Dezember 1947

Über die Zukunft dieses Landes tappen wir noch ganz im Dunkeln

Shanghai, den 10. Oktober 1947
Brief Nr. 80

Meine Lieben

[...] Heute Freitag sind wir also wieder einmal zu Hause geblieben, da es der Nationalfeiertag von China ist (entsprechend unserem 1. August). Überall ist beflaggt, und die Zeitungen bringen Extra-Ausgaben, ähnlich der unsrigen vom 1. August. Die Broschüren sind nur etwas umfangreicher, und als Inserenten figurieren natürlich diesmal meistens Chinesen. In der Stadt ist ziemlich viel Betrieb – Dancings und Kino haben Hochkonjunktur, obschon wegen den «Austerity Measures» [staatlich verordnete Sparmassnahmen] ein Überborden nicht gestattet ist. In den Zeitungen wird ganz allgemein schrecklich viel geschrieben über die Zukunft des Landes, und viele schöne Worte wurden gedruckt. Wenn es nur so herauskommt, wie die meisten schreiben und hoffen! [...]

Nichtsdestoweniger gingen diese Woche alle Preise erneut in die Höhe und, wie schon geschrieben in Nr. 79, erreichte der Schwarzmarktkurs für US$ die Höhe von 88 000.– und derjenige für Sfrs 22 000.– [...]. Der Preis für Benzin ist jetzt wieder aufs Doppelte, nämlich von 13 000 per Gallone auf CNC$ 25 000.– per Gallone gestiegen. Somit wurde der Autobetrieb auch fast unerschwinglich! Cigarettenpreise sind jetzt für amerikanische (Philip Morris, Camel etc.) auf 16 000.– oben, umgerechnet in Sfrs immer noch billig. Fleischpreise, Gemüsepreise etc. halten sich noch in erschwinglichem Rahmen für unsere Begriffe. Merkwürdig, an einzelnen Sorten von «necessities» [Lebensmittel u. a. Waren, ausschliesslich Luxuswaren] sieht man die Preisdifferenz zwischen der Schweiz und China sehr deutlich, und an anderen wieder tritt keine grosse Differenz ein – China ist dort eher immer noch etwas billiger. – Wir haben jetzt gerade für den nächsten Winter Kerosin gekauft für unsere Heizöfen, da der Zentralheizungsbetrieb zu teuer kommt (Kohlenpreise unerhört hoch – 3–4 Millionen per Tonne). Wir zahlten jetzt für 120 Gallonen (2 grosse Benzinkanister voll) Kerosin 2,1 Millionen. Die Quantität soll uns für den ganzen Winter langen. – Dies wäre somit der Marktbericht, wie er sich in der Woche des chinesischen Nationalfeiertages stellt – in der Woche, da überall schöne Worte vergeudet werden über die Zukunft dieses Landes, über die man noch so ganz und gar im Dunkeln tappt! –

Diese Woche machte Herr Vögeli die Autofahrprüfung hier in Shanghai, resp. der wollte sie machen, doch die Chinesen liessen ihn durchfallen. Er scheiterte beim Umfahren der «Steckli» [Stöckchen]. Nach seinem Bericht zu schliessen, sei es ganz unmöglich gewesen, diesen Test überhaupt zu machen, auch der gewiegteste Fahrer hätte ihn nicht vollenden können. Ein anderer Weisser, der zur gleichen Zeit die Prüfung machen wollte, fiel auch durch. Man habe typisch den Eindruck gehabt, die Chinesen wollten keinem Foreigner [Fremden] mehr eine Fahrbewilligung geben. In diesem Beispiel kommt auch der Hass zum Ausdruck, der gegenüber uns herrscht. Man kann ihn jeden Tag in 1000erlei Dingen erkennen – leider – und doch, dieses Land würde ja komplett untergehen, wenn nicht noch ein paar Fremde hier wären, die zum Rechten schauen. Ich glaube zwar dennoch, und das ist auch die Ansicht von noch verschiedenen anderen Weissen, dass wir früher oder später dieses Land räumen müssen. Herr V. kehrte recht deprimiert von der Prüfung zurück. In 14 Tagen hat er nochmals [eine] Chance, und es nimmt uns alle Wunder, ob sie ihm dann die «Steckli» wieder so eng zusammenstellen. Herr Nussberger hat auch im Sinn, die Prüfung zu machen. Er nimmt noch Fahrstunden. Ich selber hege keine grosse Lust, in diesem Verkehr hier autofahren zu müssen, resp. zu wollen, da man doch immer im Fehler sein wird, wenn etwas passiert!

Die chinesische Sprache ist wirklich nicht sehr leicht!

Shanghai, den 15. Oktober 1947

Brief Nr. 81

Meine Lieben

[…] Im Chinesisch lernen wir ständig Wörter – deren Aussprache, Anwendung und schreiben mit unseren Buchstaben. Ich habe darüber etwa im Februar oder so ausführlich geschrieben. Das Lesen bringt uns dann die erste Bekanntschaft mit den merkwürdigen Zeichen. Halt, es stimmt nicht ganz, denn wir hatten mal kurz etwas zu tun mit einfachen Zeichen, was wir aber dann bald, weil noch zu schwer, fallen liessen. Schreiben werden wir überhaupt, glaube ich, nie beginnen. Wie gesagt, vorerst nur sprechen und nach Neujahr lesen. Die Hauptsache ist ja schlussendlich, dass man sprechen kann, obschon mit diesen Leuten hier in Shanghai wohl nie, denn wir lernen Mandarin, d. h. die Amtssprache Chinas. Die verschiedenen Dialekte sind zu vergleichen mit den unsrigen zu Hause. Das Mandarin würde dann einer unserer Amtssprachen gleichkommen. Mandarin verstehen jedoch überall in China *nur* die höheren Schichten. Wir beherrschen jetzt ca. einen Wortschatz von 300–400 Wörtern, die wir mehr oder weniger geläufig anwenden können. Stunde haben wir jede Woche 2 Mal jeder einzeln und jede zweite Woche am Freitag zusammen. Das über das Chinesisch. Die Sprache ist wirklich nicht sehr leicht!

Rationierungslage der Schweiz in der «China Daily Tribune»

Shanghai, den 22. Oktober 1947

Brief Nr. 83

Meine Lieben

[...] Die Abrechnung der Haushaltung pro Sept. habt Ihr also auch studiert und bemerkt, dass mein Lohn dafür nie ausreichen würde, was ganz richtig ist. Ihr werdet jedoch sehen, wenn Ihr meine jeweiligen Zettel des betr. Monates vornehmt, dass ich einen viel grösseren CNC$-Betrag zu gute habe, als die Ausgaben betragen. Jeden Monat nämlich veröffentlicht das hiesige städtische Government [Stadtverwaltung] einen HCL-Index (high cost of living index), nach dem dann die Löhne berechnet werden, und zwar sowohl die unsrigen (Europäer) als auch die Chinesenlöhne. – Jeden Monat ändert natürlich dieser Index, da die Preise ja stetig steigen. Somit erhalte ich meistens pro Monat eine ebensogrosse TZ [Teuerungszulage], wie mein «basic salary» [Grundlohn] beträgt. Die SFr. 900.– als Lohn sind natürlich illusorisch – mein richtiger Lohn pro Monat beträgt meistens zwischen 1300.– und 1800.– Schweizerfranken – deshalb die noch möglichen Ersparnisse. [...]

Der beiliegende Zeitungsausschnitt aus der heutigen «China Daily Tribune» scheint es mir wert, den Brief damit zu belasten. Ihr könnt ihn ja durch Kunzens oder so übersetzen lassen (den Ausschnitt nämlich). Wenn wir hier solche Sachen von der Möglichkeit eines 3. Weltkrieg[s] in Europa, gesehen und kommentiert von unseren Behörden, lesen, so wissen wir wahrlich nicht recht, was daran wohl wahr ist. Etwas muss dahinter stecken, denn sonst würde eine «Shanghai Zeitung» diesen

Artikel nicht so gross und an führender Stelle bringen. Wie Ihr sehen werdet, ist die ganze Rationierungslage der Schweiz, kommentiert von Wahlen und Stampfli, darin beschrieben. Auch Petitpierre kommt zum Schluss noch, und zwar mit der «nie aufzugebende Neutralität» unseres Landes. – Wie ist die Stimmung zu Hause – Rechnet man wirklich mit einem 3. Krieg? Mich dünkt, alle Leute sollten bis oben hinaus genug davon haben! Wie werden die übers letzte Wochenende in Frankreich abgehaltenen Wahlen beurteilt? Die CDT bringt diesbezüglich grosse Schlagzeilen – «erdrückende Mehrheit der de Gaulisten»! Das wird den Russen wieder einmal nicht so recht passen – – glaube ich! [...] Der heutige grosse Artikel stimmte uns hier nachdenklich.

Theft market

Shanghai, den 1. November 1947
Brief Nr. 86

Meine Lieben,
[...] Letzten Mittwochabend war ich bei A. Glanzmann eingeladen, der jetzt ein Zimmer gefunden hat. Als der Wagen vor unserem Hause um 20 Uhr auf mich wartete (der Chauffeur war rasch ins Haus gegangen), wurde uns der rechte grosse Scheinwerfer gestohlen – Draht abgeschnitten und das ganze Stück entfernt, nebst einer Schutzhülle für das Ersatzrad! Solche Sachen passieren halt hier in Shanghai. Die gestohlenen Sachen von Autos kann man an einer bestimmten Strasse der Stadt wieder suchen gehen, wo sie dann möglichst teuer verkauft werden (es ist der sog. «theft [Diebstahl] market»). Unser Chauffeur muss dorthin gehen und sehen, ob der Scheinwerfer zufälligerweise dort gelandet ist. Es wird sonst schwer halten, eine solche Lampe wieder zu beschaffen, da doch der Wagen 14 Jahre alt ist. Plattners tun gut, wenn sie einen neuen Wagen bringen! Das Pech scheint uns punkto Auto zu verfolgen: Federnbruch – Zusammenstoss – Scheinwerferdiebstahl usw.! «Leiden und Freuden ...» kann man hier auch sagen!

Wir gingen unter Autogehupe zur Kirche

Shanghai, den 5. November 1947
Brief Nr. 87

Meine Lieben,
[...] Am Sonntag (Reformationssonntag) waren wir also in der Kirche.

Es wurde auf englisch, dann auf chinesisch und zuletzt noch auf deutsch Martin Luthers gedacht. Für mich war dies ein Erlebnis – dreisprachige Predigt – nur das Glockengeläute vermisste ich anfänglich – wir gingen unter Autogehupe zur Kirche. Die Glocken setzten erst ein, als man schon versammelt sass. Es ist dies die alte deutsch[e] Kirche Shanghais, und überall sind deutsche Anschriften. Onkel Max muss also keine Angst haben, dass wir hier das Christentum verlieren. Im übrigen bringt der englischsprechende Sender Shanghais viel sog. Bibelstunden etc. – Für nächsten Winter lasse ich mir einen chines. Mantel mit Seidenwattierung (mir von Hr. Stockar zur Weihnacht gestiftet) machen, sodass ich also ganz chin. angezogen sein werde. Dieser Mantel ist für im Büro bestimmt, wenn wir nicht genügend heizen können. […]

Gestern Abend waren wir in einem franz. Vortrag der «Alliance française de Changhai», wo Frau Plattner Mitglied ist und diese Mitgliedschaft nun von Hr. Stockar übernommen wurde. Ein Missionar plauderte über eine Reise ins Innere von China. Er sprach wunderbares Französisch, und man genoss es richtig, diese Sprache wieder einmal vollendet anzuhören. Es war ein sehr guter Vortrag. – Und nun schlussendlich noch unser Essen: Die Hauptsache ist Fleisch, was hier verzehrt wird. Morgenessen gleich wie zu hause – nur kein Käse, sondern Butter – Toast und Thee. Mittags ein gewöhnliches Essen im Rowingclub mit Dessert und Café. Abends Suppe oder sonst eine Vorspeise, dann nach franz. Art zuerst das Gemüse, anschliessend Fleisch, Kartoffeln und zuletzt (jetzt in der Saison) frische Früchte – Pomulos, Persiomonien usw. – zum grössten Teil Früchte, die wir zu hause nicht kennen. Heute hatten wir die ersten Mandarinen, die von Foochow [Fuzhou] kommen.

Ein Zahnarzt auf eine Million Einwohner

Shanghai, den 18. November 1947
Brief Nr. 91

Meine Lieben,
[…] Noch etwas Statistisches aus der Zeitung von gestern: Shanghai besitzt 94 000 Telephone. Im Monat Oktober 1947 wurden insgesamt 75 000 Tel. Gespräche geführt. – Shanghai besitzt weiter 287 Tram, 125 Troleybusses und 246 Busses. Mit allen diesen Verkehrsmitteln

wurden im Okt. 1947 insgesamt 29 Millionen Menschen befördert. – Wie findet Ihr diese Zahlen und deren Verhältnis zueinander? – Weiter: wir waren gestern Abend in einem Vortrag (dem 2.) der Alliance française. Ein tschechischer Arzt hielt einen Speech [eine Rede] über die hygienischen Verhältnisse in China und der Welt im allgemeinen. Statistisch ebenfalls wäre über China folgendes zu bemerken, was Euch, oder Ärztefreunde, interessieren dürfte: China hat eine Säuglingssterblichkeit von 25 %. Auf 1 Million Einwohner kommt 1 (ein) Zahnarzt. Auf 30000 Einwohner ein Arzt. Auf 60000 Einwohner ein Spitalbett. Die grösste Ansteckungsgefahr in China besteht durch die Pocken, dann Cholera. – Dies also etwas Statistik über dieses Land!

Was schenkt man den servants zu Weihnachten?

Shanghai, den 26. November 1947
Brief Nr. 93

Meine Lieben,
[...] Im Büro ist immer ein grosses Gestürm, und man muss wahrlich gute Nerven haben, um den zeitweiligen stürmischen Geschäften gewachsen zu sein. Herr Mills ist gegenwärtig gar nicht gut zwäg – er macht an Paratyphus herum. Ob diese Krankheit, die einen längeren Spitalaufenthalt beanspruchen würde, zum Ausbruch kommt, wissen wir noch nicht. Bis Nufer endlich hier ist, kann er jedoch nicht ausbleiben. Wir rechnen damit, dass N. auf Anfang Dezember nun endlich kommt! [...]

Im Hause Plattner fanden wir vergangenen Samstag eine Büchse mit Güezi, die noch vor dem Kriege gekauft wurden. Es sind sog. Soda-Biscuits, die, aufgefrischt im Ofen, wieder recht gut sind – vor allem mit ein wenig Butter darauf. Auch etliche Cigarren von Herrn Plattner förderten wir zu Tage, und vielleicht werden diese an Weihnachten Abnehmer finden. Weiter rumorten wir am Samstagnachmittag in unseren Wintersachen, die nun alle hervorgenommen wurden. [...]

Freunde von uns hörten am vergangenen Samstagnachmittag die Schweiz in einer Sendung, die für Südamerika bestimmt war. Die Sendung war hier um 15 Uhr zu hören, muss also in der Schweiz um ca. um 7 Uhr morgens gesendet worden sein. Dass es geregnet hat und im Val de Travers schwer überschwemmte, dass H. Spaak, der belgische Ministerpräsident, in der Schweiz auf Besuch weile, dass die Nach-

folgeschaft für den austretenden Bundesrat Stampfli noch nicht entschieden sei etc. – das waren die Neuigkeiten, die ich nach Beendigung über das Telephon vernahm! [...]
Mit Riesenschritten nähern wir uns Weihnachten, und wir studieren ständig, was wir wohl unseren *servants* als Geschenk geben könnten, da das immer so der Brauch war bei Plattners. Der Boy etc. erhielt stets eine Kleinigkeit. Wisst Ihr mir vielleicht etwas. Ich dachte an einen Pullover oder degl., doch solche Sachen sind hier enorm teuer! Wir dürfen zwar nicht zu sehr auf den Preis schauen, denn sonst können wir leicht «Gesicht verlieren»!! – Über unser Weihnachtsprogramm sind wir noch nicht ganz im Klaren. Sehrwahrscheinlich werden wir den 24. zu Hause feiern und am 25. irgendwo eingeladen sein.

Es ist alles möglich in Shanghai, und man darf sich ja über nichts wundern

Shanghai, den 28. November 1947
Brief Nr. 94

Meine Lieben,
[...] Die betr. Garage erzählte uns viele Geschichten über gestohlene Autozubehöre, denn diese Dinge, hauptsächlich von neuen und neusten Wagen, stellen eine gute Verdienstmöglichkeit für den Dieb dar, denn z. B. für Lampen, resp. Scheinwerfergläser neuster Modelle und Stopplichtgläser werden unerhörte Preise bezahlt, da diese Zubehöre nicht mehr eingeführt werden können. Es ist alles möglich in Shanghai, und man darf sich ja über nichts mehr wundern, wenn es auch für unsere Begriffe unglaublich tönt!! [...]
Das, was Ihr von Shanghai vorgesetzt erhalten habt, ist uns gar nicht bekannt, und über solche Sachen werden hier in den Zeitungen keine Worte verloren. Möglich ist es natürlich schon, und z. B. Waisenhäuser gibt es auch, wer zwar dort untergebracht ist, entzieht sich meiner Kenntnis. Jedenfalls ist das wieder ein richtiger Propagandafilm oder wie man es bezeichnen will, der darauf auszugehen scheint, Sensation zu machen. Es wäre viel lustiger, wenn sie mal einen Laden zeigen würden, in dem das Geld gezählt wird, denn das geht sackweise. Vor einigen Tagen war ein Kunde in unserem Büro, der brachte 32 Millionen in 2 Säcken verteilt und musste zum Transport 2 Kulis anstellen! Im übrigen geht das meiste Geschäften mit Checks, was bei dieser Inflation

sehr günstig ist. Wenn wir exchange kaufen, so geschieht das in der letzten Zeit nur noch Milliardenweise. Der Kurs geht immer mehr dem Teufel zu – heute wurde der US$ 1:165 000 schwarz quotiert. Sfrs schwarz sind 1:32–34 000! [...]
So nebenbei könnte Euch vielleicht noch interessieren, dass eine Kremation hier in Shanghai, wenn es bescheiden zugeht, ca. US$ 2000.– kostet. Ein teures «Vergnügen» für die Angehörigen!

Kochen und natürlich auch essen können die Chinesen wie wohl keine andere Nation

Shanghai, den 2. Dezember 1947
Brief Nr. 95

Meine Lieben,
[...] Ich schreibe nach wie vor regelmässig 2 Mal pro Woche, und krank bin ich keinesfalls. – Ich kann Mamis Brief wie folgt beantworten: dass Ihr Schnee habt, das habe ich mir gedacht. Auch wir hier haben kalt (so ca. 6–10 Grad), jedoch äusserst schönes und sonniges Wetter. Im Büro können wir es immer noch ohne Heizung machen, doch zu Hause haben wir, wie schon geschrieben, die Kerosinöfen. Gottlob hat auch bei Euch der Regen wieder das nötige Wasser für die Stromversorgung gebracht, sodass die Einschränkungen zum Teil aufgehoben werden konnten. In den eingetroffenen Zeitungen dieser Tage (Ende August und Anfangs Oktober) lese ich über diese schreckliche Trockenheit, die wirklich viel Unheil angerichtet haben muss. [...]

Mein chin. Unterricht läuft wieder regelmässig – 3 mal pro Woche eine Stunde. Nach Neujahr fangen wir mit Lesen an. Heute war ich mit Hrn. Vögeli in einem Laden, und er fand, ich könne mich schon recht gut mit den Leuten verständigen – wenn man gerade solche trifft, die Mandarin verstehen, was hier in Shanghai keine Selbstverständlichkeit ist. [...]

Letzten Sonntag waren wir mit einem Schweizer (aufgewachsen hier in Shanghai; er versteht und spricht nur englisch) auf der Jagd, nämlich auf der Fasanenjagd. Die Ausbeute von 3 Stunden Marsch durchs Land war 1 Fasan, geschossen bereits während der ersten halben Stunde. Unser Thomi leistete im grossen und ganzen gute Arbeit, er schnüffelte eifrig herum! Am Mittag waren wir dann bei diesem Herrn zum Mittagessen zu einem feinen Currie-Frass eingeladen, der einem den

Magen richtig füllte, sodass wir noch anderntags genug hatten. Leider konnte ich keine Photos von der Jagdpartie machen, da das Wetter trüb war und ich einenteils auch vergass, einen Film zu montieren. [...]
Von Basel traf dieser Tage ein Brief ein, in dem angekündigt wird, der in Basel neu ausgebildete Techniker für China sei bereit abzureisen, wir sollten nur sagen, wenn wir ihn brauchten. Unter den heutigen Umständen ist es zwar fraglich, ob man sofort wieder jemanden hinauskommen lässt, oder dann nach Hongkong. – Für nächsten Samstag-Abend bereiten wir eine grosse party vor in unserem Haus – ca. 12 Personen zu einem Chinese-Dinner. Diese Woche und gleichzeitig den Monat Dezember, der im allgemeinen das Budget sehr belastet, leitete ich wie folgt ein: am Sonntag dieser grosse Curriefrass, am Dienstag zum Mittagessen waren Herr Vögeli und ich (Hr. Mills ist immer noch nicht gut zwäg [gesund, munter] und Hr. Nussberger war weg) zu einem feinen Chinese-Lunch im grössten Hotel der Stadt (Parkhotel) eingeladen von einem Kunden aus Kunming, der zur Zeit hier weilt, und am kommenden Samstag wird bei uns zu Hause also schon wieder ein Chinesenessen stattfinden. Im Parkhotel hatten wir insgesamt 4 Dishes [Gänge, Gerichte], wobei eben zu bemerken ist, dass das die Limite für öffentliche Restaurants ist. Speziell am Abend macht die sog. «Austerity-Police» die Runde in den Wirtschaften und Hotels und schaut, dass nirgends über die vom Staate festgesetzte Limite gespiesen wird. Man muss die Chinesen halt kennen, die gewohnt waren, 12–20 und mehr Dishes bei einem einzigen Essen zu verzehren. Von Staates wegen ist das nun also verboten, und viele Leute ziehen es nun vor, ihre Parties alle zu Hause abzuhalten, wo keine solche Polizei etwas zu suchen hat. Wir werden sehen, was unsere Servants am Samstag alles aufstellen; wir überlassen die Menufestsetzung in einem solchen Falle ganz ihnen – und – zahlen bloss!! Der bekannte Reiswein, oder auf chinesisch «schauschingdchio» (könnt Ihr es wohl aussprechen?!) wird auch nicht fehlen, wie er auch im Parkhotel nicht fehlte, obwohl er dort sehr schwach war. Ferner hatten wir im Parkhotel eine fein zubereitete «Peking-Ente», was ein ausgezeichnetes Gericht ist – leider nur, wie alles, zu fettig, sodass wir am Nachmittag im Büro fast nicht mehr arbeiten konnten! Man muss schon sagen, kochen und natürlich auch essen, können die Chinesen wie wohl keine andere Nation! Es ist nun begreiflich, dass diesem Zustand durch staatliche Massnahmen im

Interesse der Landesverteidigung eine Grenze gesetzt werden musste. – Die «Fresserei» nehme ich an, wird bei uns an Weihnachten und Neujahr ihren Fortgang nehmen, obschon wir noch nicht wissen, was an diesen Feiertagen gespielt wird. Jedenfalls wäre bereits am kommenden Mittwoch im Swiss Club abends ein sog. «Stage-Dinner» [recte *stag dinner*] (= Hirschenessen, gemeint ist also nur Herren der Schweizerkolonie. Ob nun alles Hirschen sind, das bleibe dahingestellt!!) – Ob wir gehen werden, wissen wir noch nicht, da wir uns nicht zu überessen beabsichtigen. [...]

Nächstens wird der Sohn von Chiang Kai-check hier erwartet, der die Stelle eines «Preiskontrolleurs» hier in Shanghai übernehmen soll, also darauf zu achten hat, dass die Preise nicht immer so verrückt in die Höhe schnellen! Ob ihm die Erfüllung dieser sicher nicht leichten Aufgabe gelingen wird, weiss wohl noch niemand! – Zum Essen im Parkhotel ist noch nachzutragen, dass es ca. Fr. 160.– (umgerechnet) kostete. (Ich habe unseren Kurs von ca. 20000 angewandt; schwarz wäre er ca. 32000.) [...]

Als Beilage kommt auch ein Stück Baumwolle, wie ich es am Sonntag «auf der Jagd» auf einem abgemähten Baumwollfeld aufgelesen habe. Das Produkt sieht aus wie Watte, wenn es vom Stock kommt. –

Jetzt hat man wenigstens einmal faule Eier gegessen

Shanghai, den 10. Dezember 1947

Brief Nr. 97

Meine Lieben,

[...] Letzten Samstag hatten wir also unsere Chinese-party mit 12 Personen. Platz hatten wir natürlich genug, und bei dieser Gelegenheit war das ganze Haus, resp. nur das Parterre mit Salon «voll aufgefüllt»! Das Essen war ausgezeichnet zubereitet, wie ich es eigentlich nicht anders erwartet habe von unseren servants. Die Gerichte enthielten u.a. für mich zum ersten Mal faule Eier, die wirklich Geschmacksache sind zum Essen, denn um das eigentlich faule Ei herum ist eine dicke Kalkschicht, die nicht jedermann's Sache ist. Ich fand diese Eier auch nicht besonders gut, doch man hat jetzt einmal davon gegessen! An Reiswein tranken wir nicht zu viel, sodass die ganze Party in Minne und Ruhe verlief. Annemie musste aber schon frühzeitig aufbrechen, da zu Hause das Kleine wartete! – Auch benutzten wir zum ersten Mal am Samstag die Zentralheizung, die wunderbar funktionierte, doch leider war das Wetter nicht kalt genug, um den Wert der Zentralheizung richtig schätzen zu können. Seit ein paar Tagen haben wir äusserst tiefen Barometerstand und leichten Regen. Die Temp. ist hoch, und das ganze Klima ist wieder sehr feucht. – Am Sonntag waren wir wieder reiten am Morgen für 1½ Stunden. Ich sah unterwegs einen «Beni», aber auch aufs Haar genau wie der unsrige – gelb und die gleich schwarze Schnauze. Die erste Dogge, die ich hier in China zu Gesicht bekam. – Die Temp. zum Reiten war wie im Frühling, oder sogar Sommer, denn ich schwitzte so, dass mir der Schweiss ekelhaft in die Augen lief. Die Luft roch nach Frühling! Beim Heimkehren machten wir fast alles Galopp und entwickelten ein schönes Tempo! Unterwegs sah ich noch eine Verbrennungsstätte für Leichen. Dort werden alle die Leute kremiert, die nicht genug Vermögen haben, um eine Beerdigung zahlen zu können. Diese Stelle machte einen etwas traurigen Eindruck, mit all' den alten Kleidern etc. etc. – In der Zeitung ist angekündigt von Peking, dass dort den Frauen das Schminken der Lippen verboten worden sei – eine Erscheinung im Rahmen der verschiedenen «austerity measures»!

Die Weihnachtsstimmung, das gewisse Etwas, fehlt ganz

Shanghai, den 18. Dezember 1947
Brief Nr. 100

Meine Lieben,
[...] Die heutigen englischen Zeitungen brachten dicke Weihnachtsbeilagen, die mit Inseraten vieler Firmen gefüllt sind. Im übrigen sind die Läden und Monteren [Vitrinen] voll von Waren, z.T. hergerichtet für Weihnachten, doch eben, das gewisse Etwas, die dazugehörende Stimmung fehlt ganz. Ich kaufte heute noch Weihnachtspapier, um meine wenigen Geschenke, die ich verteile (Stockar und Vögelis) einzupacken. Bei uns zu Hause konnte man die Pakete gleich im Laden schön herrichten lassen, doch das ist hier in Shanghai nicht möglich! – André hat mir heute wieder einmal geschrieben. Es geht ihm immer gut in Hongkong, und er hat auch viel Arbeit. Er erinnert mich auch daran, dass wir schon ein Jahr von zu Hause weg seien! – Unser Weihnachtsbaum für den 24. abends rückt auch näher! Heute kramte unser Boy eine Schachtel mit Schmuck etc. hervor, die genau gleich aussieht und

das gleiche enthält wie die unsrige zu Hause. Das ist also überall gleich! – Der Baum wird fast ein Vermögen kosten, denn man muss weit weg gehen von Shanghai, um Weihnachtsbäume zu schneiden, somit werden sie durch den Transport noch verteuert! Aber schliesslich spielt an Weihnachten der Preis keine Rolle und gerade nicht bei diesem speziellen Artikel!

Das Unglück im Munitionsdepot Blausee-Mitholz als Schlagzeile in der «China Daily Tribune»

Shanghai, den 24. Dezember 1947
Brief Nr. 101

Meine Lieben,
[...] Unseren servants haben wir nun auch für reichlich viel Geld jedem ein Paar Unterhosen und ein Leibchen gekauft und hoffen, es werde alles Anklang finden. Es wird sich heute Abend weisen, wenn wir sie um den Baum versammeln werden, den wir inzwischen auch gekauft und dekoriert haben. Es kommt mir jedoch äusserst merkwürdig vor, einen Weihnachtsbaum zu schmücken, und ich hoffe nur, ich werde dies nicht manches Jahr machen müssen, denn Frauen- und Mutterhände verstehen solche Dinge viel besser – auch das Päcklimachen ging recht und schlecht, doch die weibliche Feinheit bei den Päckli fehlt! [...]

Als Beilage folgen noch etwelche Zeitungsausschnitte – hauptsächlich wegen dem furchtbaren Unglück in einem Munitionsdepot in Blausee-Mitholz. Die «China Daily Tribune» brachte dieses Unglück an erster Stelle mit grosser «Head-Line». Sind das nicht die Depots, die Papi unter sich hatte seinerzeit? Wie hat sich diese[s] schreckliche Unglück auch wieder ereignen können? Schon das 2. innerhalb kürzester Zeit. – Vergangenen Sonntag waren wir auf dem Flugplatz, wo wir vor exakt einem Jahr ankamen. Dort steht auch ein ca. 2000 Jahre alter Tempel, wo uns der Mönch einlud, diesen Tempel zu besichtigen. Auch Räucherstäbchen mussten wir kaufen, und die anwesenden Leute hätten es gerne gesehen, wenn wir diese selbst mit allem Drum und Dran geopfert hätten! Wir zogen es jedoch vor, die Stäbchen einem in die Hand zu drücken, der sie dann für uns in Brand setzte und den nötigen Spruch dazu murmelte! [...]

In unserem Büro häuften sich dieser Tage die Geschenke für Mills,

Nufer und Vögeli. Theesets, Champagner, Whisky etc. etc. waren gang und gäbe. Diese Geschenke wurden alle von Kunden (meistens den grössten) gestiftet. Nussberger und ich jedoch gingen allenthalben leer aus! Bei einer solchen Gelegenheit, wie Weihnachten, lassen sich die Chinesen nicht lumpen, und es scheint sie nie zu reuen. Dem Überbringer (Kuli, Boy etc.) müssen dann die Beschenkten so ca. den Gegenwert des Überbrachten aushändigen. Wenn sie das nicht tun, so verlieren sie ihrerseits viel Gesicht! – Mein Chinesenmantel scheint der Vollendung entgegenzugehen. Die darin enthaltene Seide stellt das Geschenk von Herrn Stockar für mich dar! Ich meinerseits schenke ihm eine Cravatte, ein Buch und ein Büchsli Cigaretten.

Voller Erwartung ins zweite Jahr
Januar bis März 1948

Das zweite Jahr beginnt verhalten. Die Briefe der ersten Wochen vermelden keine besonderen Vorkommnisse. Die Inflation schreitet fort, die Preise steigen, nichts Ungewöhnliches für China bzw. Shanghai. Die Behörden erlassen immer wieder neue Sparmassnahmen und starten Mitte Januar eine «Anti-Spuck-Kampagne». Schnell hatte schon früher berichtet, dass in Shanghai das Spucken in der Öffentlichkeit noch weitverbreitet war, offensichtlich war es jedoch nicht mehr allgemein akzeptiert. Ende Januar aber meldet Schnell:

Fremdenfeindliche Agitation – doch kein Brei wird so heiss gegessen, wie er gekocht wurde

Shanghai, den 21. Januar 1948
Brief Nr. 109

Meine Lieben,
[...] Letzten Samstagmittag- und Nachmittag fanden hier wieder einmal Studentendemonstrationen statt, und Ihr habt möglicherweise schon davon gehört. Vom Brand des Brit. Konsulates in Canton werdet Ihr auch gelesen haben? Jetzt meinten die Studenten von Shanghai, sie müssten etwas Ähnliches hier machen, doch sie kamen nicht weit. Bloss sind jetzt alle Wände, Mauern etc. aller Gebäude, wo britische Firmen untergebracht sind (wie Jardine, Matheson, Hongkong & Shanghai Banking Corporation und vereinzelte englische Warenhäuser), mit Tunke schwarz beschriftet und «vollgechoselt» [verschmiert] mit Anschriften folgenden Wortlautes etwa: «Get away British and American» oder: «Down with the British Imperialists». «Ashame, British!» [...]

Jetzt ist alles wieder ruhig, und Opfer scheint es keine gegeben zu haben. Ich will schauen, vielleicht kann ich noch einige Bilder aus den Zeitungen ausschneiden und sie beilegen. Ich war am vergangenen Samstagnachmittag noch im Büro, als gerade dieser Umzug von ca. 30000 Studenten durch die Strassen zog und Sprechchöre losliess. Das dröhnte nur so! – Bei allem jedoch möchte ich nicht, dass Ihr Euch unnötigerweise Sorgen wegen uns und mir macht, denn die Sache sieht vielleicht, aus der Distanz gesehen, schlimmer aus, als sie in Wirklichkeit ist. Dass eine «anti-foreign» Stimmung im Lande herrscht, da wollen wir uns ja ganz klar darüber sein, doch kein Brei wird so heiss gegessen, wie er gekocht wurde. Schliesslich haben die Chinesen die Unterstützung immer noch nötig, auch wenn sie sich jetzt hie und da von ihrem übermächtigen Nationalstolz hinreissen lassen. Es reimt sich zwar sehr schlecht, wenn sich die chin. Nation gestern noch als 5. Grossmacht und auch als Siegermacht präsentierte und heute dann gegen die sog. Verbündeten (in diesem Falle eben die Engländer und Amerikaner) loszieht!

Wenn es einmal in China nicht mehr geht, so geht es auf der ganzen Welt nicht mehr

Shanghai, den 4. Februar 1948
Brief Nr. 113

Meine Lieben,

[...] Letzten Samstag waren nochmals Demonstrationen hier in Shanghai – diesmal von den Cabaret-girls und -Besitzern, weil die Regierung im Zuge der «Austerity-Measures» das berufsmässige Tanzen verboten und die sukkszessive Schliessung der Cabarets angeordnet hatte. Jetzt wurde das Rathaus am vergangenen Samstag «erstürmt», und der angerichtete Schaden soll ca. 5 Milliarden CNC$ betragen! [...]

Letzten Sonntag waren Nufer und ich wiederum im Büro und nahmen anschliessend wieder Zvieri im French Club. Diesmal kamen wir u.a. auch auf meine Zukunft zu sprechen, und N. wollte wissen, welches meine zukünftigen Pläne seien, 2. Vertrag etc. Jetzt schon etwas zu entscheiden, ist nicht gut möglich, doch er sagte, ich müsse mich frühzeitig äussern, ob ich den Vertrag zu erneuern gedenke oder nicht. Der Firma sei es natürlich nicht gedient, wenn einer nur 3 Jahre hier sei und nachher den Finkenstrich nehme. Das ist gleichbedeutend damit, dass die Ciba wieder für Nachwuchs zu schauen habe, jemanden neues von neuem anlernen etc. Er, Nufer, sei schliesslich auch nicht mehr ewig in Shanghai etc. – In meinem Vertrag steht, ich hätte 6 Monate vor dessen Ablauf zu künden, wenn ich ihn nicht zu erneuern gedenke. Wenn diese Zeit einmal angerückt sein wird, wird es für mich bestimmt ein Dilemma geben, denn schliesslich würde es mich heute reuen, Burgdorf, unserem Haus etc. für immer den Rücken zu kehren. Handkerum kann man auch noch nicht sagen, wie sich die Verhältnisse hier in Shanghai und China ganz allgemein entwickeln. Nufer ist ganz optimistisch, und er meint, wenn es einmal in China nicht mehr gehe, so gehe es vielleicht auf der ganzen Welt nicht mehr – vielleicht auch in der Schweiz! – Heute die ganze Sache zu entscheiden, ist verfrüht. Doch in einem absehbaren Zeitpunkt werde ich zu entscheiden haben, ob ich zurückkehren oder in China weiterarbeiten wolle. Ein weiterer Punkt wäre der: ein zweites Mal nach China zu kommen, wäre gut und recht, doch – nicht mehr ledig! Es mag Euch komisch klingen, doch es ist so – ledig hier draussen ist nicht lustig. Diese Frage zu entscheiden, ist ebenfalls zu verfrüht, doch auch sie steht am Horizont meiner nahen Zukunft.

Ihr könnt Euch ja einmal ganz ungezwungen zu diesen Fragen äussern, und ich bin mir voll und ganz bewusst, dass *ich* es bin, der schlussendlich ganz zu entscheiden hat, und dass ich mir meine Zukunft selber zu schmieden habe, und auch hier wird das Sprichwort «Jeder ist seines eigenen Glückes Schmied» seine Gültigkeit haben!

Eine höchst denkwürdige Party

Shanghai, den 12. Februar 1948
Brief Nr. 115

Meine Lieben,
[...] Shanghai hatte vor ca. 3 Wochen bittere Kälte, die viele Tote forderte. Man muss bedenken, dass so und so viele keine Heime haben und gezwungen sind, auf der Strasse zu übernachten, was auch für uns bei 8 Grad unter Null kein Vergnügen wäre! – Jetzt haben wir das reinste Frühlingswetter – tagsüber schön warm, nur nachts noch ca. 5 über Null. Wir stecken gegenwärtig in der Zeit des chin. Neujahres, was gleichzeitig auch Frühlingsanfang im chin. Kalender bedeutet. [...]

Was den kommunistischen Vorstoss gegen Süden anbetrifft, so haben natürlich auch wir gehört und reichlich gelesen davon, doch ich schrieb bis heute extra nichts davon, denn bei Euch könnte es dann schlimmer aussehen, als es in Tat und Wahrheit ist. Jetzt, da Ihr selber in den Zeitungen diesbezügliche Artikel gelesen habt, kann ich bloss noch mitteilen, dass an der ganzen Sache schon etwas Wahres ist, dass jedoch die Lage noch gar nicht gefährlich aussieht und die Kommunisten stets wieder zurückgeschlagen werden. Die kommenden Wochen und Monate werden zeigen, wie sich die Regierungstruppen weiter halten und verteidigen können. [...]

Auf dem heutigen Brief werdet Ihr bloss 2 Marken finden: eine Fünfzigtausender und eine eintausender. Ich musste so frankieren, weil ich den Brief in einen Kasten werfe (deren es nämlich in Shanghai auch hat, fast zu vergleichen mit einer Telephonkabine zu Hause – so gross!). Ich glaube, der Wert 50 000 figuriert in der Sammlung von Papi noch nicht?

Im Büro haben wir also wirklich viel Arbeit. Natürlich können wir immer etwas verkaufen, doch bloss auf Grund der quartalsweise ausgegebenen Quota. [...] Alle Geschäfte gehen natürlich via unsern Compradore, und wir selber sehen die Kunden nur selten – meistens nur die Geschenke Ende des Jahres an unsere Direktion! Ihr werdet sicherlich begreifen, dass auch die Bezahlungsfrage eine grosse Rolle spielt – fixieren von Preisen (die wir stets in Sfrs quotieren und dann möglichst günstig umrechnen) – Geld remittieren, vielleicht auch etwas spekulieren von Zeit zu Zeit etc. etc. – kurz – ein Geschäften mit viel Hindernissen, jedoch auch mit, besonders für mich, recht interessanten Aspekten in jeder Hinsicht! [...] Die Buchhaltung an und für sich ist nicht sehr schwierig, doch wird sie erschwert durch die höchst unstabile Marktlage und die immer schwankenden Kurse des US$ und des Sfrs. [...]

Ich habe noch etwas auf meinem Notizzettel: vorgestern gingen wir also auch nicht ins Büro – es wäre wohl kaum möglich gewesen, denn Herr Nufer erwachte erst um 3 Uhr nachmittags! Jetzt könnt Ihr erraten, was los war! Wir waren von den Servants Nufers (siehe letztes Jahr) wiederum zu einem Chinesenessen eingeladen worden, das also am vergangenen Dienstagabend stattfand. Zugegen waren Vögelis, Stockar und ich (und später lotsten wir noch Nussberger herzu, der für den «ersten» Teil des Abends bereits anderweitig engagiert war). Angefangen hat's mit Whisky (Hr. Stockar trank ihn pur, weil ihm das Wasser zu kalt war) – weiter gings beim Essen mit dem so heimtückischen Reiswein – nachher, weil zu kalt und bereits nacht, konnten wir nicht in den Garten wie letztes Jahr, und so konzentrierte sich die ganze Sache auf «in-door-play»! Es ging höchst lustig und unterhaltsam zu, doch Vögelis war es nach Mitternacht nicht mehr sehr wohl, denn ihr Boy hatte eben auch frei und wollte um 23 Uhr in eine «Messe» gehen, sodass die kleine Barbara allein in der Wohnung war. Hr. Vögeli, getrieben von Verantwortungsbewusstsein, machte sich plötzlich unbemerkt davon, doch Annemie war es nicht möglich, ihm zu folgen! Es gab dann eine Hin- und Hertelephoniererei, ein Gestürm, alles war in lustiger Stimmung, Hr. Stockar körbelte [erbrach sich] zweimal, ging auf Nufers Bett schlafen, und inzwischen war ich noch Nussberger holen gegangen. Somit waren noch Nufer, Annemie und Nussberger und ich bis zum Schluss mit von der Partie, bis dann Annemie schliesslich auch heimging, weil Hr. Vögeli es kommen holte, hemdsärmlig in der kalten Nacht, weil er die Kutte Annemie selber gegeben und seinen Wintermantel vergessen hatte! Beim Übersteigen der Gartenmauer verstauchte er sich noch einen Fuss, usw. usw. usw. – – – Morgens um 5 Uhr beschlossen Nufer, Nussberger und ich (wir waren nämlich diejenigen, die am längsten aushielten), die Party nun wirklich aufzuheben. Ich ging nach Herrn Stockar Ausschau halten, der kam auch herunter vom Bett, und so machten wir alle noch mit einem «Hot Whisky» (heisses Wasser, viel Zucker und viel Whisky!!) den Schlusstrich unter diese, wiederum höchst denkwürdige Party, die wiederum fast 12 Stunden dauerte und an der viel gelacht und gescherzt wurde und niemand nüchtern blieb. Wir konnten uns dennoch alle beherrschen, so wenig wie nur möglich vom Büro zu sprechen, was wirklich besser war. Wie leicht hätte man mit umnebelten Sinnen von Dingen zu sprechen angefangen, deren Diskussion man wirklich vornehmen muss, wenn man noch klar bei Sinnen ist. Das einzig Fatale ist das, dass ich im Laufe des Abends meine Kravattennadel (die mir zur Konfirmation von Tanti Hilda geschenkt wurde) verlor. Ich habe sie bis heute noch nicht gefunden, obschon ich nochmals in Nufer's Haus suchen ging. Ich kann sie wirklich nur dort verloren haben. Vielleicht bringt sie der Zufall wieder zum Vorschein. Sie reut mich wirklich.

Im Büro haben wir natürlich nach wie vor ein Gestürm

Shanghai, den 26. Februar 1948
Brief Nr. 119

[...] Der Chinabericht im «Bund» ist wieder recht sensationell journalistisch aufgemacht und trägt viel dazu bei, die Lage so darzustellen, wie sie eben nicht, oder besser gesagt, noch nicht ist. – Die Verhältnisse werden ja schon mit jedem Tag strüber [wilder, verworrener] : heute war der US$-Kurs auf über 300000 oben und für Sfrs wurden schwarz 80000 CNC$ quotiert. Gerüchte gehen herum, Chiang KaiCheck weile in Kuling (Sommerkurort, wo er sich immer erholen geht) und studiere, wie man sich am besten aus der gegenwärtigen äusserst verzwickten Lage befreien könne, ohne zu viel Gesicht zu verlieren. Andere Quellen wissen auch wiederum zu berichten, er liege im Sterben. Eine richtige Gerüchtewelle geht durch die Stadt und trägt somit viel dazu bei, die allgemeine Lage noch verworrener zu machen, als sie es schon ist. Preise gehen natürlich auch stets entsprechend in die Höhe, und ein Leicafilm (was ich zufälligerweise heute gerade erforschte) kommt jetzt auf rund 12 Fr. zu stehen. [...]

Im Büro haben wir natürlich nach wie vor ein Gestürm, das durch die ständigen, heute fast stündlichen Kursschwankungen, noch gesteigert wird und ein anhaltendes an etwas Arbeiten komplett verunmöglicht. Somit sind die ruhigsten Stunden die über Mittag (ich gehe zwar wieder regelmässig essen) und die am Abend nach Büroschluss. Auch heute kamen wir erst um 20 Uhr heim. [...]

Somit komme ich zum letzten § in Papis Brief, nämlich meine zukünftige Stelle bei der Ciba. Gerade dieser Tage kam mir ein Dossier von Korrespondenzen in die Finger (vielleicht unberufen!), woraus ich ersehen konnte, dass Basel einen weiteren Kandidaten für Hongkong in Ausbildung hat (ca. 31 jährig), der ausserordentlich gründlich geschult wird (Färbereikurs, Finanzabteilung etc.) und auch noch die Gelegenheit haben wird, zuerst in einer europäischen Tochtergesellschaft zu arbeiten. HK seinerseits sträubt sich dagegen, dass weitere Leute nach China kommen, da es die Lage (auch die in HK) gegenwärtig nicht erfordere, dass neue Leute ausgebildet würden. Basel hält diesem entgegen, dass sie einfach einen Nachwuchsmann heranziehen wollen, der später in überseeischen Geschäften bewandert sei. Bei Auswahl solcher Leute müsse immer der ganze Ciba-Konzern ins Auge gefasst werden, d. h. dass dieser Betreffende später evtl. auch in einem andern überseeischen Lande tätigen sein könnte. [...]

Papi sagt ja in seinem Briefe auch, dass vielleicht einmal die Möglichkeit bestehen könnte, in einem anderen Lande eine Stelle zu erhalten, wenn die Verhältnisse in China eine Rückkehr nicht mehr zuliessen, obschon hier gesagt werden muss, dass die Shanghai-, d. h. die Chinavertretung ganz allgemein, stets aufrechterhalten werden wird, ausgenommen im Falle Eingreifens von Höherer Gewalt, was wir alle heute noch nicht sagen können. [...]

Es bleibt auch noch zu sagen, dass, wenn jemand 2 oder vielleicht 3 Verträge in Übersee absolviert hat, sich nur noch mit Mühe wieder in die heimatlichen Verhältnisse einzuleben versteht. Nach einem 2. Vertrag wird oder würde man sich zu entscheiden haben, ob man seine Zukunft in Übersee ausbauen will oder in der Schweiz. – Vom Persönlichen schreibt Papi nichts, und ich glaube annehmen zu dürfen, dass Ihr mit mir vollständig einig geht, wenn ich sage, dass ein zweiter Kontrakt ledig nicht mehr interessant ist. Abgesehen vom finanziellen Standpunkt, der wohl nicht so sehr ausschlaggebend sein wird. [...]

Heute hatten wir den Besuch eines Missionars vom Grossen St. Bernhard, der wieder in das Tibetgebiet zurückkehrt und auf der Durchreise bei uns anklopfte wegen Medikamenten. Er wird seine Reise in dieses Gebiet per Flugzeug (bis Kunming), per Maultier und zu Fuss zurückzulegen haben, und sie wird ca. bis Ende Mai dauern, wenn er ca. übermorgen von Shanghai wegfährt! Bei solchen Gelegenheiten bekommt man jeweils wieder einen richtigen Begriff von den grossen Distanzen, die in diesem Lande China herrschen.

So, jetzt mache ich Schluss, denn es ist schon 23 Uhr 30, und morgen wird wieder ein strenger Tag sein, wenn die Kurse wieder dermassen «dem Teufel zugehen», wie wir zu sagen pflegen. Wie seid Ihr glücklich zu Hause mit diesem stabilen Kurs und auch den festen Preisen, die nicht täglich ändern!

Die Roten in Shanghai – das ist richtige Zukunftsmusik

Shanghai, den 14. März 1948
Brief Nr. 124

Meine Lieben,
[...] Cloisonné-Vasen kann man hier überall verhältnismässig billig kaufen, und dieser Artikel wird vielleicht einmal mein Gepäck zieren, wenn ich nach Hause komme. Überhaupt, ich muss jetzt dann mal anfangen mit Einkaufen von Sachen, die ich mitnehmen will, sonst kommt dann alles auf ein Mal! [...] In unserem Garten hat es drei wunderbar blühende Magnolienbäume, und überall wird es grün: die Krokus-artigen Blumen kommen, und Veilchen hat es auch überall verstreut. Der Rasen ist schon fast ganz grün, und die Pappel sowie die

Trauerweide in einer Ecke beginnen stark auszuschlagen: Ihr seht also, «spring ist just around the corner»!
Was habe ich heute für Neuigkeiten? Wollen mal sehen! [...] Gestern gingen Stockar und ich die uns zustehende Reiskarte für den Monat März abholen. Es mahnte mich fast an das Rationierungsbüro seinerzeit in Burgdorf! Unwillkürlich überkam einen eine Stimmung, die wiederum, leider, nach Krieg aussieht. Wir haben diese Reiskarte bezogen fastgar nur um der Originalität halber, damit man in ein paar Jahren dann sagen kann, damals in China sei der Reis rationiert gewesen. Es tönt dies ja wirklich eigenartig, oder nicht? – Auch für unsern Tomi müssen wir nun schauen, etwas zu bekommen. Mit der Rationierung hoffen die Behörden, den Reispreis auch niedrig zu halten, was ihnen jedoch einstweilen noch nicht gelungen ist. [...]
In der gestrigen Ausgabe der «Shanghai Evening Post» erschien ein Artikel über die eventuelle Zukunft von Shanghai, wenn diese Stadt unter Umständen später einmal von den Kommunisten, d. h. den Roten, besetzt werden würde. Es ist dies wirklich eine richtige Utopiegeschichte, die ich Euch vielleicht senden werde, wenn ich den Artikel noch auftreiben kann. Wir sandten geschäftlich je eine Kopie davon nach Basel und Hongkong. Der Artikel ist richtig sensationell aufgezogen und dürfte unter Umständen Euch nur eitel Schrecken einjagen. Ich muss jedoch davon überzeugt sein, dass Ihr Euch dadurch nicht ins Bockshorn jagen lässt, denn es ist richtige Zukunftsmusik, die noch in weiter Ferne steht und vielleicht überhaupt nie zur Wirklichkeit wird, was wir alle hoffen. – In der letzten Zeit sprach man hier auch wiederum von einem 3. Kriege, was ich persönlich einfach nicht glauben kann. Man muss nicht (wie leider viele Schweizer hier – auch von der jüngeren Generation leider) so elend schwarz sehen, denn sonst könnte man schon morgen seinen «Büntel» [Bündel] wieder packen. Irgendwo wird sich bestimmt wieder ein Tor öffnen und die evtl. drohende Kriegsgefahr abgewendet werden können. [...]
In Shanghai werden Rekruten ausgehoben, die zum Kriegsdienst gegen die Kommunisten ausgebildet werden sollen. Die Leute werden durch das Los bestimmt, und wer vorher eine bestimmte Summe Geld zahlt, wird überhaupt gestrichen. So kam auch gestern unser Boy und entlehnte von uns 1 Million für seinen Sohn, der nun eventuell auch ausgelost werden könnte. So werden in China Soldaten ausgehoben!

Alles dreht sich um das Liebe Geld, und wer solches zur Verfügung hat, ist fein raus!

Eine echt schweizerische Vereinsversammlung

Shanghai, den 24. März 1948
Brief Nr. 127

Meine Lieben,
[...] Heute Abend hatten wir Generalversammlung vom Swiss Club. Der Verkauf des Clubhauses kam auch zur Sprache, da dieses, resp. hauptsächlich dessen Umgebung, nicht mehr die Facilitäten [hier Anglizismus, gemeint: Gegebenheiten, Möglichkeiten] gebe, wie dies vor dem Kriege noch der Fall war, so nicht links und rechts Häuser standen. Man wollte dann versuchen, bei einem anderen Klub, wie French Club oder dgl., unterzukommen, doch in der Folge entschied die Mehrheit der Mitglieder, am jetzigen Haus festzuhalten. Die Verhandlungen, bei denen es an gegenseitigen «Sticheleien» nicht fehlte, wurden in englisch geführt. Doch die ganze Atmosphäre war die einer schweizerischen Vereinsversammlung! Auch sprach man davon, zu Ehren de Torrentés Ernennung zum Minister der Schweiz in England eine Reception zu geben, oder ihm ein Geschenk zu machen. Was hier weiter geht, bleibt wohl abzuwarten! [...]

Ich habe dieser Tage nun mit Herrn Theiler fest abgemacht zum Teilen seiner Wohnung, wenn ich an der Rue Lafayette hinausmuss. Nächstens werde ich dann noch schreiben, wie die Sache zu Hause bezahlt werden kann. [...] Die ganze «Transaktion» wurde im vollen Einverständnis mit Nufer getätigt, der findet, ich habe wieder Glück gehabt, ist dies doch wiederum eine sehr schöne Wohnung, allerdings ohne Garten und nur 1 Badezimmer, doch wir werden schon miteinander auskommen und uns zurechtfinden. Hr. Theiler ist ein sehr netter Herr und wird allseitig gerühmt. Diese Wohnung ist auf jeden Fall sicher bis Ende Jahr. Dann weiss Th. nicht, ob er auch weggeht, oder was geschehen wird. Seine Frau wird kaum mehr hinauskommen. [...]

In der Zeitung liest man von den April-Reiscoupon, die schon bald ausgegeben werden. Alle Coupon, die nicht bezogen werden, werden scheints verbrannt (!), wie heute in der Zeitung zu lesen ist! Jedenfalls wir werden diesen Reis nicht allen verzehren, denn das ganze Säckli wiegt nahezu 16 kg! – Gegenwärtig lese ich im Büro, wenn ich Zeit habe, alte Shanghai-Jahresberichte von 1930 und folgende Jahre. Schon damals schreiben die Ciba-Vertreter von Unruhen im Lande und Bürgerkriegen. In diesem Lande scheint es wirklich nie Ruhe geben zu wollen, und somit muss man auch nicht alle Zeitungsberichte, wie sie dieser Tage zirkulieren, als bare Münzen hernehmen.

Krankheit und Freundschaft
April bis Juni 1948

Ausflug nach Hangzhou

Shanghai, den 1. April 1948
Brief Nr. 128

[...] Der Ausflug nach Hangchow liegt also hinter mir. Freitag und Montag hatten wir prachtvolles Wetter, wogegen Samstag und Sonntag stark regnerisch und kalt waren. All das hinderte jedoch unsere Reisegesellschaft nicht daran, gleichwohl die Umgebung von Hangchow zu erkunden, und wir waren jeden Tag unterwegs. Bloss zum Photographieren kam ich nicht so viel und konnte nur einen Film voll machen, zum Schluss noch Aufnahmen im Chinesenmantel im Garten. [...]

Wir waren eine sehr nette Gesellschaft zusammen, und die Hauptpersonen meiner Umgebung waren: Der dänische Konsul und seine Sekretärin, sowie 3 jüngere Leute (2 Damen und ein Herr), die in einer britischen Firma arbeiten (Liegenschaftsverwaltung). Es waren dies 2 Engländer und eine Österreicherin. Der dänische Konsul hatte reich-

Ausflug nach Hangzhou (März 1948): Pavillon zwischen zwei Tempeln

Hangzhou: Blick auf den West Lake (und Hotel)

lich fürs Trinken gesorgt und einen Extrakoffer nur mit Spirituosen mitgenommen, hinter die wir dann richtig während 2 Abenden gerieten. Am ersten Abend wiederum nach einem Chinesedinner in der Stadt und am 2. Abend sonstwie! Dass im Hotel anderntags nicht reklamiert wurde, kann ich meinerseits nicht verstehen, denn um 1 Uhr nachts gings wie wild von oben nach unten – treppauf-treppab! – Untergebracht waren wir sehr gut, sehr schöne Zimmer und gutes Essen. Unsere Gesellschaft war auf 2 Hotels verteilt gewesen, weil im einen, wo ich war, und welches das bessere war, schon alles besetzt war, denn von der Menschenmasse macht man sich wohl kaum eine rechte Vorstellung. Eben weil Ostern war! Das einzige, was einem fehlte, war der Motoren- und Hupenlärm, und anfänglich wusste ich gar nicht, wo ich war – so ruhig und lieblich war es! – Die Gegend von Hangchow mit seinem netten See ist wirklich sehr einladend und gemahnt einen fast an die Gegend zwischen Locarno und Brissago oder auch bloss an Locarno mit seinem Quai und dem See. […]

Die grösste Sehenswürdigkeit waren die unzähligen Tempel, von denen wir nachgerade genug kriegten. Als Beilage folgen noch 2 Papiere, auf denen meine Zukunft stehen soll und die man für wenig

Geld in den Tempeln von einem Priester mit grosser Zeremonie erstehen konnte. Die Übersetzung in unsere Sprache und unsere Mentalität ist äusserst schwierig und konnte von keinem hiesigen Chinesen befriedigend gemacht werden. Der Kuriosität halber lege ich diese Streifen hier bei. Wie gesagt, wir verlebten sehr schöne und unterhaltsame 4 Tage, weg vom lärmigen und schmutzigen Shanghai, was man richtig genoss. [...]

Heute holten wir die Öl/Zuckerkarten für April. Unter Öl ist chinesisches Pflanzenöl zu verstehen, wogegen das von uns verwendete Olivenöl importiert und nicht rationiert ist. Ob man Zucker dann auch noch ohne Karten erhält, weiss ich noch nicht, und wir müssen uns die erhaltenen Karten vorerst auch noch übersetzen lassen, auf dass man weiss, wieviel Waren man eigentlich erhält! Bald gibt es wiederum Reis für den Monat April, und wir brauchen das erhaltene Quantum grösstenteils für Thomi.

Im April war eines der wichtigsten Themen die neue Wohnung für Schnell und Stockar. In den zwei Briefen Nr. 129 und 130 erzählte Schnell Einzelheiten über die ihn kühn anmutenden Heiratspläne Stockars, der seine Braut zwar schon seit längerem kannte, aber in den letzten Jahren offenbar nur zweimal flüchtig gesehen hatte, ihr genaues Alter nicht wusste und nach Meinung von Schnell kaum als «Ehegatte und Familienvater» vorstellbar war.

Das Thema «Heiraten» lag irgendwie in der Luft, denn Schnell berichtete auch, dass einer der chinesischen Angestellten der Ciba heiratete. War es Zufall, dass er keine zwei Monate später nach Hause schrieb, er habe eine chinesische Frau kennengelernt? Zur erwähnten Hochzeit des Ciba-Angestellten waren auch alle Europäer der Firma eingeladen, aber niemand wollte hingehen. Schnell fühlte sich verpflichtet, die «weisse Abteilung» zu vertreten. Das Verhältnis zwischen Europäern und chinesischen Angestellten in der Firma war, zumindest was die einfachen Angestellten betraf, am ehesten mit «Nichtbeachtung» oder «Gleichgültigkeit» zu umschreiben. Es gab allerdings auch chinesische höhere Angestellte (Akademiker, die im Ausland studiert hatten), mit denen der Kontakt z.T. sogar freundschaftlich war, wie mit dem Vizechef des Pharmadepartements, Dr. Yen.

Im Brief Nr. 131 vom 10.4.1948 erwähnte Schnell, dass unter den

Ausländern in Shanghai ein Beitrag von £ 2.00 zu einem Fonds verlangt wurde, der ihnen die ausschliessliche Benutzung eines ganzen Spitals auch im Kriegsfall sichern sollte. Nicht ahnend, dass er schon im Mai das Spital benötigen würde, bezahlte Schnell den Beitrag.
Im Brief Nr. 132 vom 14. April 1948 berichtete Schnell von einem Fussballspiel, das er zusammen mit einem javanischen Freund besucht hatte. Das ist eine der seltenen Erwähnungen von sportlichen Anlässen, die Schnell in Shanghai besuchte. Sein Unterhaltungsprogramm umfasste in den ersten zwei Jahren eher Kino- und Theaterbesuche (letztere allerdings nicht regelmässig).

Eine Abschiedsparty im Swiss Club

Shanghai, den 17. April 1948
Brief Nr. 133

Meine Lieben,
[...] Diese Woche stand unter dem Zeichen des Abschiedes de Torrentés. Gestern Freitagabend fand im Swiss Club eine Abschiedsparty statt, die von zahlreichen Schweizern beiderlei Geschlechts besucht war. Vielleicht folgen noch ein paar Blitzlichtbilder, denn die Photographen waren eifrig an der Arbeit! De T. hielt eine nette, kurze, auf französisch gehaltene Ansprache, der ein Dankeswort eines prominenten Schweizer vorangegangen war. Ich hatte leider keine Gelegenheit, bis zu de T. vorzudringen, da er stets von höheren Tieren umringt war. Einenteils reut es mich, habe ich doch seinerzeit starke Anstrengungen gemacht, ihn sehen und ihm die Grüsse A. Lüthis ausrichten zu können. [...] Bei dieser Party gestern Abend stellte ich zum ersten Male die wiederkehrenden langen Frauenröcke fest, was nun wirklich etwas ist, das mir ganz und gar nicht gefällt. Herrscht diese Mode bei Euch auch wieder?!! – Im übrigen sah man wieder einmal, wie gut situiert im allgemeinen die hiesigen Schweizer sind – man brauchte zu diesem Zweck bloss ein Auge auf die zahlreichen modernen und modernsten Wagen zu richten: Packards, Lincoln etc. etc. waren an der Tagesordnung. Schweizer, die während des Krieges hier waren, haben wahrlich durchwegs viel Geld verdient! [...]

Vorgestern waren Nussberger und ich bei unserem chin. Dr. eingeladen zum Nachtessen. Ich erhielt somit einen ersten Einblick ins Leben einer modernen chinesischen Familie, wo die Familienangehörigen (mit Ausnahme Yens natürlich, der fliessend deutsch spricht, da er ja 8 Jahre in der Schweiz war) kein Wort einer Fremdsprache sprechen. Das Essen war so gut, dass ich um 1 Uhr nachts das ganze Menu nochmals in der «Abtrittschüssle» ausgebreitet vor mir sah!! – Jetzt ist alles jedoch wieder in Ordnung!

Ein javanischer Freund

Shanghai, den 24. April 1948
Brief Nr. 135

Meine Lieben,

[...] Mein[en] Freund Soo lernte ich auf einer der letztjährigen Thomas-Travel-Reisen kennen. Er ist «Assistant Manager» in einer Import-Firma von amerikanischen Radios und weilt schon mehrere Jahre hier in Shanghai, wohin er von Java her kam. Unterdessen war er scheints auch noch für kürzere Zeit in Indochina. Er bewohnt eine recht kleine Wohnung und hat 3 Mädchen. Ihn in dieser Behausung zu besuchen, ist wirklich für uns Nichtchinesen ein Erlebnis. Er sammelt wie wild Bücher, schreibt viele Artikel in Zeitungen unter einem fiktiven Namen, und als ich ihn fragte, ob er alle diese Bücher auch gelesen habe, wich er mit der Antwort aus! Ich muss sagen, dieser Mann hat alle Sorten Bücher, die man sich nur vorstellen kann – von einem griechischen Dictionnaire bis zu den Memoiren Napoleons auf französisch, aus denen er mir einen Abschnitt vorlas, um zu bezeugen, dass er doch auch (neben wirklich ausgezeichnetem Englisch) Französisch verstehe! [...]

Ich habe noch ein paar Notizen vor mir: die Ciba (China) Limited lässt also einen weiteren Techniker nach Shanghai kommen, und wir haben ihn gerade diese Woche «bestellt» in einem von mir geschriebenen Brief an den Verwaltungsrat in Basel. [...] Somit ist also Zuwachs zu erwarten – ein weiterer junger Mann, voll guten Mutes, wird sich in der nächsten Zeit im Wirrwarr von Shanghai zurechtzufinden suchen!

Bitte diese Mitteilung als streng vertraulich behandeln, denn im Grunde genommen scheint es verrückt, wenn wir unter den heutigen Umständen weitere Leute (es kommt ja, wie schon geschrieben, auch noch ein Kfm. nach Hongkong) herauskommen lassen –, doch die Ciba muss für später vorsorgen!!

Aufenthalt im Krankenhaus

Nichts deutete darauf hin, und doch erwischte ihn eine Krankheit, die, obwohl nicht schwer, Schnell im Krankenhaus auskurieren musste. Nach einigen Tagen Aufenthalt, und schon wieder auf dem Weg zur Genesung, berichtete er aus dem Spital:

Country Hospital
Shanghai, den 5. Mai 1948

Meine Lieben,

[...] Wie auch bei Euch (gemäss Brief No. 126 vom 26.4./4.5.) war auch bei mir beinahe zur gleichen Zeit «allerhand» los. Am 27. April abends, als ich heimkam, hatte ich, wie nicht anders erwartet, denn es war mir während des ganzen Tages nicht gut gewesen, Fieber und zwar gleich 39°C! Ich legte mich natürlich sofort ins Bett, Stockar läutete Dr. Elster (dem Wienerarzt) auf [rief an], der dann auch bald kam. Zum Fieber hinzu verspürte ich leichten Husten, sodass der Arzt mir gleich den mir von früher her bekannten Änistrank verschrieb, nebst natürlich absoluter Bettruhe. Anderntags und auch die darauffolgenden bis Samstag, ging das Fieber nie recht hinunter trotz der guten Pflege, die ich im Hause Plattner hatte. So wurde am 1. Mai nachmittags vom Doktor entschieden, dass ich besser ins Spital disloziere. Für mich auch besser, denn auf diese Weise habe ich ganz fachkundige Pflege und vielerlei andere Facilitäten. Nach Rücksprache mit Nufer (denn die Firma bezahlt Arzt und Spital) wurde ich um 16h am 1.5. ins Country Hospital verfrachtet, dessen «Gastfreundschaft» ich kurz 3 Wochen nach Bezahlung der 7 Millionen in Anspruch nehmen musste! so liege ich halt denn hier in einem 2. Klassraum, mit einem Kameraden (Russen) zusammen, der irgendwie orthopädische Behandlung durchmachen muss, da sein linkes Bein kürzer ist! Wir kommen sehr gut miteinander aus, und mir geht es gesundheitlich auch schon bedeutend besser. Meine Diagnose lautete schlussendlich auf Luftröhrenkatarrh und Fieber – sonst gar nichts! Ich muss inhalieren, habe stets hinten und vorne einen Antiphlogistinwickel, erhalte Codein zum Lindern des Hustenreizes, und sonst gibt's da noch so allerhand Pulver und Pülverli, wo man ja in den Spitälern nie weiss, was es alles ist!

Neben den Ärzten sind die Schwestern nicht ermächtigt, irgendwelche Auskunft zu geben. Mit grauer Eleganz und ausserordentlich leichten Händen erfüllen die chinesischen Schwestern ihre Arbeit. Sie stehen unter Aufsicht von englischen und amerikanischen – ja – auch Schweizer-Schwestern! Und das fand ich bald folgendermassen heraus: Ich war am Samstag noch keine Stunde im Spital, als plötzlich eine Schwester mit einer grossen Beige illustrierter Zeitungen erschien und sich nach mir erkundigte! Ich staunte natürlich nicht schlecht, als sie sich als eine Schweizerin vorstellte, von deren Anwesenheit in Shanghai (auch seit Dez. '46!) ich keine Ahnung gehabt hatte. Sie arbeitet hier als Säuglingsschwester auf der Kinderabteilung und wurde im Lindenhof in Bern ausgebildet. In der gleichen Klasse sei scheints die eine Tochter von Guyots gewesen, die sie herzlich grüssen lässt. Die Welt ist doch wirklich klein – man siehts an diesem Beispiel wieder einmal! [...]

So, und jetzt macht Euch ja keine Sorgen um mich, denn ich bin schon wieder in ausgezeichneter Verfassung und guter Pflege und Gesellschaft, und fehlen tut mir nichts Schlimmes. Gerade Bettruhe, das war es, was von Nöten war. Seid also nicht unruhig, wenn jetzt vielleicht nicht so regelmässig Briefe folgen, doch, wie gesagt, das Schreiben ist nicht kommod. Ich werde zu Hause wieder den regelmässigen Briefverkehr mit Nummern etc. aufnehmen. Bis dahin allen herzliche Grüsse und Küsse,

René

Vom Parfum des Kampferbaumes

Am 10. Mai folgte ein zweiter Brief aus dem Krankenhaus, in welchem Schnell berichtete, dass er wieder aufstehen und auch in Kürze nach Hause zurückkehren dürfe. Am 16. Mai schrieb er, wieder zu Hause, Brief Nr. 137:

[...] Ich habe also die letzte Woche vollständig zu Hause verbracht, da mir der Arzt anriet, noch nicht zu früh ins Büro zu gehen. Seit Dienstag weile ich also zu Hause – geniesse noch die letzten Tage im Hause Plattner, lasse mir vom Boy feine Plättli [kalte Platte] aufstellen und geniesse auch den jetzt wunderbar aussehenden Garten in vollen Zügen. Und dennoch glaube ich, hätte ich es nicht nochmals 8 Tage zu Hause ausgehalten, denn den ganzen Tag so allein in diesem Haus und Garten ist nicht lustig. Ich habe meine rückständige Korrespondenz sozusagen vollständig aufgearbeitet, viel gelesen, Kreuzworträtsel gelöst etc. Somit sind die Tage auch vorbei gegangen! Vermutlich arbeiten wir am Pfingstmontag, sodass ich morgen bereits ins Büro zurück kann. Im übrigen haben mir diese sage und schreibe 3 Wochen (genau!), weg vom Büro, vom Gestürm und Lärm, gut getan, und besonders Herr Vögeli riet mir immer an, nicht zu früh wieder zu erscheinen. Sicherlich wird viel Arbeit auf mich warten, die ich jedoch wieder mit neuem Elan in Angriff nehmen werde. Es kamen dieser Tage auch neue Importbestimmungen heraus, die ich auch noch studieren muss. Nicht zu unserem Vorteil – im Gegenteil. [...]

Wie schon geschrieben, ist jetzt der Garten ganz wunderbar, und ständig entdeckt man neue Blüten, Blumen etc. Auch der Gemüsegarten steht in voller «Blüte», und wir essen jeden Tag (ich jetzt 2mal) frischen, wunderbaren Salat, den man nicht zuerst noch in Kaliumpermanganat waschen muss, wie den vom Markt erstandenen. Dieses Frischgemüse hat sich[er] auch dazu beigetragen, dass ich mich relativ rasch wieder erholt und zu Kräften gebracht habe! Im übrigen essen wir, wie schon geschrieben, täglich Erdbeeren und abwechslungsweise Rhabarber, welche Frucht auch erschienen ist in der letzten Zeit. – Ich liess es mir richtig gut gehen diese vergangenen paar Tage und hatte hinten und vorne jemanden, der für mich sorgte!! So richtig ein passender Abschluss zum Leben in Plattners Hause! [...]

Somit mache ich endgültig Schluss und sende Allen meine herzlichsten Grüsse und Küsse,

René

PS: Als einzige Beilage sende ich heute Blätter und Blüten des im Garten stehenden Kampferbaumes. Ich hoffe, sie behalten das faszinierende, diskrete «Parfum» während der Luftreise bei. Dieses Aroma überströmt heute den ganzen Garten und wirkt überaus angenehm.

Zahnpasta ist ein Luxusartikel

Shanghai, den 19. Mai 1948
Brief Nr. 138

Meine Lieben,
[...] Ich sandte heute ein Programmheft (per Drucksache) eines Filmes, den wir vor 8 Tg. gesehen haben (ich ging, trotzdem ich erst 2 Tge. zu

Hause war) und der einen Wohltätigkeitswert darstellte. Es war eine
Uraufführung in S'hai eines neuen franz. Filmes (Märchen für Erwachsene: «La Belle et la Bête»), die unter dem Patronat des franz. Konsuls
und des Stadtpräsidenten von Shanghai, Dr. K. C. Wu, stand. Ein Billet
kostete 1,5 Millionen, damals also fast 20 Fr. (Zu hause würde man
sich fragen, ob man so viel für eine Kinovorstellung ausgeben will oder
nicht!, hier jedoch sind es «bloss» anderthalb Millionen!) Wir Schweizer wurden vom Swiss Club eingeladen. Der Erlös geht in den Fonds
für internationale Kinderhilfe. Natürlich wurde am Anfang (ganz geschmacklos) ein Vorfilm von hungernden und frierenden Kindern auf
der ganzen Welt gezeigt! Die Musik und das ganze Drum und Dran
waren äusserst unpassend. – Item, wir wollen hoffen, das ausgegebene
Geld werde recht verwendet! – In der Zeitung lesen wir dieser Tage,
dass ab Ende Juni sog. 36 Luxusartikel, die vom Ausland nach China
eingeführt werden müssen, von der Verkaufsliste in den Läden gestrichen werden. Sie sollen vorher ausverkauft werden. Nach dem 1. Juli
sollen sie nicht mehr erhältlich sein?!! Rasiercrème, Cigaretten, Pelze,
Radios, Rasierklingen, Zahnpasta, Teppiche etc. – das sind ein paar
dieser Artikel. Man nimmt diese Bestimmung jedoch nicht zu wörtlich, schreiben doch die Chinesen viel zusammen und erlassen einen
Haufen Bestimmungen. Ich glaube nicht, dass man zu hamstern
braucht, wie ich anfänglich vermutete. Ich holte dann die Meinung
prominenterer Chinesen ein, die glauben, dass auch diese Bestimmung
nicht so heiss gegessen werde, wie sie gekocht wurde! On verra!

Französische Lebensart

Shanghai, den 23. Mai 1948
Brief Nr. 139

Meine Lieben,
[...] Hr. Theiler (mein neuer Hausgenosse) wird voraussichtlich für
2 Monate nach der Schweiz reisen. Abfahrt ca. Mitte Juni nächsthin.
[...] Aus all' dem resultiert, dass ich vorläufig sehrwahrscheinlich während der grössten Hitze (d. h. bis ca. Ende August) allein in der Wohnung Theiler hausen werde! [...]
    Gegenwärtig haben wir recht heisses und schwüles Wetter. Mein
Zimmerthermometer verzeichnete gestern 28 Grad C und heute ebenfalls 27. Bald wird man an die leichten Sommerkleider denken müssen.

Heute war ich reiten und habe ganz gehörig wieder geschwitzt. Ich werde versuchen, diesen Sommer den Reitsport beizubehalten, obschon ich voraussichtlich nun auch «open-air» schwimmen gehe! In der franz. Kolonie hat sich nämlich die «Association Sportive Française» neu gegründet, nachdem diese schon vor dem Kriege ihren Klub hatte, mit Schwimmbad, Tennisplätzen, Bar etc. Vor ein paar Tagen erhielt ich vom Konsulat eine Einladung zu einer Cocktailparty dieser Association. Sie nehmen neben den Franzosen auch andere Nationalitäten, die der franz. Kultur verwandt sind und die franz. Sprache sprechen, auf. (So eben Schweizer, Belgier etc.) Diese Mitgliederzahl darf jedoch [nur] 20% der französischen Mitgliederzahl betragen. Ich war nun gestern abend an dieser Party (ganz in der Nähe meiner neuen Wohnung und auch nicht weit von Plattners entfernt) und war wirklich überrascht, was für schöne Anlagen dort wiederentstanden sind, nachdem die Japaner das Frühere alles scheints zerstört hätten. Ein prachtvolles Schwimmbassin mit schönem, klarem Wasser, eine Laube, eine Terrasse, eine Bar, 6 Tennisplätze, eine Basketball- und eine Volleyball-Anlage. (Ersteres ist Korbball, letzteres Schlagball!!) Daneben hat es auch noch für die Kinder ein Plantschbecken. Das ganze ist frisch gebaut, frisch gestrichen und reizend aufgemacht. Der franz. Konsul hielt eine kleine Ansprache und eröffnete dann als erster mit einem Kopfsprung das Schwimmbassin! (resp. die Badesaison 1948!) Für mich kostet vermutlich die Sache total ca. 55 US$. (30 Eintritt und ca. 22 Benützung des Bades) Mit Tennis fange ich vielleicht auch noch [an], wenn ich einen Partner finden werde! Auch Korbball und Schlagball würden mich interessieren. Schweizer scheinen nicht viele Interesse zu haben – wohl weil sie vor der Sprache Angst haben! (Ein paar Welschschweizer sind bereits Mitglied, und von den Deutschschweizern weiss ich niemanden, der auch anwesend gewesen wäre gestern abend. Später wird man ja noch sehen, wer etwa noch erscheint) Ich radebreche furchtbar mit meinem französisch und vermische es immer mit englischen Ausdrücken! Seit mehr als $1\frac{1}{2}$ Jahren sprach ich ja diese Sprache nicht mehr und habe sie nicht einmal mehr gelesen!! [...]

Ich muss wirklich sagen, die Anlage mit dem ganzen Drum und dran ist wirklich reizend arrangiert und gar nicht «shanghaimässig». Die Umgebung ist nett, und man hat Aussicht auf eine resp. mehrere

Baumgruppen. Im Sommer dürfte zwar diese ganze «Asphaltgeschichte» etwas heiss sein, doch man hat ja dann das Schwimmbassin und schützende, grosse Sonnenschirme! – Einzelheiten werden weiter folgen!

Ende Mai (Briefe Nr. 140–142) berichtete Schnell, dass die Preise für Nahrungsmittel sehr niedrig seien, wenn man mit dem Schwarzmarktkurs umrechne (z. B. kostete das Mittagessen im Rowing Club pro Person noch ca. 80 Rappen), nur die Wohnungen seien sehr teuer. Nach und nach packte er seine im Hause Plattner verstreuten Sachen ein und verfrachtete sie in die neue Wohnung.

Anfang Juni zirkulierte das Gerücht, es würde eine Währungsreform geben, bis dann würden keine Geldnoten mehr gedruckt. Beinahe täglich kamen neue Bestimmungen für den Handel heraus, die Zustände waren chaotisch. Nicht zuletzt die Umrechnung der Löhne war knifflig und immer wieder Thema in den Briefen. Ende Juni sickerten Meldungen über militärische Niederlagen der Guomindang durch, die offiziell nie bestätigt wurden.

Und doch haben diese Chinesen eine Kultur, von der wir Weissen eher lernen könnten

Shanghai, den 6. Juni 1948
Brief Nr. 143

Meine Lieben,
[...] Ich kehre eben von der Party, gegeben von unserem Compradore, Mr. Y. F. Sze, zurück und lege auch noch die betr. Einladung mit Übersetzung bei. Er veranstaltete diese aus Anlass der Verlobung einer seiner Söhne. Das Lokal war sehr schön geschmückt mit Blumen und Geschenken, und es hätte einen eher an eine Hochzeit als bloss an eine Verlobung gemahnt. Alles war noch in eher älterem chin. Style gehalten – besonders die verschiedenen Geschenke waren in unseren westlichen Augen nicht äusserst praktisch – ein Haufen grosser, farbiger Eier wurden der Braut in einem schön geschmückten Kästlein geschenkt, als Zeichen der Fruchtbarkeit – so viele Eier – so viele Söhne. Wenn man genau hinsah, erblickte man dann inmitten dieser tierischen Produkte noch eine bescheidene Golduhr mit Lederband! Im übrigen fanden sich noch mehrere rote Bänder etc. – (wir würden es Firlifanz

[Schnickschnack] nennen!!) – doch die Chinesen halten sehr viel darauf, und wir mussten am laufenden Band rühmen und sagen, wie schön das sei! Zugegen waren ca. 100 Personen – das ganze Büro und dann eben die unzähligen Verwandten und Bekannten der Brautleute resp. des verlobten Paares. Das Essen war ziemlich mies [mickrig]– vielleicht eben, weil öffentlich Restriktionen in den Gängen [für die Anzahl der Gänge eines Menüs] bestehen. Es war fast das mieseste Chin. Essen, das ich je hatte bis heute. – Daneben jedoch erblickte man Chinesen aus den höchsten Klassen, und ich staunte wieder einmal, wie gut es sich diese Leute hier, wenn sie Geld haben, gehen lassen. Auch unser Compradore ist nicht der Ärmste – man musste nur die ganze Aufmachung dieses Anlasses anschauen. Der nähme es bestimmt finanziell mit einem Ciba-Direktor in Basel auf – glaube ich!! Es kam mir auch wieder zum Bewusstsein, wie eigentlich wir alle in den Händen dieser Leute liegen – sind sie uns nicht wohlgestimmt, haben wir ausgeschäftet – somit liegt es in unserem höchsten Interesse, mit all' diesen Leuten (denn geschäftlich sind sie der eine wie der andere verwandtschaftlich oder sonstwie miteinander verbunden) ein sehr gutes Verhältnis zu unterhalten. – Schlussendlich fuhren wir (Vögelis und ich) noch im Privatauto des Compradores heim, einem ganz neuen Fluid-Drive Oldsmobile, dem unsere beiden Geschäftswagen weit nachstehen! – Ich verlebte somit wieder ein paar Stunden in der Kulturatmosphäre meines Gastlandes, und es wäre für mich die grösste Freude, wenn ich einmal tiefer in das chin. Leben eindringen könnte. Wie mir dies vorläufig möglich ist, weiss ich noch nicht. Es befindet sich leider noch ein sog. «Iron Curtain» zwischen mir und den Chinesen – was eigentlich bei allen Europäern mehr oder weniger der Fall ist. Und doch haben diese Chinesen eine Kultur, von der wir Weissen eher lernen könnten. Sie sind viel mehr natürliche Menschen, haben in einem gewissen Mass natürlich westliche Zivilisation angenommen – der Grundkern ihres Wesens blieb jedoch östlich. Ich habe mir vorgenommen, wenn ich nun den Sommer über so allein wohne, mich mehr und mehr in das chin. Leben einzufinden, sei es durch Freundschaft mit einer chin. Familie oder sonstwie. Schliesslich kann ich zu Hause mit weissen Leuten verkehren. – Man mag geteilter Meinung sein – ich jedoch finde, dies sei der einzige Weg, um die Leute, Sitten und Gebräuche à fond kennen zu lernen. Ich werde über meine «weiteren» Erlebnisse berichten!

Ausflug nach Moganshan (Mokanshan): Zum Tee bei einer chinesischen Bergbauernfamilie

Shanghai, den 14. Juni 1948
Brief Nr. 145

Meine Lieben,

[...] Ich war also jetzt 3 Tage in diesem Mokanshan, ca. 70 Meilen westlich von Hangchow. (Im Atlas gefunden?) – Wolfers waren dabei. Wir hatten drei wunderbar schöne Tage und bloss bei der Rückfahrt etwas Gewitter. Von Hangchow aus fährt man mit dem Auto (wir benutzten Wagen des China Travel Service) ca. 2½ Stunden auf einer recht schlechten Strasse. Dann muss man noch ca. 1½ Stunden aufwärts marschieren, da diese Route mit Vehikeln nicht befahrbar ist. Alle unsere Mitreisenden (½ Fremde und ½ Chinesen ca.) liessen sich in diesen berühmten Sesseln hinauftragen, und Wolfers, ein Ungare und ich waren die einzigen «Spaziergänger». Die Temp. war äusserst drückend, sodass wir pflotschnass oben ankamen. [...]

Das Hotel ist sehr nett – hat jedoch leider nur 2 Badezimmer, sodass auf diese stets ein grosser run war – besonders wenn man schwitzte wie wir! Das Elektrische ist in M. auch nicht vorhanden, so dass man bei Butangas zu Nacht ass und in den Zimmern mit Petrollampen zu Bette ging! – Das ganze heimelte mich an – war es doch wie in einer unserer Klubhütten zu Hause! – Das Essen war nicht hervorragend, haben sie eben dort oben leider keinen Kühlschrank – doch man geht ja nicht 3 Tage von Shanghai weg, um gut zu essen. Dafür kann man in der Stadt bleiben! Am Samstagmorgen standen wir sehr früh auf und betrachteten den Sonnenaufgang. Dann machten wir uns auf die Socken und spazierten bis ca. 3 Uhr nachmittags sozusagen ununterbrochen in diesen Hügeln herum – in den Bambuswäldern etc. Die Gegend ist wahrlich sehr schön (gleiche Höhe wie ca. Burgdorf – 600–700 m.ü.M.). Man hatte von der Hotelterrasse einen schönen Überblick auf die Ebene und die umgrenzenden Berge. – Wir hielten im Laufe unserer Spaziergänge noch Einkehr bei einer chin. «Berg»-bauernfamilie und tranken The. Bald hatten wir natürlich die ganze Familie (ca. 30-köpfig) um uns, und ich parlierte mit ihnen so gut es ging. – Am Sonntagmorgen kehrten wir bereits um 9 Uhr morgens zu den Autos zurück und fuhren nach Hangchow. Dort hatten wir noch ein Chin. Chow im gleichen Hotel, wo ich Ostern verbrachte. Es war nicht so hervorra-

So liess sich der Ausflug leichter bewältigen: Sänfte in Moganshan

gend. Nachher besuchten wir noch einen Tempel, und um 16 Uhr bestiegen wir den Zug nach Shanghai zurück. – Einzig jetzt hatte ein richtiger Gewitterregen eingesetzt, nachdem wir sonst strahlendes Wetter gehabt hatten.

Ein chinesisches Velo mit zwei Glocken

Shanghai, den 20. Juni 1948
Brief Nr. 147

Meine Lieben,
[...] Mit Chinesischschreiben begann ich noch nicht, erst mit Lesen. Ich nehme an, erst nächstes Jahr werden wir auch mit Schreiben anfangen, was wohl die schwerste Disziplin im Erlernen des Chinesischen darstellen wird. Ich werde jetzt versuchen, meine chinesischen Sprachkenntnisse mehr und mehr auszubauen, denn ich sehe, sobald man in einem Laden oder sonstwie mit Sprechen anfängt, sind die Leute viel kulanter und haben eine gewisse Achtung vor einem. Letzte Woche habe [ich] mir nämlich, zusammen mit dem Chinesischlehrer, ein Velo erstanden, und dies gerade am 18. Juni – es war also mein Geburtstagsgeschenk.

Ich hatte etwelche Hoffnungen, von Freunden von mir ein Occasionvelo zu erhalten, doch alle wussten nie recht, wollen sie es verkaufen oder nicht, sodass mir schlussendlich die ganze Hin- und Herwerweiserei zu dumm war und ich mich zu einem Kauf entschloss. Es ist dies ein ganz einfaches, billiges (!) Chinesenvelo, und wie lange ich damit fahren kann, entzieht sich vorläufig noch meiner Kenntnis. Es kostete nicht ganz 75 Fr. umgerechnet – was wirklich billig ist. Gratis erhielt ich noch eine Karbidlampe und eine zweite Glocke, worauf die Chinesen, die den Strassenlärm so lieben, sehr viel Gewicht legen. Auch andere Pneus machten sie mir dran, die ein besseres Profil aufweisen. Somit habe ich nun mein eigenes Transportmittel und bin unabhängig. Morgens zum Reiten und Schwimmen – ganz ideal. Als ich es erstanden hatte, fuhr ich am 18. Juni abends nach Hause vom Büro und brauchte genau ½ Stunde, doch es ist wahrlich kein Vergnügen, in diesem furchtbaren Verkehr zu fahren – man sieht dies erst, wenn man selber «steuert»!

Eine ganz kleine Neuigkeit: Ich habe eine Chinesin kennengelernt

Shanghai, den 27. Juni 1948
Brief Nr. 149, REGISTERED

Meine Lieben,
[...] Ich war heute nachmittag rasch bei Plattners, die immer noch mit Auspacken beschäftigt sind, sodass ich nicht lange verweilen wollte. Sie gaben mir alle für mich bestimmten Sachen, so 6 Hemden, 6 Unterhosen, 6 Leibchen, 6 Filme, Fussalbe und Fussbadesalz sowie dieses Fingernagelwasser. [...]

Sie meldeten mir auch, das bei Euch alles in Ordnung sei, bloss dass Ihr Euch hie und da Sorgen um mich macht wegen der allgemeinen und politischen Lage hier im Osten. Das freut mich dann schon weniger, denn für uns besteht heute absolut noch kein Grund des Angsthabens, und Ihr könnt sicher sein, sollte irgend einmal etwas passieren, ist für uns gesorgt, dass wir so rasch als möglich aus diesem Lande herauskommen. Auch die Ciba wird hier sorgen, da bin ich überzeugt. Habt Vertrauen in alles – es wird nichts passieren! Also, bitte, fort mit ängstlichen Gedanken, denn das habe ich nicht gern!

Heute folgt noch ein Zeitungsausschnitt aus der «NCDN» [«North China Daily News»] über die Schweiz, ein Vortrag, den unser Vize-

Konsul, Hr. Dr. Kappeler, vor Shanghaijugend gehalten hat am Sonntag vor acht Tagen. – (Persönlich hörte ich den Vortrag nicht.) [...]
Ich gab Theiler bei seiner Abreise noch mein restliches Schweizergeld mit, und da kam es mir komisch vor, im verschimmelten Portemonnaie 5er und 10er vorzufinden – überhaupt das Silbergeld wirkt für uns merkwürdig. Rechnet man eigentlich bei Euch noch mit 1- und 2 Räpplern? – Die militärische Lage des Landes sieht gegenwärtig auch nicht gerade rosig aus, und es heisst, die Nationalisten hätten wieder etwas zurückerobert, was die Kommunisten vor wenigen Tagen in einem grossen Handstreich eingenommen hätten – ob's wahr ist – bleibe dahingestellt! [...]
Eine ganz kleine Neuigkeit habe ich Euch heute noch: ich lernte eine Chinesin als Freundin kennen! Sie ist gleich alt wie ich und ein wirklich liebes, nettes Mädchen moderner Gesinnung. Ich kann also hier versuchen, mein Chinesisch an den Mann zu bringen. [...] Ihre Schwester ist mit einem Chinesen verheiratet, der in Schottland studiert. Beide sind also dort. Ihr Vater war bis vor dem Krieg Compradore in einer grossen englischen Import-Exportfirma und betreibt nun sein eigenes Geschäft wegen den herrschenden Importbestimmungen; welcher Art [das] Geschäft [ist], das habe ich noch nicht herausgefunden! Wenn möglich, werde ich bald einmal ein Bild von Julie Ting (ihr Name) folgen lassen. Passt mal auf: vielleicht bringe ich sie in 1½ Jahren heim – Mammi soll also nur wacker English lernen, und auch Papi täte vielleicht gut daran, bei Frau Äschlimann anzufangen!!!! – – –

Mit dieser bescheidenen Neuigkeit in meinem «Wirkungskreis» schliesse ich den heutigen Epistel und sende, wie gewohnt, allen herzliche Grüsse und Küsse (Plattners, Stockar und Frau etc. lassen natürlich auch herzlich grüssen),

René

Die chinesische Frau ... ist für den Mann da

Shanghai, den 29. Juni 1948
Brief Nr. 150

Meine Lieben,
[...] Es ist merkwürdig, wie verschiedene Dinge in der gleichen Richtung zusammentreffen – so jetzt mein [Plan des] «Tiefereindringens» in die Kultur meines Gastlandes. Papi schreibt gerade im letzten Brief

Ding Yunghe, genannt Julie Ting

auch davon und rät mir an, das europäische Milieu mit dem chinesischen einmal zu vertauschen.

Ich habe ja in meinem letzten Schreiben angetönt, dass ich jetzt eine chinesische Freundin gewonnen habe, und legte gleichzeitig auch eine Photo von ihr bei, die jedoch bald von einer besseren (meinerseits aufgenommen) gefolgt werden wird! Miss Julie Ting ist wirklich eine sehr nette und reizende Tochter, was ich ja schon einmal schrieb. Sie hat westliche Zivilisation angenommen, ist jedoch gleichzeitig noch gut mit dem «Alten China» bewandert und weiss Auskunft in allen Dingen betreffend die Kultur dieses Landes. Sie besuchte hier eine Universität (unserem Gymnasium mit Matur entsprechend) und spricht ca. 10 verschiedene Chinesisch-Dialekte (inkl. natürlich «mein» Mandarin) und ziemlich gut Italienisch, *sehr gut* Englisch. Sogar ein paar Brocken Deutsch und Französisch kann sie plaudern! Vorläufig geht halt unsere Konversation noch in Englisch, doch bald einmal wollen wir dann «nur noch» chinesisch miteinander sprechen, was wohl für mich am Anfang ein gutes Stück Arbeit darstellen wird. Wir haben auch im Sinn, häufig chinesische Theater und Filme anzusehen, um das gute Mandarin anderer Chinesen anzuhören und verstehen zu können. Schliesslich wird mir das auch helfen, die Kultur noch besser zu verstehen. Vielleicht wird mir Julie mit der Zeit auch noch das Tanzen beibringen, wozu sie allerdings nicht Chinesin zu sein brauchte. Sie könne gut tanzen, wenn ich es jedoch nicht liebe, so liessen wir es besser sein – sagte sie mir kürzlich! Somit kommen wir gerade in die erste Phase der Lebensauffassung der chinesischen Frau: sie ist für den Mann da und *nie* umgekehrt – es würde scheints einer chin. Frau nie einfallen, ihrem Manne zu widersprechen. Diese «Gottergebenheit» gegenüber dem männlichen Ehepartner führe vielfach zu einer «Untergebenheit», was natürlich nicht der Zweck der Übung sei und in der modernen chin. Kultur ausgetilgt zu werden suche. Die chin. Frau ist nicht auf Geld eingestellt, wie alles hier in diesem Lande (inkl. besonders die hier ansässigen ausländischen Frauen, die sog. «Goldtiger»), sie liebt Haus und Hof, liebt und erzieht ihre Kinder aufs Beste. Julie z. B. raucht und trinkt absolut nichts, und das Liebste, was ich ihr offerieren kann, ist ein Glas kaltes Wasser jetzt im Sommer (merkwürdigerweise nicht einmal The). Sie ist anspruchslos bis dort hinaus und zärtlich und lieb, wie keine zweite Frau – sage ich heute! Wie ich die Sache heute sehe, wird es uns Beiden einmal schwer fallen, uns zu trennen, denn die chinesischen Frauen sind in der Regel *viel* treuer als die weissen Frauen, und wenn sich dann noch ein ebenso gesinnter Gefährte einfindet (ohne mich natürlich selbst zu rühmen!), ist die Sache noch komplizierter! Doch wir wollen jetzt noch keine solchen Gedanken haben und vorläufig unser Leben geniessen und jeden Tag nehmen, wie er kommt. Die Zukunft wird zeigen, wie sich alles entwickelt. –

Mami täte vielleicht besser daran, Chinesisch-Stunden statt Englisch-Stunden zu nehmen (nicht wörtlich aufzufassen). Somit habe ich, wie Ihr seht, wieder eine neue Errungenschaft gemacht in diesem «lieben» Shanghai und – vielleicht nicht die schlechteste. Jedenfalls werde ich wieder allerhand Neues lernen.

Juli bis September 1948

Ende Juni meldete Schnell nach Hause, dass der Sommer wieder angefangen habe mit seiner alle Aktivität lähmenden Hitze. Allerdings war die Regenzeit noch nicht zu Ende, und häufig zogen Taifunstürme die Küste entlang, welche die Strassen unter Wasser setzten und auch sonst Schaden in der Stadt anrichteten. Schnell vermutete, dass auch die Unterbrechungen der Postzustellung durch die Taifune verursacht sein könnten.

Das herausragende Thema in diesen Wochen aber war die chinesische Freundin, Julie Ting.

Wenn ein Chinesenmädchen mit einem Fremden geht

Shanghai, den 22. Juli 1948
Brief Nr. 156

Meine Lieben,
[...] Julie arbeitet als Sekretärin in der amerikanischen Organisation BOTRA (Board of Trustees of America, oder so etwas ähnliches [recte: Board of Trustees of Rehabilitation Affairs]). Sie will jedoch die Stelle verlassen und etwas Neues suchen, warum, hat sie mir noch nicht gesagt. Jedenfalls möchten sie ihre Eltern gerne zu Hause haben, da sie nicht aufs Verdienen ihrer Tochter angewiesen sind. Julie liebt jedoch, etwas zu arbeiten, und nimmt nebenbei auch noch Stunden in Steno und Maschinenschreiben. – Gerade heute hatten wir das erste chin. Examen, das recht gut vor sich gegangen ist und von einem Freunde unseres Lehrers abgenommen wurde. Es bestand aus Abfragen von Vokabular, Übersetzen von englischen und chinesischen Sätzen (chin. geschrieben mit unseren Buchstaben) und reichlich Konversation. Der Examinator wird nun an Nufer einen Brief schreiben und die Resultate für Nussberger und mich schriftlich mitteilen! Ich bin gespannt! [...]

Von Julie weiss ich noch zu berichten, dass sie allgemein auf der Strasse von den Chinesen merkwürdig angesehen wird, wenn sie mit mir spaziert. Es sei eben etwas ganz Aussergewöhnliches, wenn ein Chinesenmädchen mit einem Fremden gehe! Bis heute war ich z. B. auch noch nie bei ihr zu Hause, doch, wie schon geschrieben, sagte sie mir, wir würden das schon noch arrangieren in der näheren Zukunft.

Ihre Eltern haben jetzt, glaube ich, etwas Luft gekriegt [Wind bekommen] und scheinen nicht übel gestimmt zu sein!
Man wird sehen, wie sich die Dinge weiter entwickeln.

Gut, dass man bei der Regierung Freunde hat

Shanghai, den 31. Juli 1948
Brief Nr. 159 – Registered –

Meine Lieben,

[...] Betreffend den Kleidern muss ich sagen, dass Julie über eine unheimlich grosse Garderobe verfügt und ein Kleid schöner und vor allem farbenprächtiger als das andere ist. Sehr schön aufeinander abgestimmte Farben – nicht zu grell – das macht die Schönheit aus. Die meisten sind aus Seide oder ganz leichter Baumwolle. Alle natürlich nach chinesischem Styl bis oben geschlossen und kurz (keine neue Mode!!). [...]

Eine weitere Neuigkeit habe ich Euch dahingehend, dass unser Dr. Yen (Pharma) nun definitiv im September für ca. 1–2 Monate nach der Schweiz fährt. Gerade heute sagte ich ihm, ob ich ihm dann auch Eure Adresse geben dürfe, was er natürlich bejahte. Somit werdet Ihr in nicht allzuferner Zeit richtigen «Chinabesuch» erhalten, mit dem Ihr Euch hochdeutsch unterhalten könnt! Ich wünsche Euch schon jetzt viel Vergnügen, denn Dr. Yen ist ein recht gesprächiger Chinese! [...]

Ich schrieb seinerzeit betr. den Visa, die Foreigners neuerdings haben müssen, um aus Shanghai heraus zu gehen. Wie ich heute zufällig feststellte, ist der seinerzeitige Polizist, der mir bei der Boyaffäre im Juni 1947 half, «Chief of this new Department», und er sagte mir, er werde mir stets und immer, wenn ich ein Visum benötige, ein solches innert kürzester Frist besorgen, sodass ich nicht zu warten hätte, wie alle anderen Leute! Gut, dass man bei der «Regierung» Freunde hat, nicht wahr? (Dafür erhält er am kommenden Montag 2 Packungen Hormonpräparate etwas billiger!!)

[PS] 1. August 1948
Meine Lieben,
Der 1.8. gehört für uns bereits der Vergangenheit an, denn die Feier fand ja bereits gestern abend statt und war ein voller Erfolg. Der

Reception (Cocktail-Party) am 2.8.1948, v.l.n.r.: Dr. Ai (chin. Anwalt, Rechtsberater des Schweiz. Konsulats), R. von der Crone, Dr. A. Koch (Konsul), B. Britt

1.-August-Feier, Konsul Dr. Koch bei der Ansprache

Konsulatsgarten eignet sich ausgezeichnet für solche Anlässe und war eher schöner dekoriert noch als letztes Jahr mit Lampions etc. Das Wetter war ganz wunderbar und vor allem nicht zu heiss. Dr. Koch hielt wiederum eine kurz gehaltene Ansprache im Solothurnerdialekt, und das Singen des Schweizerpsalms (be)schloss den «offiziellen» Teil der Feier. Wir hielten es bei «Neuenburger» und Tanz bis 1½ Uhr aus!

Die Grüsse des Bundesrates (Tg) waren natürlich noch nicht eingetroffen gewesen, da halt bei Euch am Samstag (also heute) gefeiert wird. – Abzeichen hatten wir auch wieder ([S]ujet derselben schon bei der 650-Jahrfeier gehabt), und zum Schluss kaufte jeder noch ein 2. für 2 Millionen, damit sie alle abbringen konnten. (Für den Schweizerpsalm wurden Textblätter verteilt!!) – Soweit in Kürze der diesjährige 1. August. Wie ging es wohl bei Euch? Diesmal war kein Beni mehr, der fast starb vor Angst!

Gerücht eines Kriegsausbruchs in Europa

Im nächsten Brief macht sich Schnell wegen eines Gerüchtes über einen neuen Krieg in Europa Gedanken über seine Beziehung zu Julie Ting:

Der Montag war bei uns ein aufgeregter Tag, denn am Mittag flutete das furchtbare Gerücht eines Kriegsausbruchs in Europa über die Stadt hinweg, das uns alle, wie Ihr Euch ja lebhaft werdet vorstellen können, in eine gute Angst versetzte, und am Abend war man am Radio bis spät in die Nacht hinein, und ich konnte spät mit knapper Not London erreichen, wo ich dann hörte, dass alles gottlob nicht wahr sei [...].

Auch Julie war untröstlich, denn sie glaubte, nun müsse ich Hals über Kopf Shanghai verlassen! Das wird überhaupt einmal noch ein grausiges «psychologisches Debaquel» geben, wenn diese Zeit einmal angerückt sein wird. So etwas nennt man dann, glaube ich, «Liebeskummer»??!! – nicht wahr? – Daran zu denken, Julie einmal mit in die Schweiz zu nehmen, ist heute ein äusserst verwegener Gedanke und sollte sich unser wirklich nicht bemächtigen, obschon er sich halt hie und da einschleicht! Ich wundere [*gemeint:* frage] mich, wie man sich in der Schweiz zu diesem «Problem» im allgemeinen stellt. Hier wird von einem Bündnis von Ost und West stark abgeraten, und vielleicht hat Euch auch Theiler darüber berichtet. Item, wir geniessen unsere Tage hier, so lange wir können, und denken vorläufig nicht an die Zukunft!

Die Frage wird zwar wieder auftauchen, aber vorläufig ist sie damit beiseite gelegt. Dank dieser Freundschaft entdeckte Schnell ein weiteres sportliches bzw. geselliges Vergnügen, er lernte tanzen:

Somit könnt Ihr Euch vorstellen, dass ich gestern abend beim Tanzen mit Julie im 14. Stock des Park-Hotels tüchtig geschwitzt habe, obwohl der Raum künstlich gekühlt war (wie übrigens die meisten öffentlichen Plätze, wie Kinos etc.). Ja, stellt Euch vor und macht ein Kreuz an die Decke – wir liessen nicht einen Tanz aus, und es ging ganz wunderbar von 20h30 bis 23h – anhaltend! Natürlich haben wir vorher zu Nacht gegessen! Julie fragte mich immer wieder, wo ich denn tanzen gelernt hätte – und ich war jeweils ganz platt bei dieser Frage – es ging einfach. Beim zweiten mal tanzen in meinem leben – Ich habe dermassen Freude daran, dass ich jeweils nicht warten konnte, bis die Musik wieder anfing! Fortschritt, nicht wahr?

[Brief 160 vom 5.8.1948]

Eine neue Währung und ein Rezept, wie man Grüntee trinkt

Shanghai, den 23. August 1948
Brief Nr. 165

Meine Lieben,
[...] Es freut mich, dass Euch der Grünthee mundet; dass er umständlich zu schlürfen ist, kann ich nicht verstehen. Ihr müsst zuerst das Kraut in ein Glas kochendes Wasser tun und dann anbrühen – dann eine Weile stehen lassen, und Ihr werdet beobachten, wie sich die Blätter langsam senken, bis zuletzt die Oberfläche «frei» ist, sodass man ausgezeichnet trinken kann. Ich habe tagtäglich ein solches Glas voller Thee vor mir – man tut nur einmal Kraut hinein am Morgen früh und schüttete den ganzen Tag über an – anhaltend – das Kraut ist stark genug für 10–15 Tassen, resp. Gläser voll! Ihr müsst also jetzt das Experiment noch einmal versuchen, und Papi könnte dies ja auch einmal im Büro probieren – was meint er dazu?! [...]

Gerade gestern erhielt ich mein Visum für das nächste Wochenende nach Hangchow, und ich hoffe nun bloss, dass das Wetter einigermassen gut sei und mich Nufer springen lässt, denn von Montag an werden wir vorläufig ohne Sekretärin sein, da uns die vor einem Jahr angestellte gestern verlassen hat, wie ich ja auch schon meldete. – Julie erwidert die Grüsse herzlich und wird selber schreiben, wenn meine Nägel lang [d. h. nicht mehr abgekaut] sind!

Jetzt kommen meine diversen Neuigkeiten: wie Ihr ja auch bereits erfahren haben werdet und was bei uns dieser Tage im Vordergrund steht, ist das NEUE GELD – die neue Währung für China! Diese Nachrichten kamen wirklich sehr unerwartet, und ich persönlich hörte nicht einmal Gerüchte am Vorabend, obschon es natürlich Leute gibt, die etwas zum Voraus gehört haben wollen. Item, das Geheimnis wurde auf ganz mustergültige Art und Weise gehütet. Ich lege diesem Brief eine ganze Reihe Zeitungsausschnitte bei und will mich hier im Brief nicht weiter verbreitern, da ja alles gedruckt zu lesen ist. Das erste, was ich tat, war das Portemonnaie vom Schimmel zu befreien, was eine harte Arbeit war, denn es war in einem pitoyablen Zustand und sieht jetzt noch nicht sehr gut aus. Die darin noch enthaltenen Füfi u Zähni [Fünfer und Zehner] waren z. T. mit Grünspan bedeckt!

Ich hätte es nie für möglich gehalten, dass man wieder mit einer Börse in Shanghai herumspazieren muss, doch für die alten Shanghaiaufenthalter ist eine Geldreform nichts Neues, und Nufer z. B. hat schon deren 3 miterlebt. In der Buchhaltung gibt es natürlich ein leichtes Gestürm, denn bis zum 20.11. wird noch mit beiden Währungen CNC$ und GY$ hantiert (letzteres die Abkürzung für Gold Yuan Dollar; sein Wert gleich 1 Sfrs oder 4 US$ [recte 0.25 US$]).

Ich lege ebenfalls allerhand Berichte aus dem Handelsteil der «NCDN» bei, die dann vielleicht auch noch Dir. Wälti [von der «Bank in Burgdorf»] interessieren dürften. Die Hauptsache ist nun die, dass das Volk Vertrauen in die neue Währung bekommt, ansonst sie schon von Anfang an zum Scheitern verdammt ist. Leider scheint dieses Vertrauen nicht überall und leider an den wenigsten Orten vorhanden zu sein, und allgemein sagt man, man habe einfach ein paar Nullen weggestrichen. Jetzt schon ein Urteil irgendwelcher Art fällen zu wollen, erachte ich als verfrüht, und man wartet besser ab, was die Zukunft bringt.

Das Geplauder über die Rassenfrage habe ich bald satt

Shanghai, den 1. September 1948

Brief Nr. 168

Meine Lieben,

[...] Ja, es scheint Euch unglaublich, dass ich plötzlich ein so leidenschaftlicher Tänzer geworden bin – mir selber nämlich auch! Wir gehen jede Woche regelmässig, wenn nicht sogar zweimal, doch ein Mal tanzen und haben inzwischen verschiedene Etablissemente ausgeheckt, zum Teil erstklassige und zum andern Teil vielleicht auch zweitklassige. Es gibt hier in Shanghai sog. Ballrooms, wo man Thee trinkt und nur tanzt. Diese Orte weisen ungeheuer grosse Tanzböden auf, sodass man sich nicht immer stösst, wie z. B. im Parkhotel! Letzten Freitagabend war auf jenem Floor eine ganze Schweizergesellschaft, neben Dr. Koch etc. noch ca. 4 Schweizerehepaare! Somit wird es in der Kolonie bald zirkulieren, dass ich mit einer Chinesin getanzt hätte! Es ist mir nämlich hundsegal, und dieses ewige Geplauder über die Rassenfrage habe ich bald satt. Besonders in Hongkong scheint es noch sehr akut zu sein. Nach meiner Meinung sollte heutzutage zwischen Farbig und Weiss (die gebildete Gesellschaft) kein Unterschied mehr gemacht werden, und ich finde, die Chinesen der gebildeten Gesellschaft seien uns Weissen wirklich ebenbürtig. Ich danke Euch bestens für den Kommentar betr. dem Problem «Ost-West», und es freut mich wirklich, daraus sehen zu können, wir Ihr die endgültige Entscheidung mir selber überlässt. Ebenfalls für das Vertrauen, das Ihr in mich setzt, meinen herzlichsten Dank. Natürlich werde ich mich durch die Liebe nicht blind machen lassen, wenn es einmal hart auf hart gehen sollte. – Also, nochmals verbindlichsten Dank für die Ratschläge und Hinweise – sie haben mich heillos gefreut! – Gestern erhielt ich von Julie einen wunderbaren grossen Herrenfächer – auf der einen Seite eine reizende Pferdezeichnung und auf der andern alte chin. Charakteren und beidseitig mein Namen in Chinesisch! Ich zeigte ihn heute unserem Compradore, und er fand diesen Fan ein sehr gediegenes Stück. Ich bin dann froh, wenn das Briefpapier JT eintrifft, denn ich sollte wirklich Julie auch einmal eine Freude machen, denn 2 neue, sehr elegante Cravatten kommen auch schon von ihr!

Berndeutsch als Geheimcode aus Angst vor der Zensur

Shanghai, den 8. September 1948

Brief Nr. 170

Meine Lieben,

[...] Letzten Sonntag war ich mit Julie im Kino. Vor Beginn der Vorstellung machte einer in Shanghaidialekt und Mandarin Propaganda für die neue Währung und die Leute sollen die Goldbarren, US$ etc. unverzüglich abliefern und in GY umtauschen! –

Ob diese Art Propaganda zieht, weiss ich nicht, geklatscht wurde jedenfalls kräftig! Ich habe damals erstmals die Billette auf «dem Schwarzmarkt» erstanden, da die Vorstellungen am Sonntag bereits alle ausverkauft waren. Es war ein Gespensterfilm «The Beast with five fingers». Etwas ein Schmarren und nicht wert, dass ich GY 1.50 mehr bezahlte! (Ein Platz, der beste, kostet jetzt GY1.–= Sfrs 1.–!!) Bei Euch zahlt man, meines Wissens, doch noch an die Sfrs 3.–?! [...]

Hier in Shanghai und vermutlich in allen grösseren Städten Chinas werden die neuen Währungsreformen rigoros durchgeführt und am laufenden Band Leute aus Handel und Grossindustrie verhaftet. Auch die Post (eingehend und ausgehend von Shanghai) soll, nach Gerüchten zu schliessen, zensuriert werden. Hüt Nomitag heisi schints d'r Verträter vo Sandoz Basel ikapslet u die ganzi Buechhaltig mitgno [Heute nachmittag haben sie anscheinend den Vertreter von S. festgenommen und die ganze Buchhaltung mitgenommen]. Auemaschina weisi die Bücher studiere u we sie de öppis finde, ne strofe [Es hat den Anschein, dass sie die Bücher «studieren» und, wenn sie etwas finden, ihn bestrafen wollen]. We d'sgliche üs blüie söt, wärs de nümme luschtig [Wenn uns dasselbe blühen sollte, wäre das gar nicht lustig]! Dr Jung vom Alte, wo jitz a dr Spitze vo dr Wirtschaftspolizei steit, führtsech fasch wie-ne zwöite Adolf uf, wie Dr us em biligende Zitigsusschnitt chöit gseh [Der Junge vom Alten führt sich auf wie ein zweiter Adolf, wie Ihr aus dem beiliegenden Zeitungsausschnitt sehen könnt]! Wie lang er das so cha tribe [treiben kann], weiss jedefalls niemer [niemand]! – Worum i die paar Zile [Zeilen] uf Bärndütsch gschriebe ha, wärdet Er scho packe [werdet Ihr schon herausbekommen]! Es isch jo würklech himutruurig [wirklich himmeltraurig], dass ma wieder zu settige [solchen] Schritte zwunge wird, wo doch baud emou uf der Wäut sötti Friede si [wo doch bald einmal Frieden auf der Welt sein sollte]!!

See you in Cell No. 3!

Shanghai, den 12. September 1948
Brief Nr. 171

Meine Lieben,
[...] «Sonnendollar» ist nicht die richtige Übersetzung, so wollten sie die neue Währung anfänglich bezeichnen, doch jetzt heisst sie «Gold Yuan» (Yuan heisst Dollar). Die Warenpreise sind, verglichen mit

schweizerischen Verhältnissen, billig, da wir gerade einen Kurs von 1:1 annehmen können. Für Chinesen jedoch (nach Julies Ansichten) sind die Preise höher als vor dem 19.8. (Einführungstag der neuen Währung). Auf Veranlassung von Shanghais «Himmler» (!!) dürfen die Preise (resp. «sollten») die Preise nicht höher sein, als sie eben am 19.8. in CNC$ waren. Die vergangene Woche brachte allerhand Verhaftungen aus bekannten Wirtschaftskreisen (siehe Zeitungausschnitt: Pirola-Benavitch). Beide Persönlichkeiten sind uns und mir gut bekannt, wollte doch seinerzeit der Italiener Pirola (ein ganz lebendiges, kleines Mailändermannli) die Wohnung, d. h. den Bungalow in Hungjao kaufen. Es kam dann aber doch nicht zum endgültigen Kauf, und wir hörten nie mehr etwas von ihm – bis eben jetzt! Ihr werdet begreifen, dass ich lieber nicht zu viel über diese Sachen schreibe, lieber dann mündlich mal loslege! Betr. Mitteilung im letzten Brief über e Verträter vo S. Basel cha-ni hüt numme säge, dass alles ufpauscht gsi isch [alles etwas aufgepauscht wurde] – er isch nämlich scho wieder frei glo [gelassen] und es het ihm nüt chönne nachegwise wärde [konnte ihm nichts nachgewiesen werden] – *wie* die Untersuechig düregführt worde isch [durchgeführt wurde], d. h. *wie* raffiniert, do drüber due n-i n-ech de einisch plaudere [darüber werde ich Euch dann mündlich berichten]. Em Adolf sini Methode si würklech e Dräck dergäge [dagegen]! –

Das sind also so etwa die Reaktionen auf die Einführung der neuen Währung, abgesehen davon, dass man nicht mehr Millionenbündel herumzutragen braucht. [...]

Zum Schluss meines heutigen Sonntagsbriefes noch ein Tageswitz, wie er hier in Wirtschaftskreisen zirkuliert, ganz einfach: «See you in Cell No. 3»!! – Bald hätte ich vergessen zu sagen, dass wir gestern einen ausgezeichneten Film sahen, betitelt «To The Ends of the Earth». Er handelt vom Ausfindigmachen und schlussendlichen Aufdecken einer Opiumschmugglerbande und nimmt seinen Anfang in Shanghai (auch chin. Spieler). Die Strassenszenen etc. sind wirklich Shanghai (ca. vor 10 Jahren). Sollte dieser Film auch zu Euch kommen, so ist sein Ansehen sehr zu empfehlen; Ihr werdet u. a. auch das Innere eines Tempels in Shanghai, ein Theehaus etc. sehen.

Die Kommunisten gewinnen immer mehr an Boden

Shanghai, den 26. September 1948
Brief Nr. 175

Meine Lieben,

[...] Das Hauptgesprächsthema zwischen Theiler und mir ist natürlich nach wie vor die Wohnungsfrage. Ich erhielt auf mein Zeitungsinserat etliche Antworten, doch überall, wo ich hinging, war es nichts – schmutzige Zimmer, keine Heizung, kein Essen, item, überall fehlte irgend etwas, woran ich mich bei Plattners und jetzt auch bei Theiler gewöhnt hatte! Heute nachmittag will ich nun noch zu Plattners gehen und sie um Rat fragen; vielleicht wissen sie etwas, oder nehmen mich unter Umständen sogar wieder zu ihnen. Aber ob dann Julie mich auch besuchen kommen kann? Die Arme ist gegenwärtig ganz unglücklich, weil sie meint, Theiler habe mich ihr weggenommen! Trotzdem kommt Julie fast jedesmal, wenn ich sie sehe, mit etwas angerückt, sei es eine Cravatte, etc. (ich erhielt bis heute deren 4 schon!) [...]

Mit den wirtschaftlichen Massnahmen wird fortgefahren, und die neuste Verordnung geht dahin, sämtliche Stocks in Warenhäusern, Lagerhäusern etc. zu kontrollieren. Die meisten Ausländer hier sind leider äusserst pessimistisch gegenüber all' diesen neuen Verordnungen etc., und sie sehen die meisten nur noch den endgültigen Untergang Chinas in wirtschaftlicher Hinsicht. Der jetzigen Regierung wird auch keine lange Lebenszeit mehr vorausgesagt, und die Kommunisten im Norden gewinnen immer mehr an Boden, und gerade heute liest man vom Fall Tsinans [Ji'nan]. Dem gegenüber sind die Zeitungen voll von Kriegsgerüchten bei Euch, d. h. in Berlin. «War inevitable [Krieg unvermeidlich] etc. etc.» – das sind unsere Zeitungsschlagzeilen! Ich bin zwar immer noch Optimist und glaube, die Vernunft werde doch schlussendlich noch den Sieg davontragen! Im Büro haben wir wiederum äusserst viel zu tun, und leidergottes sind alle dermassen nervös und aufgeregt, dass ein normales Arbeiten sehr erschwert ist. Alles scheint, unbewusst sicherlich, unter den heutigen Verhältnissen zu leiden, und manchmal gibt es wegen Kleinigkeiten einen Krach. Niemand erduldet eine Widerrede.

Krise
Oktober bis Dezember 1948

Anfang Oktober hatte Schnell noch immer keine Wohnung gefunden. Er überlegte, ob er nicht eine kaufen sollte, allerdings war es nicht einfach, eine passende Wohnung zu finden. Er klagte, dass Kinobesuche neben Tanzen noch die einzigen Vergnügungsmöglichkeiten in Shanghai seien. Reisen bzw. Ausflüge waren nicht mehr möglich. Die geplante Reise nach Nanjing z. B. musste er (mehrfach) verschieben. Die Alternative bestand darin, sich zu Hause zu unterhalten. Schnells Vater erwähnte in einem seiner Briefe das Mah-jong Spiel[11]*. Es stellte sich heraus, dass Schnell dieses Spiel unterdessen gelernt hatte und ab und zu mit Freunden spielte. Er hatte nicht zuletzt dank der Freundin viele neue Leute – und zwar auch Chinesen – kennengelernt, so dass er mehr Möglichkeiten hatte, seine Freizeit zu gestalten. Sie bestand nun nicht mehr, wie noch zu Beginn seines Aufenthaltes, zum grossen Teil aus Lesen und Kreuzworträtsellösen.*

In den Läden herrschte Ausverkaufsstimmung, da niemand dem neuen Geld traute und alle es so schnell wie möglich gegen Waren eintauschen wollten. Selbst Optimisten gaben dem Goldyuan keine lange Lebensdauer, vor allem weil der Bürgerkrieg im Norden Chinas unvermindert weiterging.

Reise nach Nanjing

Da Schnell bis Ende Oktober keine geeignete Wohnung fand, beschloss er, ins Hotel zu ziehen. Doch vorher konnte er endlich nach Nanjing fahren – mit Fahrkarten vom schwarzen Markt.

Shanghai, den 21. Oktober 1948
Brief Nr. 182 – Parkhotel Zimmer 1109

Meine Lieben,
Den letzten Brief, 181, schrieb ich am 15.10. Inzwischen ist leider wiederum nichts mehr von Euch eingetroffen, weshalb sich mein heuti-

---

11 Mah-jong, das chinesische «Nationalspiel», wird mit dominoartigen Spielsteinen zu zweit oder zu viert gespielt. Die Regeln sind komplex und regional (sowie national) unterschiedlich.

ger Brief auf Lokalneuigkeiten beschränkt, die recht umfangreich sind. Vor allem: am Samstag/Sonntag waren wir also nun endlich in Nanking. [...] Julie kam auch mit, und mein Freund von [der] Sandoz-Vertretung. Dieser hat Bekannte in Nanking bei der Australischen Gesandtschaft, wo wir auch Unterkunft fanden. Nanking ist, im grossen und ganzen gesehen, schöner als Shanghai – viel ausgebreiteter als diese Stadt. Wir besuchten am Sonntagmorgen die paar Orte, die sehenswert sind, um dann am Mittag beim australischen Chargé d'Affaires zum Mittagessen eingeladen zu werden. Die Bahnfahrt am Samstag startete um 14 Uhr, und wir erreichten Nanking ca. 20 Uhr (ca. 300 km). Leider hatten wir Schwarzmarktbillette zu kaufen, da auch hier gehamstert wird. Offiziell kostet ein Billet 1. Klasse 6 GY, wir bezahlten 15! Am Sonntag kamen wir im im Sommer air-conditioned Leichtschnellzug zurück, der die 300 km lange Strecke in knappen 5 Stunden zurücklegt. Das war ganz fein, dieser Zug, und da können die Chinesen wirklich stolz darauf sein, etwas so feines herausgebracht zu haben, denn der ganze Zug ist, inkl. der Loki, in Nordchina gebaut worden. Während des Fahrens hört man ständig Musik – halbwegs chinesische und halbwegs unsere Musik. Die Sitze sind zum Zurückklappen und angeordnet wie in einem Flugzeug. Die Ausrüstung gleicht den unsrigen Leichtschnellzügen. Alles in allem: es war eine amüsante und höchst angenehme Fahrt, die einen vergessen machte, dass man im schmutzigen und unruhigen China weilt! Zuhinterst hat es noch einen Speisewagen und einen Aussichtswagen (wie die Brünigbahn!) – Die ganze Reise verlief zu unserer allen Zufriedenheit. [...]

So, nun hätte ich also wieder einmal gezügelt, und wie Ihr seht, weile ich im 11. Stock des Parkhotels, wo ich ein sehr geräumiges Zimmer habe. Sogar alle meine Sachen haben Platz gehabt, und ich rückte insgesamt mit 10 Stücken an! [...]

Der Preis des Zimmers ist jetzt GY 23.10 pro Tag, inkl. alle Taxen. Im Winter kommt die Heizung mit ca. 3 GY dazu. Warmes Wasser habe ich auch, und heute morgen genoss ich das heisse Bad sehr, bevor ich ins nahe liegende YMCA Morgenessen ging, wo ich übrigens auch das Nachtessen zu einem verhältnismässig billigen Preis einnehmen kann. Zum Tanzen brauchen wir bloss 2 Stöcke weiter hinauf, in den 14! Jeden Abend dort zu essen, käme etwas zu teuer. Alles in allem, ich glaube, für die erste Zeit bin ich wieder versorgt und hoffe, dass ich für eine Weile hier bleiben kann, denn ich hasse die Züglete [Umzug] vorläufig! – In Shanghai wird es übrigens immer netter, und man ist bald froh, wenn man keine Haushaltung mehr zu führen hat, denn die Lebensmittel sind enorm knapp geworden, und in den Restaurants haben sie nur wenige Sachen, die man uneingeschränkt erhalten kann. Heute z. B. erhielt ich keine Butter zum Morgenessen! Bei den Lebensmittelläden stehen die Leute Schlange für jedes Pfund Ware. Ende Monats soll die Rationierung für sämtliche Chinesen eingeführt werden, wobei wir Fremde vorläufig noch ausgeschlossen sind. Es wird dies nicht nur eine Reis-, sondern eine viele Lebensmittel umfassende Rationierung sein. Brot zu kaufen ist auch bald eine Unmöglichkeit, und überall muss man froh sein, wenn einem die Ladeninhaber überhaupt noch etwas verkaufen wollen. Dass man Dinge nur noch je 1 Stück (Seife z. B.) auf einmal bekommt, ist ja selbstverständlich. Gottlob habe ich einen recht grossen Stock von Rasierseife, Seife etc.

Julies Traum

Shanghai, den 23. Oktober 1948
Brief Nr. 183

Meine Lieben,
[...] Ich habe noch einen Notizzettel: das Schlangestehen in dieser Stadt hält an, und niemand weiss, wie das noch ein Ende nehmen wird! Das Essen in Restaurants ist fast unmöglich, ohne man muss stehen. Von 20 Uhr an kriegt man nirgends mehr etwas, da sich die Leute schon nach Büroschluss nach etwas Essbarem drängen. Die langen à la carte-Karten sind noch vorhanden, will man aber dies oder das auslesen, so heisst es «no more»! Von 50 Spezialplatten sind vielleicht noch deren 3 zu erhalten! – Ich wollte dieser Tage Schuhcrème kaufen – unmöglich. Auf dem schwarzen Markt auf den Trottoirs zu GY 3.– das Büchsli! Schoki wollte ich auch erstehen – unmöglich. In allen Lebensmittel- (und überhaupt allen Läden) sind die Regale sozusagen leer, und die Verkäufer stehen während den ohnehin schon kurzen Öffnungszeiten (10–12, 2–4) hinter leeren Ladentischen und lesen die Zeitung! Das Metropole-Hotel z. B. hat seinen Dining-Room nur noch für die Gäste offen – Aussenstehende können nichts mehr essen gehen! [...]
Ende Dezember oder im Januar wird der jetzige Schweizerdirektor des Parkhotels weggehen (Herr Vogel aus Luzern), und die Direktion

wird vollständig chinesisch werden, was vielleicht ein Schlammassel geben wird. Vogel sagt, seine Nerven seien in diesem Jahr, seit seiner Übernahme der Dir., dermassen heruntergekommen, dass er auf eine Vertragserneuerung verzichte. Besitzer des Park ist ein grosser chin. Bankkonzern. – Dieser Tage erhielt ich von Julie bereits das Weihnachtsgeschenk: ein prächtiges, fein gefüttertes Smoking-Jaquet und einen ganz wunderbaren Morgenrock aus dicker Seide mit entsprechendem Futter. Zwei ganz prachtvolle Stücke, auf die ich mit Recht stolz sein kann. (Kostenpunkt nach meiner Schätzung ca. 300–400 GY). Ich sagte Julie, es sei wirklich nicht recht, mich so zu verwöhnen, doch sie wollte nichts hören. Ich komme mir jetzt mit dem Schreibpapier etwas dumm vor! – Im übrigen hat mir Julie dieser Tage etwas anvertraut, das sie mir noch nie sagte: sie sei nämlich schon einmal verheiratet gewesen für ca. 3 Jahre, und ihr Gatte sei vor ca. 1 Jahr an einer Herzattacke gestorben. Jetzt wohnt sie bei ihren Schwiegereltern – im gleichen Hause, wo sie mit ihrem Gatten lebte. Unter Tränen erzählte sie mir den ganzen Hergang – ihre Verlobungszeit, Hochzeit und das glückliche und ungetrübte Zusammensein mit ihrem Gatten während drei Jahren. Bevor sie mich kennen lernte (in der Nacht vorher) habe sie einen Traum gehabt, in dem ihr früherer Gatte erschienen sei, der ihr sagte, sie werde innert wenigen Stunden eine Person treffen, die sie fürs Leben glücklich machen werde. – Ich habe Mitleid mit Julie und kann nun ihre ab und zu auftretenden Depressionen viel besser verstehen. Ich bin in einem Dilemma: ich will ihr heute lieber noch nichts für die Zukunft versprechen und auf der andern Seite werde ich sie eines Tages dermassen unglücklich machen, falls ich sie verlasse, dass es mich nicht wundern würde, wenn sie sich ein Leid antun würde. Julie war einmal unglücklich – nach dem Tode ihres Gatten – ein zweites Mal könnte sie es nicht mehr überstehen. Ich (vielleicht eben nur ich!) habe auf jeden Fall noch nie eine Person gesehen, die jemanden so gerne haben kann, wie mich Julie liebt. Offen gestanden habe ebenfalls auch ich tiefste Sympathie zu ihr – Chinesin hin oder her – und seitdem sie mir ihre Geschichte erzählte, fühle ich mich noch viel tiefer mit ihr verbunden. – Die Zukunft wird lehren, wie sich die Sache entwickelt.

Karte der Wasserwege der Region Shanghai mit Wuxi im Norden und Hangzhou im Süden (aus: G.R.G. Worcester, The Junks and Sampans of the Yangtze, Shanghai 1947)

Dilemma

Shanghai, den 2. November 1948
Brief Nr. 184

Meine Lieben,
[…] Übers vergangene Wochenende waren Julie und ich also in Wusih, welchen Ort ich ja schon vom letzten Jahre her kenne. Wir verlebten dort nette Stunden, hatten gute Unterkunft, und am Sonntag konnten wir uns zufälligerweise einer Gesellschaft von Südchinesen anschliessen, die auch in Wusih waren (arbeiten jedoch in Shanghai). Niemand

sprach englisch, sodass ich mit meinen Chinesenbrocken hervorrücken konnte. Jedermann hatte Freude an uns und war zuvorkommend und nett in jeder Beziehung. Wir wurden ja nicht umsonst zum Mittag- wie auch zum Nachtessen von ihnen eingeladen, und man tat für uns, was man nur konnte. Julie sagte mir, es sei nur deshalb, weil ich dabei sei! Item, ich habe auch viele Photos gemacht und werde diese senden, sobald der Film ganz fertig und entwickelt ist, was ja heute (wie schon geschrieben) längere Zeit in Anspruch nimmt. Die Hotelunterkunft war 1A, hatten wir doch ein schönes Zimmer mit Badezimmer und heissem Wasser. Julie und ich waren halt doch in einem Zimmer zusammen, und die ganze Freude wäre nur halb gewesen, hätten wir dieses Arrangement nicht machen können. Ich muss Euch weiter unten noch ein wenig von unserem heutigen Verhältnis erzählen. Vorerst noch ein paar andere Sachen: letzte Woche erhielt man also wirklich fast gar nichts mehr zu essen, was nun wohl diese Woche bessern wird, wenn die Preise frei sind. On verra. – Butter habe ich überhaupt für längere Zeit nicht mehr gesehen. – Wenn Ihr mir im nächsten Drucksachenpaket etwas Schoki, Rasierklingen und Schuhcrème (es ist jetzt ja nicht mehr so warm) senden könnt, wäre ich Euch sehr dankbar, denn diese Dinge sind hier fast nicht mehr zu erhalten – und jetzt enorm teuer. […]

Aus unserem Büro wurde letzte Woche ein Chinese an die Front nach Nordchina geschickt, und man fühlte wirklich ein wenig Mitleid mit diesem Burschen, als man ihn wegziehen sah, so gar nichts verstehend vom Kriegshandwerk. […]

Julie wird dieser Tage noch Geld zurückbekommen, das noch jemand seinem [ihrem] früheren Gatten schuldig ist – glaube den Gegenwert von 10 Goldbarren – was heute zum offiziellen Kurs die lächerliche Summe von ca. 20000 GY ausmacht. Julie weiss nun nicht, was mit dem Geld anzufangen – behalten will sie es jedoch auf keinen Fall, da ja diese Währung auch immer weniger wert wird! – Somit komme ich aufs letzte Kapitel dieses Briefes – und wohl das wichtigste zu sprechen: Julie will mich wirklich heiraten und bestürmt mich jedesmal mit der Frage: wann. Ein Mädchen wolle wissen, woran es sei, und nicht einfach so herumspielen. Am liebsten möchte sie mich hier in Shanghai heiraten, doch da habe ich ihr bereits kategorisch erklärt, das könne unter keinen Umständen in Frage kommen. Sie sagt, sie spiele gegenwärtig ein Spiel mit mir – bei dem sie immer noch hoffe, eines Tages zu gewinnen. Sie kommt jeden Tag zu mir – bleibt hie und da bei mir im Hotel über Nacht und ist mir vollständig ergeben. Ich bedeute ihr alles, und sie schaut zu mir, wie wenn ich ein Kind wäre. Trotz alledem kann ich mich nicht zu einem Versprechen hingeben, und das ist das, was Julie vielfach so unendlich unglücklich macht, und sie mich schon des öftern verlassen wollte – es aber schlussendlich doch nicht übers Herz brachte, wegzugehen. Sie tut für mich, was sie nur kann, und ist reizend. Ich will ihr zu verstehen geben, dass sie eines Tages mit mir in der Schweiz glücklich leben sollte und es kaum wahrscheinlich sei, dass ich mein Leben lang in Shanghai bleibe. Sie sagt, das sei gleich – wenn ich nur sie nicht verlassen werde, das wäre für sie im fremden Lande das Schlimmste. [...]

Manchmal weiss ich wirklich nicht wo aus und ein und bin unglücklich. Ich bin überzeugt, dass Ihr mir mit einem Rat zur Seite stehen könnt. Ich hatte früher nie eine Freundin, und alles ist so neu für mich. Das ist auch ein Punkt, warum Julie mich so liebt und verwöhnt. Ich sei so «unschuldig» und reizend, wie sie sagt. Glaubt ja nicht, Julie wolle etwas Schlechtes von mir – im Gegenteil – sie ist ein 100%ig gutes und treues Mädchen. Verweigere ich ihr länger eine Antwort auf ihre Frage wegen einer Hochzeit, so wird sie dermassen unglücklich werden, dass sie sich ein Leid antun dürfte. So bin ich überzeugt, dass Ihr mir helfen werdet. Ich kann es einfach nicht übers Herz bringen, Julie nicht mehr sehen zu können. – Es tut mir wirklich leid, dass ich Euch mit einer solchen Angelegenheit Sorgen machen muss – hoffte ich so, ohne Schwierigkeiten diese Seite des Lebens meistern zu können – was anscheinend nicht der Fall zu sein scheint. Wenn Ihr vielleicht Julie auf englisch ein paar Worte schreibt? Ich weiss wirklich im Moment nicht, was das Beste ist – nur befinde ich mich zeitweilig dermassen in einem Dilemma, aus dem heraus ich keinen Ausweg mehr finde. Ich vertraue auf Eure Hilfe und danke Euch im voraus schon recht herzlich dafür.

Heute abend gehe ich zu Julies Verwandten (Cousin etc.) und werde versuchen, das heikle Thema nicht berühren zu müssen. – Mit diesen eher etwas entmutigenden Nachrichten, wobei ich jedoch meinen Kopf nicht hängen lasse und Vertrauen in die Zukunft habe, will ich diesen Brief schliessen. Ich warte mit Ungeduld auf Eure Antwort!

Allen heute meine herzlichsten Grüsse und Küsse,

René

PS: Es muss auch bedacht werden, dass Julie gegenüber seinen [ihren] Eltern und Verwandten enorm Gesicht verlieren würde, wenn ich sie verliesse, denn alle warnten sie wegen einem Verhältnis mit mir. Die Fremden seien alle gleich – einmal wieder zu Hause, vergässen sie die Chinafreundschaft bald. Sie sagt allen, ich sei keiner von dieser Sorte! Sollte ich sie jedoch gleichwohl verlassen, wäre sie äusserst unglücklich und würde von ihren Verwandten verachtet! –

Im Brief 185 vom 4. November 1948 berichtete Schnell weiteres über die Familie der Freundin und die Situation, in welcher er und Julie sich befanden. Die wirtschaftliche Lage war nicht weniger misslich: Der Preisstopp wurde aufgehoben, und alle Preise gingen um das Fünf- oder Sechsfache in die Höhe, immerhin füllten sich die Regale in den Läden wieder.

Ich liebe immer noch, das Tanzen

Shanghai, den 8. November 1948
Brief Nr. 186

Meine Lieben,
[...] Julies Eltern lernte ich bis heute noch nicht kennen, doch, wie schon geschrieben, ihre Cousins, und figuriere ich doch schon als «son-in-law» unter ihren Verwandten, was für mich natürlich höchst peinlich ist, wie Ihr Euch ja vorstellen könnt. Ich erhielt gerade heute einen Brief von Dr. Lauener über die Angelegenheit, und er meint, eine Heirat komme auf keinen Fall in Frage, da Julie in allen Dingen viel zu egoistisch auf mich eingestellt ist. Aber wie ihr die Sache mundgerecht machen, ohne Gesicht und weiss nicht was alles zu verlieren, und gleichzeitig auch ihr zu helfen, dass sie in ihrer Familie nicht ausgestossen wird, um gerade diesen herben Ausdruck anzuwenden? – Lebensproblem Nr. 1 – nicht wahr? –

Ich liebe es immer noch, das Tanzen, und gerade gestern abend waren wir oben. Kostenpunkt für 2 GY 51.70. [...] Preissteigerungen waren verboten bis vor 8 Tagen – dann liessen sie jedoch die Zügel aus der Hand usw. usw. Jetzt hat ja auch Chiang-ching-kuo abgedankt, wie Ihr aus beiliegenden Zeitungsausschnitten ersehen könnt. Ich glaube überhaupt, Zeitungsausschnitte werden Euch am besten über die Situation orientieren, oder nicht? – Soweit Eure Briefe. Ich will nun noch den Notizzettel vornehmen und muss leider feststellen, dass er nicht allzuviele erfreuliche Nachrichten aufweist. Letzte Woche hatten wir ein Meeting im Kreise der Swiss Association. Nur Ledige. Es wurden uns Weisungen erteilt, Schweizer in Shanghai aufzusuchen, um sie zu bewegen, für die kommende Zeit Vorräte anzulegen. Jeder hat einen Stadtdistrikt erhalten, in dem Schweizer leben, Adressen etc. Jetzt muss man die einem zugeteilten Landsleute aufsuchen und sie aufmuntern, Vorräte anzulegen für die kommenden Tage. Ovomaltine, Margarine, Seife, Kondensmilch etc. Alle diese Waren wurden von der Association gekauft und stehen nun den Schweizern in Shanghai zur Verfügung. Es ist dies eine Vorsichtsmassnahme für die Zukunft. Man kam sich an diesem Meeting wie in der Ortswehr vor – ein «General» (Mr. Britt!) und wir als Hauptleute. Britt versah diese Funktion bereits während des Krieges und hat es heute, 3 Jahre später, schon wieder übernehmen müssen, leider. Wir alle sehen darin nicht ein Angsthaben für die Zukunft, sondern bloss den allen bekannten schweizerischen Vorsorgegeist. Es besteht kein zwingender Grund, die Zukunft in Shanghai zu schwarz zu sehen, obschon es mit jedem Tag strüber wird. Wenn 5 Millionen Leute nichts mehr zu essen haben, ist es nicht mehr lustig, und während längerer Zeit kam kein Reis mehr nach Shanghai. Heute stieg der Preis für 132 lbs Reis auf 1500 GY, niemand konnte jedoch dieses Nahrungsmittel kaufen, da die Bauern auf dem Lande nicht verkaufen wollen. Die wenigen Reisläden, die noch Vorräte hatten, wurden heute Nachmittag geplündert. – Zum Morgenessen habe ich jetzt wieder Butter, und ich zahle durchschnittlich für ein Frühstück 10 GY. Morgen vielleicht schon fünfzig – wenn Ihr diesen Brief erhält, möglicherweise bereits 500!! [...]

Heute Abend ist dieser allgemeine «Check-up» [gemeint: Volkszählung] der Bevölkerung, und jetzt, um 20h30, hört man keine Geräusche auf dieser sonst so äusserst geschäftigen Nankingroad. Alle Trams, Rickshaws, Busses, Autos etc. sind lahmgelegt, und jedermann muss zu Hause bleiben. Auf der Strasse sieht man kaum ein Bein, und jedermann fragt sich, wohin plötzlich diese 5 Millionen Menschen verschwunden sind. Die Sirenen ertönen alle Viertelstunden, und die ganze Situation kommt einem durch diese Massnahme, dem Volk innert kürzester Frist wieder die nötige Nahrung zuzuführen, trotzdem unheimlich vor. Der Regierung Chiangs wird noch eine Lebensdauer

von 14 Tagen oder weniger gegeben, und die kommunistischen Truppen seien bereits 40 km südlich von Nanking, wie heute abend vor Büroschluss die Gerüchte gingen. Die morgige Zeitung wird Näheres bringen. Item, wie dem allem auch sei, man wird langsam nervöser und nervöser, und Leute sagen sich, es wäre besser, aus dem Lande wegzugehen, so lange man noch könne. [...]
Ich wundere mich gerade immer mehr und mehr über diese unheimliche Stille, die über der Stadt herrscht. Ich glaubte, so etwas sei nie möglich! Restaurants, Kinos etc. waren bereits um 19 Uhr alle geschlossen, und ich hatte im Zimmer zu essen. – Den gestrigen Sonntag verbrachte ich mit Julie zusammen hier, und wir sahen einen Film und waren die ganze Zeit zusammen. Ich muss jetzt halt doch einmal mit ihr sprechen und die Situation klar machen, denn unser Verhältnis greift immer tiefer und tiefer, und ein Loslösen dürfte immer schwieriger werden.

Nicht zögern, Schluss machen!

Shanghai, den 15. November 1948
Brief Nr. 188

Meine Lieben,
[...] Ich kam heute morgen von einem 3-tägigen Ausflug nach Wusih zurück und fand vor (zum Teil schon am Samstag hier eingetroffen) Brief 179/180 und Tg vom 12.11. ANTWORT 183 184 185 UNTERWEGS NICHT ZÖGERN SCHLUSS MACHEN PAPAMAMMA. Für alles meinen herzlichsten Dank. Ich kann diese Nachrichten wie folgt beantworten: ich bin nun fest entschlossen, mit Julie Schluss zu machen, doch will ich die günstige Gelegenheit abwarten, es ihr zu sagen, denn gerade jetzt hat sie auch im Geschäft ein Gestürm wegen evtl. Entlassung wegen Arbeitsmangel und ist somit bereits dort vor unangenehme Tatsachen gestellt, sodass ich mit meiner Mitteilung zuwarten will, bis sich ihre geschäftliche Angelegenheit geregelt hat. Zudem habe ich ja noch das Geld von ihr, das ich ihr auch dann im gleichen Moment zurückgeben will, inkl. Zins etc., d.h. was ich ihr noch etwa schuldig bin. Macht Euch ja keine Sorgen betr. der Geldaffäre, denn da haben wir ganz reinen Tisch, eigentlich entgegen Julies Wunsch, da sie immer sagte, «oh das sei gleich, das gehe in eine Tasche». Alles, was Mammi in seinem Brief 179 und Papi in seinem

Brief 180 schreibt, habe ich zu Herzen genommen und bin wirklich zum Schluss gekommen, abzubrechen. Ja auch Theiler seinerzeit und André sagten mir, mich da in nichts und vor allem nicht zu tief einzulassen. Es wird hart sein, Julie zu verlassen, viel härter wird es sie ankommen, hängt doch dieses Kind mit jeder Faser an mir, und ich bedeute ihr alles – das A und das O ihres jetzigen Lebens – d.h. nach dem Tode ihres Gatten. Wenn Mammi schreibt, ich schriebe immer nur von Sympathie, nicht aber von Liebe, so steckt da schon etwas dahinter. Ich muss leider sagen, dass sich unser Verhältnis in der letzten Zeit immer mehr und mehr dem sexuellen Gebiete zugewendet hat, was vielleicht grösstenteils mein Fehler war. Ich bin heute 100%ig überzeugt, dass Julie nie eine Frau für mich gegeben hätte und ich sie bis heute nur vom sexuellen Standpunkt aus betrachtete. Theiler s. Zt. sagte mir auch, das Verhältnis zwischen Mann und Frau sei hauptsächlich von der sexuellen Seite aus zu betrachten, doch ich sehe in meiner zukünftigen Partnerin eine Person, mit der ich auch über Geschäft, Politik etc. sprechen kann und die nicht immer nur «an ins Bett gehen denkt» – um den richtigen Ausdruck zu benützen, den Ihr mir sicherlich nicht übel nehmen werdet, oder?! Ich sah leider in Julie kurz nach unserer Bekanntschaft nur noch das Sexuelle, und somit konnte ich nicht früher schon abbrechen, denn mein Verlangen nach ihr war zu gross. Sie dagegen, was begreiflich ist, wollte mich zu 100% besitzen, und da fingen die kleinen und grösseren Dissonanzen der vergangenen Tage schon an. Bestimmt habt Ihr inzwischen mit Dr. L. Fühlung genommen, dem ich in einem meiner letzten Briefe geschrieben habe, wie Julie mich bereits 2 Male verlassen wollte, ich sie jedoch stets zurückgewinnen konnte. – Julie hat aus erster Ehe keine Kinder und will auch in Zukunft keine. Da käme schon das erste Problem, das es zu bewältigen gälte, wären wir miteinander verheiratet. Und Mischehen-Kinder sind dann schon gar nichts! – Julies Alter ist das gleiche wie das meinige, geboren 1925. – Das einzige Problem, das es jetzt noch abzuklären gilt, ist das, ob ich ihr und sie mir alle Geschenke, Briefe etc. zurückgeben soll oder nicht? Im übrigen hat sie hier in meinem Zimmer im Parkhotel dermassen viele Dinge, die auch noch gezügelt werden wollen – item, das sind Dinge, die man später noch abklären kann. Was meint Ihr wegen den Geschenken? [...]

Auch Papis Ratschläge, die sich ja mit denjenigen Mammis decken, habe ich zu Herzen genommen und werde sicherlich diese Zeilen im Brief 180 noch des öftern durchlesen, wenn ich vielleicht einmal, von Julie getrennt, in Verzweiflung ob der Trennung gerate. Auf dieser Welt ist wirklich jeder seines eigenen Glückes Schmied, und es liegt vollständig in meiner Hand, hier zu entscheiden, und ich werde so entscheiden, wie Ihr mir ratet und wie andere Leute mir ebenfalls angeraten haben.

Im folgenden äusserte Schnell die Sorge, dass die Eltern falsche Nachrichten über die politische Lage bzw. über die Sicherheit der in Shanghai lebenden Schweizer erhalten könnten; Schnell beruhigte seine Eltern und bat sie, Zeitungsberichten keinen Glauben zu schenken, sondern die Heimkunft von Annemie Vögeli zu erwarten, die Nachrichten aus erster Hand bringe.

Über die letzten Freitage (Freitag/Sonntag) waren Julie und ich also wiederum in Wusih und haben drei wunderbare Spätherbsttage genossen, wenn auch die Reise kein Vergnügen war (Hinreise im Postwagen auf Koffer sitzend und Rückreise nicht viel bequemer). Man macht sich von dieser Menschenmasse an Bahnhöfen und in den Zügen keine Vorstellung, und die Lust zum Reisen vergeht einem in diesen Tagen wirklich. Die Hotelunterkunft war 1A – Badezimmer, heisses und kaltes Wasser, Bad etc. etc. Auch das Essen war sehr gut, wenn auch drei Tage nur chinesisch! [...]

Wir haben also seit einer Woche fast Ausgehverbot (11–5 Uhr morgens), und das sog. «Martial Law», zu deutsch Kriegsrecht, wurde über die Stadt verhängt (übrigens auch Nanking). Ich verweise auch hier für Détails auf die Ausschnitte. Euer Nachrichtendienst wird wohl auch darüber geplaudert haben, nehme ich an.

Shanghai, 16.11.1948
188A

Nachdem ich den gestrigen Brief am Abend fertig geschrieben hatte, kam Julie, d.h. sie war schon während des Schreibens bei mir. Wie ein Zufall kam das Zukunftsgespräch gerade gestern, nach dem Erhalt Eurer Mitteilungen, auf den Plan, und sie drängte wieder auf eine Antwort von mir.

Ich gab keine positive, und dann begann ein unsäglicher Tränenbach zu fliessen. Ich ging noch tiefer und erklärte ihr, ich könne sie nicht heiraten, wir wollten uns nicht mehr sehen etc. Ihre Reaktion war deprimierend: ich hätte sie betrogen, nie recht geliebt etc. and she said: «I am through with life» (ich mache meinem Leben ein Ende). Sie werde den Eltern einen Brief zurücklassen, dass mir keine Unannehmlichkeiten später entstehen sollten. Ihr werdet begreifen, dass ich einen solchen Schritt von Julie nicht verantworten kann, und sie tröstete, wiederum aber nichts versprach. Sie sei einmal unglücklich gewesen etc. sagte sie mir auch noch, was ich Euch früher schon schrieb. Ich sagte ihr, ich würde heute mit meinem Freund sprechen. Sie war beruhigt, und ich meinerseits werde heute noch mit Theiler darüber sprechen. In der Zwischenzeit sandte ich ein Tg [...] - Es tut mir ungemein leid, Euch mit all' diesem Unangenehmen belästigen zu müssen, ganz abgesehen davon, dass Ihr Euch noch Sorgen wegen der allg. Lage macht. Seid bitte beruhigt, wir alle sind sicher. – Zufall: polit. Lage und meine private scheinen sich an einem Kulminationspunkt zu befinden. Ich behalte den Kopf oben und bin überzeugt, dass sich schlussendlich alles in Minne auflösen wird. Herzlichen Dank und Grüsse und Küsse,

René

Bittere Lehre

Shanghai, den 20. November 1948
Brief Nr. 189

Meine Lieben,
[...] Zur gleichen Zeit wie China seine bittere Krise durchmacht, mache ich eine selbe durch – nur in anderem Sinne. Die vergangenen und die wohl noch kommenden paar Tage werde ich sicherlich mein Leben lang nie vergessen, und Alles, was sich jetzt in mir und um mich herum abspielt, wird mir eine Lehre, wenn auch eine bittere Lehre, sein. Leider ist das Verhältnis mit Julie immer noch am gleichen Punkt, nachdem ich sie schon zwei Mal hätte verlassen können, sie auch bereit gewesen wäre, mich zu verlassen, doch das ungeheuerliche Gespenst ihres Selbstmordes schwebte über uns, sodass ich es einfach nicht über mein Herz bringen konnte, Julie sterben zu sehen – für mich sterben zu sehen, eine Nachricht zurücklassend, die Lüge wäre, «sie wolle nicht

mit mir in die Schweiz kommen – nichts sei mein Fehler, etc. etc.» – Euch einen Brief schreibend, Ihr seid schuld am Auseinandergehen unseres Verhältnisses, Ihr hättet Einfluss auf mich ausgeübt etc. etc. [...] Sie sagt immer, sie sei einmal unglücklich gewesen, nach dem Tode ihres Gatten, schon damals habe sie sich das Leben nehmen wollen, doch man habe sie überreden können, und schliesslich sei ja ihr Gatte an einer Krankheit gestorben. Dann habe sie, nach einem Jahr, nachdem sie fest entschlossen gewesen sei, nicht mehr zu en, mich gefunden, dem sie nun alles, ihren Leib und ihre Seele, gegeben habe, fest überzeugt davon, ich werde sie nehmen. Ich habe ihr seinerzeit gesagt, ich würde sie in die Schweiz nehmen, und da kommt jetzt der Punkt, wo halt ich einen grossen Fehler machte, nichtsahnend etwas hingeplaudert, das ich jetzt SCHWER BEREUE. Geschehenes kann man nun halt einmal nicht ungeschehen machen, und ich habe die Folgen selber zu tragen. Julie sagt immer, es sei gleich, wenn ich sie nicht heiraten werde, ich soll doch glücklich sein, denn sie werde aus dieser Welt scheiden. Mir werde sie nichts zurücklassen, das für mich irgendwie beschwerend wirken könnte, denn sie würde ihren Angehörigen einen LUG-ABSCHIEDSBRIEF schreiben, «sie wolle nicht mit mir heimreisen oder dgl.» Euch würde sie jedoch einen Brief schreiben, dass ich bloss auf Euch und meine Freunde gehört habe, die mir alles sagten, eine Heirat könne einfach nicht glücklich herauskommen. Ich habe oder resp. ich hätte keine eigene Meinung, ich sei ein Feigling, höre auf andere, hätte doch mein eigenes Leben und nicht das Leben meiner Eltern, Freunden und Bekannten zu leben, und ich solle doch beweisen, dass wir zwei uns gut verstehen und glücklich miteinander sein können. Ach, es ist jeweils so schwer, solchen Reden widerstehen zu können – halt – es wäre bedeutend leichter, wenn nicht immer dieser SELBSTMORD Julies über allem meinem Tun und Lassen hängen würde. Ich habe Rücksprache mit Theiler mehrere Male genommen (der überdies hofft, Euch während seines sehr kurzen Aufenthaltes in der Schweiz um die Weihnachtszeit herum sehen zu können), und er sagte mir immer, das mit dem Selbstmord sei bestimmt nicht ernst zu nehmen, denn Frauen sagen manchmal solche Sachen etc. Eines Abends sogar, als Julie wiederum mit ihrem Selbstmord kam, fand ich keinen anderen Ausweg, als auch noch Nufer von der ganzen Sache Mitteilung zu machen, der mir natürlich auch helfen will und mir das gleiche wegen dem Selbstmord sagt – es werde nichts so heiss gegessen, wie es gekocht sei – etc. – Schliesslich waren wir Beide noch eines Abends bei ihm zum Nachtessen, doch leider trafen Freunde Nufers ein, sodass wir uns gar nicht über das Thema unterhalten konnten. Ich werde nun nicht mehr hingehen und versuchen, mit so wenig wie nur möglich Leuten über diese Affäre zu sprechen, und in diesem Zusammenhang möchte ich Euch bitten, auch Annemie nichts zu sagen, wenn es heimkommt, das nämlich von der ganzen Affäre KEINE AHNUNG HAT – wie übrigens sonst auch niemand im Büro, mit Ausnahme eben von Nufer. – Ich will nun noch kurz und ziemlich durcheinander (wie ich in meinem Kopf dieser Tage auch bin) Ausschnitte aus Julies Reden geben, an die ich mich noch ganz deutlich erinnern kann: [...] Wie hast Du mir damals voller Freude gesagt, Du werdest mich in die Schweiz nehmen und mit mir glücklich sein (da kommt eben NUN MEIN GROSSER FEHLER). Jetzt willst Du mich also nicht mehr – sei nicht unglücklich, mein Lieber, denn ich werde aus der Welt scheiden, Du wirst mich nie mit einem anderen Mann verheiratet sehen (ich sagte ihr nämlich, das Schönste für mich wäre, wenn ich sie mit einem netten Chinesen verheiratet sähe, und trotz alledem glaubt Julie immer noch an ein glückliches Miteinanderleben und das, wenn ihr ein Mann, ein Freund, sagt, er sähe sie lieber mit einem anderen verheiratet), ich fahre mit Zitieren weiter: «Du solltest glücklich sein, denn jemand ist für Dich gestorben, um DICH GLÜCKLICH ZU MACHEN. Das einzige, was ich an Dir hasse, ist das, dass Du keine eigene Meinung haben kannst, dass Du nicht frei und unabhängig entscheiden kannst, was Du willst. Wiederum: könnte ich FREI UND UNABHÄNGIG (frei und unabhängig VON DIESEM SELBSTMORD) entscheiden, so hätte ich Julie meine Ansicht schon lange laut, klipp und klar bekanntgegeben, doch ICH KANN DAS RISIKO EINFACH NICHT AUF MICH NEHMEN, DASS SICH EIN MENSCH FÜR M I C H DAS LEBEN NIMMT. Mir würde dieser Tod, über den an Drittpersonen GANZ FALSCHE ANGABEN GEMACHT WURDEN, NIE ÜBERSTEHEN UND GESCHWEIGE DENN VERGESSEN KÖNNEN. Ich glaubte ja anfänglich auch, dass Julies Geschwafel vom «Sich das Leben nehmen» nicht wahr sei, doch mein Inneres und ihr ganzes Verhalten zeigt mir leider mehr und mehr, dass SIE NICHT SCHERZT, sondern es todernst meint, sie ist schliesslich kein

Teen-age-girl mehr! und steckt nicht mehr in der Pubertätszeit drinn.
[…]
Wie merkwürdig eigentlich: passieren doch täglich so viele Selbstmorde und andere Dinge, die noch wichtiger sind als das dumme Geschichtlein zwischen mir und Julie – wie unscheinbar erscheinen einem solche Sachen, gemessen am Massstab der gegenwärtigen Weltgeschichte! Ich könnte ins «Tagblatt» schreiben, erhalte liebe Briefe aus Burgdorf etc., ich solle es doch wieder tun, jedermann sei begierig auf Nachrichten, gerade jetzt, aus Shanghai – aber ach, ich kann JETZT EINFACH NICHT SCHREIBEN, mit Ausnahme Euch, wobei ich jeweils mein ganzes Herz ausschütten kann und zusammenfaseln, wie es gerade kommt, nichtsachtend der Grammatik, etc – einfach so schreiben, wie es heute gerade in meinem Gehirn und Herzen aussieht. Ich danke Euch herzlich, dass Ihr mir helft, und bitte um Verzeihung, dass ich Euch so Sorgen bereite, habt Ihr doch schon genügend, wenn Ihr an die heutige Lage in Shanghai denkt. Aber eines müsst ihr Euch fest vor Augen haben: KLEINWERDEN tue ich nicht, ich versuche mit aller Macht, meinen Kopf oben zu behalten, ich lasse mich nicht unterkriegen, zeitweilig bin ich sogar für Momente wieder ganz glücklich – wie ich es vorher war und hoffe, innert kürzester Zeit auch wieder zu werden! Schlussendlich wird sich bei diesem äusserst betrüblichen Ereignis, das mir mein Leben lang in Erinnerung bleiben wird, eine Lösung finden – so oder so.

Wir leben doch unser eigenes Leben, oder?

Shanghai, den 30. November 1948
Brief Nr. 191

Meine Lieben,
[…] Das Hauptthema aller Eurer Briefe ist nach wie vor Julie. Dieser Tag bin ich bedeutend erleichtert, denn plötzlich empfinde ich tiefe Liebe zu Julie und glaube wirklich, dass wir glücklich miteinander leben könnten. Ihr Freitod wäre bestimmt Wirklichkeit geworden, doch es war nicht ihr mehrmaliges Wiederholen eines Todes, das mich dazu bewegte, erneut tiefe Liebe zu ihr zu empfinden. Es ist ihr selbstloses Sich-Aufopfern für mich, alles tun für mich, etc. Oh, wenn Ihr nur hier wäret, man könnte sich alles so viel besser verständlich machen. Eines tröstet mich sehr, dass Ihr gegen Julie als Chinesin, bloss mein

Glück wollt. Und wenn ich Euch heute sage, dass ich in diesem Moment fest überzeugt bin, dass Julie die richtige Gefährtin für mich ist, dann wird Euch das lustig anmuten und vielleicht auch enttäuschen. Alles rät ab von einer Verbindung, wenn aber wir zwei die Überzeugung haben, es komme gut heraus, wer kann uns denn noch etwas vorhaben. Wir leben doch unser eigenes Leben, oder? Bitte, meine Lieben, ich will Euch wirklich nicht enttäuschen, noch verletzen, noch irgendetwas Böses im Schilde führen – das Schönste für mich wird sein, wenn Ihr mir jetzt helft und mich jetzt unterstützt. Ach, wie schon oben geschrieben, es hält für mich so schwer, Euch meine Gefühle und erst recht diejenigen Julies zu vermitteln, da ich eben nur die Schreibmaschine zur Verfügung habe. Julie wollte nie etwas Schlechtes von mir – anfänglich lebten wir so, dass wir uns ca. 2–3 Mal pro Woche sahen, erst nach und nach fühlten wir, dass wir einfach zueinander gehörten. Was gibt Gewähr dafür, dass ich später einmal mit einem Mädchen aus der Schweiz glücklicher bin? Denn Julie wird mir in selbstloser Liebe das zu geben versuchen, was sie im Stande ist zu geben. Sie liebt mich und ich sie von ganzem Herzen. Sie ist kein «Grosstadtgirl», sondern eine liebe kleine Chinesin, die mit jeder ihrer Faser an mir hängt. Unser Verhältnis ist sicherlich kein Grosstadtabenteuer, sondern etwas äusserst Bescheidenes und Einfaches, aber etwas, das tiefer geht, als Ihr glaubt, als meine Freunde glauben und – als ich anfänglich glaubte – deshalb mein heutiger Brief in diesem Tone. Meine Lieben, glaubt mir, alles Schwere und Bedrückende ist wiederum von mir genommen, und ich bin glücklich wie noch vor wenigen Monaten. Seid nicht auch Ihr glücklich und unbeschwert von neuem!? Ich hoffe es von ganzem Herzen, denn was Ihr wollt, ist nur das Glück von mir und das Gute – davon bin ich überzeugt! – Ich will heute auch noch von etwas anderem plaudern, denn es geht nun wieder «ringer» [leichter]:

[...] Die Lage ist heute so, dass sie jedenfalls zu keinen sofortigen Alarmierungsnachrichten aus Shanghai Anlass gibt. Zu essen, wie Ihr meint, haben wir nach wie vor genug, und man kriegt überall soviel man will. Die Läden sind «gstopfetvoll», denn alle Leute wollen die Waren noch solange verkaufen, als die Kommunisten noch nicht hier sind, um diesen sowenig wie nur möglich in die Hände fallen zu lassen. – Gesund bin ich also wieder ganz – schon lange – und auch da braucht

Ihr keine Angst mehr zu haben! [...] Sehr viele Chinesen ziehen aus Shanghai aus nach Hongkong, und die Möglichkeit besteht, dass auch Julie nach Hkg. reist, um den nahenden Kommunisten zu entgehen, wenn diese wirklich im Sinne haben, Shanghai auch zu besetzen. Julies Reise nach dem Süden würde unserem Verhältnis für eine Weile Abbruch tun, jedoch für uns Beide ein sog. Prüfstein sein für die Zukunft.

(Beinahe) fest entschlossen ...

Shanghai, den 4. Dezember 1948
Brief Nr. 192

Meine Lieben,
[...] Ich weiss eigentlich nicht, in welchem Stile ich den heutigen Brief halten soll, denn eine erneute Krise ist an meinem «privaten Horizont» aufgezogen! Julie und ihre Familie werden nun definitiv nach Hongkong gehen, sobald der Schiffsplatz fest gebucht werden kann. Vorerst glaubten sie, bereits am 6.12. reisen zu können, doch inzwischen sollen alle verfügbaren Schiffsplätze den Regierungsbeamten, resp. deren Familien, zur Verfügung gestellt worden sein. Somit wurden sämtliche Reservationen von Privatpersonen gestrichen. Ja, meine Liebe zu Julie wäre wirklich so, dass ich sie als meine Frau nehmen würde, wenn ich nicht SO VIELE GEGENARGUMENTE zu bekämpfen hätte, die alle sagen, eine solche Verbindung könne einfach nicht gut herauskommen – und erst noch eine Frau heiraten, die von vornerehein erkläre, sie wolle keine Kinder (Nufer). –

Nufer hat mit mir dieser Tage einmal äusserst nett gesprochen und mir jede nur mögliche Hilfe versprochen. Ich solle stets zu ihm kommen, wenn mich etwas bedrücke. Er rät ganz kategorisch von einer Verbindung ab – eine solche könne einfach nicht florieren. Er habe es damals schon nicht gerne gesehen, als ich allein in der Wohnung Theiler war und jetzt im Parkhotel wohne. Ich sollte mehr unter Gesellschaft, mich beteiligen etc. Ich muss sagen, «my social life» war dieser Tage und Monate sehr gering, denn ich habe mich NUR Julie gewidmet, was sie ihrerseits als ganz normal ansah, da sie eben sagt, wenn man die Absicht habe, jemanden zu heiraten, versuche man während der Zeit der Bekanntschaft so viel wie möglich mit ihr zusammenzusein. Jetzt geht sie vermutlich nach Hongkong in nächster Zukunft, wobei ich dann hoffe, dass meine Krise gelöst werden kann. Sie will meinen Wappenring mitnehmen, was natürlich unter keinen Umständen in Frage kommt, und ich liess ihn heute auf Anraten Nufers im Büro, um keinen Versuchungen zu erl[i]egen! Ich möchte nun die ganze Angelegenheit auf freundschaftliche Weise regeln, wobei ich mir jedoch ganz genau bewusst bin, dass das nicht der Fall sein kann, dass es ein sog. Ende mit Schrecken geben wird – jedoch besser als ein Schrecken ohne Ende. Nufer, wie merkwürdig, brauchte des öftern GENAU DIE GLEICHEN WORTE, die Papi in seinen Briefen an mich brauchte, was mich damals doppelt stark machte, doch zu Hause, als Julie wiederum mit Sprechen anfing, mich überzeugte, wie sie mich wirklich liebte, erlag ich halt auch wieder ihren Reden. Ihr sagt, ich sei schwach, ohne Entschluss etc. – das stimmt alles, und ich gebe es zu, dass dies mein grosser Fehler ist. Es ist ja wirklich lächerlich, dass ich Euch ständig davon spreche, und es wird Euch wirklich auch bald zu langweilig werden dieses Hin und Her von mir. Ich weiss es, auch mir ist es bald langweilig, und ich erhoffe eine recht baldige Lösung der Angelegenheit, d. h. eben jetzt, wenn Julie wegreist. Nufer hat wirklich äusserst nett mit mir gesprochen und mir versichert, dass diese Periode ein jeder durchzumachen habe – dem einen gelinge es besser, dem andern nicht. Meinerseits glaube ich, dass mein späteres Leben nicht irgendwie das Zeichen dieser Periode tragen wird, sei es beruflich oder privat. – Ich persönlich glaube halt immer noch, dass Julie und ich glücklich miteinander sein könnten, wenn man uns Gelegenheit dazu gäbe! Eine jede Person ist in Charakter und Eigenart verschieden – was für den einen anwendbar ist, geht nicht für den andern.

In den folgenden Briefen erfährt man mehr über den (noch stockenden) Vormarsch der Kommunisten und die einsetzende Massenflucht aus Shanghai Richtung Hongkong. Autos und Luxuswohnungen waren plötzlich zu Spottpreisen zu haben. Ausgehverbot und Kriegsrecht waren weiterhin in Kraft. Der Zins für Kredite (Schnell hatte sein Geld ausgeliehen) betrug bis zu 120 %. Das Problem, wie die private Zukunft zu gestalten sei, war nach wie vor aktuell, doch in den Briefen verlor das Thema etwas an Brisanz, da die Abreise der Familie Ting immer wieder verschoben werden musste und so die aufgewühlten Gefühle Zeit hatten, sich zu legen.

Die Front befindet sich in der Nähe von Nanjing!

Mitte Dezember kam die alarmierende Meldung, die Kommunisten seien bis nach Nanjing vorgedrungen und also nur noch etwa 300 km von Shanghai entfernt.

Shanghai, den 17. Dezember 1948
Brief Nr. 195

Meine Lieben,

[...] Inzwischen hat sich eigentlich nicht viel mehr ereignet, bloss dass Julie immer noch hier ist, da es sehr schwer hält, Schiffsplätze und auch Flugzeugplätze zu erhalten. Die letzten Nachrichten deuten daraufhin, dass sie nach Weihnachten S'h verlässt. [...]
    Was ist sonst noch passiert diese Woche? Allem voran auf meinem Notizzettel steht das gestern durch die Stadt gegangene Friedensgerücht und die Bildung einer Koalitionsregierung. Leider, leider war an allem keine Spur Wahrheit, und die heutige Morgenzeitung dementiert alles 100%ig. Chiang kai-check werde nie mit den Roten verhandeln und auch nicht zurücktreten, sondern weiterkämpfen bis zum «blutigen» (?) Ende. Siehe Hitler 1945!! Die Chinesen sind dieser Haltung gegenüber sehr ärgerlich eingestellt, denn alle möchten heute eine andere Regierung, sogar eine Kommunistenregierung, nur nicht mehr Chiang-kai-check! (Hoffentlich wird dieser Brief nicht etwa zensuriert!) – Wie lange er den Kampf noch aushalten kann, weiss niemand, doch wird, nach Zeitungsberichten, immer mehr und mehr desertiert. Peking soll bald einmal ganz den Kommunisten in die Hände gefallen sein, und auch an der Front in der Nähe von Nanking finden äusserst hartnäckige Kämpfe statt. Gestern kamen hier amerikanische Marinesoldaten an, zur Beschützung von Amerikanern und amerikanischem Eigentum. Sicherlich habt Ihr auch darüber gelesen und am Radio gehört, wie Ihr ja überhaupt wohl mehr Meldungen über die Chinalage zu hören bekommt als wir, denn hier ist alles zensuriert und auf Nanking zugeschnitten, sodass man im Grund genommen nie ein richtiges Bild der Lage erhält.

Die Kommunisten kommen!
Januar bis Mai 1949

Auch zu Beginn des Jahres 1949 schwirrten in Shanghai noch Gerüchte über die Bedingungen eines Friedens in China umher. Aber da die Kommunisten weiter auf Nanjing zu marschierten, fingen die Fabrikbesitzer an, ihren Besitz in Sicherheit zu bringen. Ganze Fabriken wurden geschlossen, abmontiert und nach Formosa/Taiwan oder Guangzhou verfrachtet.

Friedensversprechungen

Shanghai, den 4. Januar 1949
Brief Nr. 200

Meine Lieben,
[...] Das alte Jahr ist gegangen, und das Neue bereits 4 Tage alt! Ich war am 31.12. im 14. Stock mit Julie, und am Neujahrstage und am 2.1. besuchte ich ein paar Freunde. Die Stimmung in Shanghai über diese Zeit war etwas fröhlicher, denn gerade die Neujahrsmorgenzeitungen brachten in grossen Schlagzeilen die Meldung, dass Chiang bereit sei, Friedensbesprechungen aufzunehmen, wenn die Kommunisten ihrerseits gewillt seien, die von ihm vorgebrachten verschiedenen Punkte für einen Friedensschluss zu konsiderieren [berücksichtigen]. Leider flauten die guten Meldungen im neuen Jahr etwas ab, denn die Kommunisten lassen sich eben keinen Frieden diktieren! Wie die ganze Sache noch gelöst wird, wird die Zukunft zeigen; vielleicht wird noch die Intervenierung von fremden Nationen verlangt. – Wirtschaftlich gesehen, klang das alte Jahr mit grossen Kursschwankungen aus, sodass sämtliche Lebensmittel- und allgemeine Warenpreise in die Höhe gingen. [...]

Allgemein gesprochen sind wir also noch weit entfernt von einem sog. Friedensschluss, und es wird bestimmt noch viel Blut fliessen, bis es soweit sein wird. – Von unserem Vertreter in Tientsin erhalten wir sehr wenige Nachrichten, und die Verbindungen mit dieser Stadt sind sozusagen lahmgelegt. Ein Luftpostbrief braucht jetzt ca. 14 Tage (früher ca. deren 2!) Er schreibt, dass wir natürlich nichts mehr verschiffen könnten und die Stadt jetzt ganz von den Roten eingekreist und zum Teil auch kontrolliert sei. [...]

Tianjin gefallen!

Shanghai, den 18. Januar 1949
Brief Nr. 203

Meine Lieben,

[...] In China geht der Krach wirklich mit unverminderter Härte weiter, und am letzten Samstag fiel nun auch noch Tientsin, wie Ihr sicherlich auch gehört habt. Von unserem dortigen Vertreter (Hr. Jörg, den ein Unglück nach dem andern trifft) haben wir keine Nachrichten, doch soll sein Hab und Gut sichergestellt sein. Anscheinend können schon wieder Schiffe von Hongkong nach Tientsin fahren, und es wird sicherlich nicht lange gehen, bis der normale Handelsverkehr mit den Kommunisten dort wieder aufgenommen werden kann.

Obwohl dieser Bericht von der Eroberung der Stadt Tianjin optimistisch klingt, bestätigte sich die Annahme, man werde bald wieder Handel treiben können, nicht. Es kamen vorerst keine Nachrichten mehr durch.

Shanghai bereitet sich auf den Angriff vor

Shanghai, den 9. Februar 1949
Brief Nr. 208

Meine Lieben,

[...] Im weitern ist als grosses Ereignis um Shanghai herum die Soldaten! Es sollen ja ca. 30 000 Mann hier stationiert sein. Eifrig werden Bunker erstellt in unserem «Reitgelände». Mehr als einmal hatten wir [beim Ausflug am Samstag] über frisch angelegte Schützengräben zu springen, welche für *uns* willkommene Hindernisse bildeten! Man fragt sich jedoch, wozu diese äusserst primitiven, aus Schutt und Erde konstruierten Bunker dienen sollen, denn eine Pistolenkugel kann sie zum Zusammenfallen bringen! – Die Soldaten sind, wie ich das ja schon mehrmals schilderte, nichts als Kulis, die kaum Lesen oder Schreiben können. Sie lungern herum und scheinen absolut in keinem disziplinarischen Verhältnis zu stehen. Zu bauen angefangene Häuser [gemeint: Häuser im Bau] wurden kurzerhand von ihnen in Besitz genommen als Schlafstätten und Unterkunftslokale! – Im übrigen lege ich einen Artikel über «Shanghai awaiting the Communists» bei, der jedoch mit etwas Vorsicht zu geniessen ist, da er aus der Feder eines Journalisten stammt. [...]

Als Kuriosum lege ich heute eine 20$ Gold Yuan-Note bei, die in den vier Ecken*) (mit Bleistift eingerahmt) chin. Charakteren, ganz kleine, aufweist. Diese Charakteren finden sich nur auf dieser roten 20 Gold Yuan-Note und bedeuten, gelesen von links nach rechts und oben nach unten, «dass es mit Chiang-kai-shek abwärts gehe». Gedruckt wurden diese Noten von einer Presse in Shanghai und bereits anfangs 1948! Dieser Drucker fühlt sich jetzt natürlich glücklich, war seine Voraussage doch richtig. Die meisten Leute wissen nun wegen diesen Charakteren, doch die Presse (die chinesische bloss) schreibt nur «a strange *thing* appearing on the 20$ note»! –

Ihr könnt diese Note als wirkliches Kuriosum aufbewahren – im übrigen ist sie heute bloss etwa 8 Rappen wert! – Über die Kriegslage gibt es nicht viel zu schreiben, und Ihr werdet wohl auch gehört haben, dass die Friedensbesprechungen bis heute noch zu keinem Ende geführt werden konnten. Bald einmal werden wir in diesem Lande 3 Regierungen haben – eine in Canton mit Sun-Fo, eine in Nanking mit Li tsung-jen und eine in Peiping[12] mit dem kommunistischen Führer Mao-tze-tung! – Wie alles noch einmal enden wird, entzieht sich vorläufig noch aller Kenntnis.

*) mit Lupe zu untersuchen!

Die Gerüchteküche kocht

Shanghai, den 23. Februar 1949
Brief Nr. 212

Meine Lieben,

[...] Die Tagespresse ist heute voll von der bevorstehenden, erneuten Währungsreform, die anscheinend nun morgen Donnerstag in Kraft treten und einen Haufen neuer Verordnungen vorsehen soll. U.A. soll auch das Importlizenzensystem abgeschafft werden. Wir werden ja sehen, wie sich das alles auf die Länge auswirken wird. Die GY-Noten

---

12 Die alte Hauptstadt Chinas, Peking, wurde von den Nationalisten 1928/1929, nachdem sie sich als die neuen Machthaber gegen die Kommunisten durchgesetzt hatten, umbenannt und hiess bis zur Machtergreifung der Kommunisten 1949 «Peiping» (übersetzt: «Nördlicher Friede»).

(über welche ich einen interessanten Artikel beilege)! sollen im Umlauf bleiben, daneben soll man aber auch noch in Silberdollar, resp. -cents zahlen können. [...]

Die hiesige Zeitung berichtet auch (am Sonntag), dass Chiang scheints immer noch Orders ausgebe von seinem Platz, wohin er sich zurückgezogen habe. Ich lege auch jenen Artikel bei, und Ihr könnt selber lesen. Jedenfalls wird dieser Bericht am Montag dann wieder dementiert, und man weiss hier nie, ob etwas stimmt, wenn man es auf den ersten Anhieb hin serviert bekommt.

Gestern z. B. sagten sie auch, TV Soong (ein Bruder von Mme Chiang) sei in seiner Villa in Hongkong ermordet worden, was anscheinend auch nicht zu stimmen scheint! Shanghai ist der beste Platz der Welt für Gerüchte, glaube ich bald!

Noch einmal: Aberwitzige Inflation

Shanghai, den 18. März 1949
Brief Nr. 218

Meine Lieben,

[...] Über China werdet Ihr dieser Tage wiederum vermehrt Nachrichten erhalten, denn es wurde inzwischen eine neue Regierung gebildet (siehe Beilage «New Premier»). Auch die Kommunisten fangen wiederum mit Kriegerlen [Krieg spielen] an und wollen scheints bald einmal den Nationalisten ein Ultimatum stellen, wenn diese mit den Friedensbesprechungen nicht vorwärts machen. Es wäre nun wirklich bald einmal Zeit, diese richtig in Schwung zu bringen! [...]

Unser finanzielles Schlammassel nimmt stets grössere Formen an – wird doch heute der US$ mit 1: 10400.– angeboten – wie ehedem in der CNC$-Zeit – noch viel strüber. Man rechnet wiederum mit Millionen im Geschäft, und privat bekommt man kein Abendessen mehr unter 10000 GY [...].

Im übrigen kann man fast keine Noten bekommen und muss hohe Prämien bezahlen, wenn man solche von der Bank kriegt. Die Central Bank will nicht zu viel drucken, um der Inflation nicht noch grössere Chancen zu geben, sich entwickeln zu können. Damit ist es jedoch nicht gemacht, wenn dann niemand mehr zahlen kann. Viele Fabriken sind bankrott gegangen, weil sie ihre Leute nicht mehr zahlen konnten. Ein COL-index [Preisindex; engl. cost of living index] kommt halbmo-

natlich heraus und verdoppelt sich meistens vom 15. zum 30. und
1. zum 15.! [...]
Unsere Legationsleute in Nanking haben zusammengepackt und
sind zum Teil heimgereist und zum Teil hier in Shanghai als eine «Swiss
Legation – Economic Section» geblieben. Jedenfalls ohne Minister!
Wann die Schweiz wiederum einen nach China senden wird, bleibt abzuwarten!

Nicht immer diese alte Litanei ...

Shanghai, den 2. April 1949
Brief Nr. 221

Meine Lieben,
[...] Mammi hat Recht wegen Julie. Ich bin mir einfach immer noch nicht im Klaren, obschon ich jetzt meine Freiheiten etc. wieder zurückgewonnen habe und sie in gewissen Punkten (Heirat sofort etc.) einsichtiger geworden ist. Es wird sich bei mir nun nach und nach herauskristallisieren, ob Julie wirklich meine grosse Liebe ist oder nicht, woran ich eben immer noch zweifle. Wenn nicht, so muss halt gewaltsam Schluss gemacht werden, doch immer diese alte Litanei, nicht wahr. [...]
Der müde Stadtpräs. Wu ist nun also nach Hangchow gefahren, nachdem er schlussendlich in Nanking noch einen Auftritt hatte und als Demonstration mit einem eingewickelten Kopfe beim Yuan erschien! (wegen seinen Malaria-Anfällen!) Ich lege den betr. Ausschnitt hier bei, der sich sehr amüsant liest. Auch hier passieren solche Stückli!
– Ich habe kurz mit Dr. Breitkreuz übers Tel. gesprochen und vernommen, dass er ohne grosse Schwierigkeiten vom Norden zurückgekehrt sei. Er wird mich mal einladen und die vielen (an die 500) Farbenaufnahmen vorführen und auch viel erzählen vom Leben und Treiben dieser tibetanischen resp. Nordchinesen-Völker (Yunnan-Provinz). Man lebe wie zur Zeit Marco Polos, verriet er mir kurz! – Im übrigen werde ich zur Vorbeugung wiederum sämtliche Impfungen und die Leberspritzen bekommen für die Sprue[13] im Sommer.

---

13 Tropische Sprue von engl. *Tropical Sprue,* eine in den Tropen vorkommende Krankheit, deren Ätiologie unbekannt ist; verbunden mit schwerem Vitamin-B12- und Folsäuremangel; Hauptsymptome: Fettdiarrhö, Anämie und Abmagerung.

Kommunistisches Ultimatum

Shanghai, den 18. April 1949
Brief Nr. 224

Meine Lieben,
[...] Die Lage hier in China scheint sich wirklich zuzuspitzen, und heute steht in der Zeitung, die Kommunisten hätten den Nationalisten ein 72-stündiges Ultimatum gestellt betr. die vorgeschlagenen Friedensbestimmungen. In den nächsten drei Tagen (bis 20.4.) wird sich entscheiden, ob die Nankinger Frieden machen wollen oder nicht. Wenn nicht, werden die Roten bestimmt über den Yangtze kommen und die südlich gelegenen Gebiete mit Gewalt erobern. Alle diese betrüblichen und höchst unerfreulichen Ereignisse spiegeln sich deutlich in der Inflation des Gold-Yuan ab, die neue Höhen erreicht hat. Ich verweise im besonderen auf die dem heutigen Briefe beiliegenden Ausschnitte hin. Heute steht der US$ ca. auf 200 000 GY, und ein Sack Reis (133 lbs) kostet jetzt über 1 Million GY! (am 19.8. 20 GY!) – Kein Mensch will mehr dieses verfluchte Geld behalten, und wenn man eine Stunde mit GY im Sacke herumläuft, so sind sie nichts mehr oder nur noch die Hälfte wert! Der alte CNC$ war gerade heilig gegenüber dieser heutigen Inflation. Alle Leute rechnen in US$ oder Silberdollar, welch' letztere auf der Strasse verkauft werden, zu welchen Händlern auch die neu herausgegebenen GY-Noten gelangen, sodass normal Sterbliche unerhörte Schwierigkeiten haben, GY-Noten zu erhalten! [...]

Über die Osterfeiertage (Karfreitag–Ostersonntag) waren wir also in Hangchow. Zwei Freunde von mir mit ihren Freundinnen und Julie und ich. Insgesamt waren wir 6 von der Partie. Ich kannte Hangchow ja bereits, doch diesmal war ein besonders interessanter Punkt das «Geld». Wir zogen mit dreierlei Währung aus: GY, US- und Silberdollars! Gottlob kannten alle von uns diesen prächtigen Ort am Westlake bereits gut, sodass wir uns mehr dieser Geldsache widmen konnten. Wir waren während drei Tagen die reinsten Bankleute! Da gab es zu kalkulieren – zu welchen Raten kauften wir die Währungen in Shanghai, zu wieviel können wir sie in H. verkaufen – welches wird unser Kursgewinn – oder auch -Verlust sein usw. usw. – Alles wickelte sich auf der Strasse ab (wie ja auch hier in Shanghai) – mit Hunderten von Zuschauern rundherum. In Läden usw. sieht man bald mehr Silberdollar und US$ als GY! Dennoch werden alle Preise in GY fixiert,

Osterausflug nach Hangzhou (April 1949): Julie Ting und René Schnell

Tempel bei Hangzhou

doch basiert eben auf Silber- oder US$! Kein Polizist kümmert sich mehr um diese Transaktionen, obschon sie auf dem Papier noch verboten sind! Ich glaube, jemand, der diese Wirrnis von Geldwährungen, Kursen etc. nicht miterlebt hat, hat grosse Mühe, dies zu glauben und auch verstehen zu können. Ich hoffe, Euch später mündlich eingehend von diesem Schlammassel berichten zu können. Nach meiner Meinung kann das nicht mehr lange so weitergehen, entweder kommen die Kommunisten sehr rasch und übernehmen die Regierung, oder aber es entsteht eine Revolution unter der Bevölkerung, denn eine solche ungesunde Wirtschaftslenkung kann auf die Länge nicht ertragen werden. Man liest in den Zeitungen, Leute hätten sich das Leben genommen, Familienväter u. a., die das Haushaltungsbudget nicht mehr zu meistern vermochten.

Alles ist unter Kontrolle

Shanghai, den 27. April 1949
Brief Nr. 226

Meine Lieben,
Den letzten Brief, 225, schrieb ich am 22.4. Inzwischen habe ich nichts weiteres mehr von Euch erhalten, doch sah ich mich am 24.4. gezwungen, Euch ein Tg «EVERYTHING ALRIGHT UNDER CONTROL DONT WORRY» zu senden, um einer eventuell zu grossen Angst bei Euch vorzubeugen. Zu dieser Zeit war die Aufregung hier in Shanghai gross, da die Kommunisten so überraschend schnell und grosse Fortschritte machten. Die Stadt steht heute ganz unter Kriegsrecht, und von 22 Uhr bis 5.30 ist Ausgehverbot. Herr Vögeli konnte noch ein Flugbillet für früher buchen, sodass er schon am 25.4. ausgezogen ist und nun morgen 28.4. von Hkg. per BOAC [in die Schweiz] weiterfahren wird. Ich bin nun seit Montagabend in seiner Wohnung und habe alle meine Sachen ohne irgend einen Verlust (wegen der heutigen Lage wäre eine solche Züglete vielleicht noch umständlich gewesen) nach 34, Route Delaunay, Apt. 12 gebracht. Ich habe hier jetzt 4 Zimmer und allen weiteren Komfort, und Vögelis können Euch dann selber über ihre Wohnung Bericht geben. Ich bezahle US$ 60.- im Monat, oder Sfrs. 240.–, welcher Betrag mir über Basel verrechnet wird. Somit habe ich also, wie Ihr seht, wiederum eine billigere Lebensweise begonnen! [...]

Haus Edan Garden an der Route Delaunay, wo Schnell von April 1949 bis zur Abreise eine Wohnung hatte

Auf der Terrasse: René Schnell, Juli 1949

Boy

Amah

Hier erscheint die «NC» [eigentlich: «North China Daily News»] für 3 Tage nicht mehr, da sie frühzeitig den Fall von Soochow (das effektiv heute gefallen ist) bekanntgab. Auch Radio und die übrigen Zeitungen sind sehr stark zensuriert, sodass man die Meldungen, die sich meistens nachher bestätigen, gerüchteweise vernimmt. Und ich habe wirklich noch nirgends eine so gute Gerüchtefabrik angetroffen wie hier in Shanghai. Jedermann weiss um die Mittagszeit etwas neues – sei es wegen dem famosen Geld oder der politischen und Militärischen Lage. Ich lege diesem Briefe noch ein paar Ausschnitte bei, die ein gutes Bild der Lage der vergangenen Tage geben. Auch die Bilder der panikartigen Auszüge sind sprechend. Auch jetzt noch wird fleissig ausgezogen, was von allen militärischen Stellen sehr geschätzt wird, denn sie wollen scheints die Bevölkerung dieser Stadt um die Hälfte reduzieren, d. h. von 6 auf 3 Millionen hinunterschrauben. Wie dies jedoch schliesslich bewerkstelligt werden kann, bleibt abzuwarten. Die Kommunisten halten vielleicht früher hier noch ihren Einzug. – Im Distrikt, wo Nufer wohnt, müssen die servants abwechslungsweise jeden Tag den Soldaten helfen Schützengräben zu graben, oder wenn sie nicht gehen, muss ½ Silberdollar im Tag bezahlt werden! Durch viele Gärten, die Fremden gehören, wurden Schützengräben gegraben und alle Bäume gestutzt, weil «man scheints das Gelände sonst nicht genügend überblicken könne»!! Kommentar wohl komplett überflüssig für solchen Blödsinn, der wohl nur mit Vandalismus bezeichnet werden kann. Sie haben den Krieg ja gleichwohl schon verloren, diese Helden von Nationalisten! (Hoffentlich wird dieser Brief nicht zensuriert!) –

Chiang Kai-Shek ist gegenwärtig wieder in Shanghai und werde während den kommenden Tagen verschiedene Besprechungen mit noch «vorhandenen» Kuomintang-Mitgliedern haben – schreibt die heutige Abendzeitung.

Ich möchte diesen Brief nicht schliessen, um nochmals deutlich darauf hinzuweisen, dass für Euch kein Grund zum Angst haben besteht – alles ist unter Kontrolle, und das schweizerische Konsulat hat alles Nötige getroffen, um einem allfälligen Notfalle mit allen Mitteln begegnen zu können. Also, habt bitte keine Angst! – Ich werde stets regelmässig schreiben – nach wie vor, und wenn auch einmal die Postverbindungen abgeschnitten sein sollen, werde ich telegraphieren, oder wenn das auch nicht mehr geht, die Briefe aufheben und zu einem späteren Zeitpunkt spedieren.

Jedermann betrachtet es als angezeigt, vorzusorgen

Shanghai, den 3. Mai 1949
Brief Nr. 227

Meine Lieben,

[...] Die Kommunisten und die Nationalisten – beide Parteien sind fest entschlossen, den Krieg an ein mit Sieg verbundenes Ende zu führen, zu wessen Gunsten dieser Sieg ausartet, weiss man noch nicht, doch von der kürzlichen Entwicklung der Lage schliessen zu können, zu Gunsten der Kommunisten. – Reiten können wir nicht mehr gehen, da die Gegend dort draussen gesperrt ist, mit Ausnahme der Leute, die draussen wohnen, die spezielle Pässe erhalten haben. [...]

Über das Wochenende habe ich einen Haufen Vorräte, d. h. Büchsensachen angelegt, die mir für eine sehr lange Zeit (vielleicht später dann noch für Vögelis) reichen werden. Doch jedermann betrachtet es angezeigt, vorzusorgen, möge dann kommen was will – man könnte 1–2 Monate im Hause leben, ohne einkaufen zu müssen. Auch einen Petrolofen (Kerosin) und Kerosin (10 10-literbüchsen) habe ich angeschafft und bin nun wirklich richtig eingedeckt für den Notfall. Nur der Luftschutzkeller fehlt noch – sonst wäre die Sache ganz wie bei uns in der Schweiz in den Jahren 1940/41!! Jedermann hofft natürlich, man brauche alle diese Vorräte nicht. – Glaser hat dieser Tage telegraphiert, um zu fragen, wie es uns allen gehe. Wir konnten erst zurücktelegraphieren, dass jedermann «alright» sei, als wir das nötige Kleingeld für ein Tg. beisammen hatten!! – Er wird Euch inzwischen auch telephoniert haben, nehme ich an. [...]

Jedermann hofft, dieser elendigliche Krieg werde nun doch rapid ein Ende nehmen – ohne dass Shanghai daran zu glauben hat. – Ich kann Euch nur immer wieder versichern, dass Ihr absolut keine Angst um mich zu haben braucht – alle erdenklichen Vorsichtsmassnahmen sind für den Notfall getroffen worden.

Niemand ist zum Kämpfen aufgelegt

Shanghai, den 17. Mai 1949
Brief Nr. 231

Meine Lieben,
Diesen heutigen Brief schreibe ich auf einem solchen Formular [Aerogramm], weil ich hoffe, man könne ihn besser wegsenden. Ich schrieb zwar erst am vergangenen Samstag, doch weil die Post bald nicht mehr funktionieren dürfte (es tut mir leid, dies sagen zu müssen), will ich lieber noch schreiben, solange dies möglich ist. Ich fange von heute an auch wieder an, 2. Kopien zu machen, die ich dann jeweils mit dem folgenden Brief wegsenden werde, und ich bitte Euch, das gleiche zu tun. (Wir machen es auch mit der Geschäftspost.) Von heute an sollen nur

noch die Chinesenfluggesellschaften Linien unterhalten, und die BOAC, PAA [Pan-American Airlines] sowie die Northwest Airlines haben ihren Flugverkehr eingestellt wegen der heutigen ganz unsicheren Lage. Auch Schiffe kommen keine mehr nach Shanghai, und das von Euch letztgesandte Drucksachenpaket dürfte mich vorläufig nicht erreichen. Schade! Wie mir scheint, wollen die Roten die Stadt vorerst abschneiden, um dann von allen Seiten auf ein Mal zu kommen. Heute Nachmittag sollen Kämpfe in unserem früheren Reitgebiet stattgefunden haben, doch z. B. Dr. Breitkreuz, der dort draussen wohnt, kann immer noch heim und in die Stadt kommen, natürlich alles mit einem Spezialpass. Auch der Zugang zum Meer (Woosung [Wusong]) soll hart umkämpft werden, und die heutige Morgenzeitung spricht vom «high spirit» der dort kämpfenden Nationalisten. Der Major [Bürgermeister] von Shanghai, Chen Liang, soll heute selber dort unten gewesen sein und den Soldaten Cigaretten, Biscuits etc. gebracht haben. Solche Sachen lesen sich amüsant und passen leider gar nicht zur heutigen Lage. In meinen Augen werden diese Soldaten die Stadt bestimmt nicht verteidigen, denn niemand ist zum Kämpfen aufgelegt, und vielleicht eben auch nicht ausgerüstet. Die einzige wirksame Waffe, worüber die Nationalisten verfügen und die Kommunisten nicht, sind die Flugzeuge, die täglich von hier aus starten, um Nanking, Wusih und Soochow zu bombardieren. Somit wollen die Kommunisten vorerst die 4 Flugfelder Shanghais zerstören und in ihre Gewalt bringen, bevor sie etwas anderes unternehmen, d. h. in die Stadt vorrücken. – Im Bureau ist natürlich kein Geschäft mehr, und jedermann ist damit beschäftigt, Zeitungen zu studieren (die einem zwar gleichwohl kein richtiges Bild der Lage geben) und Geld zu wechseln. Wir haben gerade gestern dem ganzen Staff ein Monatssalär bezahlt, im Falle, dass eines Tages niemand mehr ins Bureau kommen könnte! Auch wir gehen jeden Abend heim, mit gefüllten Mappen, damit wir noch zu Hause das Nötigste erledigen könnten, sollten wir am Morgen verbarrikadierte Strassen und kämpfende Truppen vorfinden! Das tönt für Euch sicherlich sehr besorgniserregend, für uns scheint die Lage jedoch nicht so schlimm, da wir hier wissen, dass bestimmt nicht für lange Zeit gekämpft werden wird. Was hat es doch schon für einen Zweck, diese grösste Stadt Chinas zerstören zu wollen! – Die Inflation ist eher, zur grossen Verwunderung aller, etwas stabil geblieben während den vergangenen

Tagen, doch wird das Geld sicherlich bald nichts mehr wert sein, und wir werden ja bald einmal wieder die Währung zu wechseln haben!
[...]
Die Polizei in der Stadt ist wirklich streng und verhaftet Leute, wo sie nur welche finden kann, die angeblich etwas auf dem Kerbholz haben. Überall werden jetzt angebliche rote Spitzel und 5. Kolonne-Anhänger[14] gefunden! Die ganze Lage mutet mich einfach wie die letzten Tage des Hitlerreiches im April 1945 an – man wendet die genau gleichen Methoden an, um die Leute noch glauben zu machen, man werde den Krieg schlussendlich doch noch gewinnen! – Wenn man allerdings diese erbärmlichen Verbauungen und Barrikaden in der Stadt sieht, diese armseelig aufgeschichteten Sandsäcke, die bestimmt beim ersten Schuss schon zusammenfallen werden, vergeht einem der Glauben an einen Sieg der Nationalisten. Dass aus Shanghai ein «Stalingrad des Ostens» werden wird, wie viele Zeitungen heute berichten, glaube ich noch nicht, denn dazu ist diese Stadt nicht eingerichtet. – Von den hiesigen Schweizern sind sozusagen noch alle hier. [...] Es wird Euch ja schon etwas merkwürdig anmuten, zu vernehmen, dass sich die Schweizer nicht so leicht ins Boxhorn jagen liessen, jedoch umsomehr die kolonialerfahrenen Engländer und Amerikaner! Ich hätte auch nicht geglaubt, dass unsere Landsleute so zähe wären, doch wir sehen ein, dass die Lage nicht so ist, dass wir gleich auf den ersten Anhieb hin aufgeben müssen! – Es werden vielleicht ein paar strenge Tage für uns kommen, doch nachher bin ich überzeugt, dass Handel und Wirtschaft wiederum aufblühen werden, denn auch die Roten sind schliesslich auf einen Handel, d. h. Import und Export mit der Aussenwelt, angewiesen.

Belagerungszustand

Shanghai, den 23. Mai 1949
Brief Nr. 233

Meine Lieben,
[...] Wie mir scheint, ist das Shanghai Postbureau sehr efficient und versucht (wenn man auch nur noch von der Hintertüre hineingehen kann) die Kunden zufriedenzustellen, und scheints war immer die Post

---

14 Anhänger der Fünften Kolonne: Kommunisten im Untergrund.

die letzte Instanz, die zu funktionieren aufhörte, wenn hier in Shanghai (so alle 5 Jahre) etwas krumm ging! – Die Ereignisse der letzten paar Tage, d. h. seit meinem letzten Schreiben, sind nicht vielbedeutend. Der Krieg um die Stadt ist in ein Stadium des Stillstandes getreten, und niemand weiss, was folgen wird. Am Bund, der Hauptstrasse und auch der berühmtesten Strasse des Ostens, kann man nicht mehr gehen, wie ich, glaube ich, schon geschrieben habe. Alle Zugänge sind immer noch gesperrt, und es wurden leichte Panzerwagen aufgestellt, Richtung Whampoo-Fluss [Huangpu]. – Das Artilleriefeuer, sowie die Bombardierungen, hört man nur nachts, denn tagsüber wollen sie nicht kämpfen, um nicht gegenseitig die Stellungen zu verraten. Sobald aber die Dunkelheit über die Stadt fällt, setzt das Geschützfeuer wieder ein und dauert, mit wenigen Unterbrüchen (scheints, denn ich schlafe stets durch!!), bis zum Morgengrauen. Während den vergangenen 48 Stunden entstanden verschiedene grosse Brände, so ein sehr grosser in einem Petrollager der Standard Vacuum Oil Co. (siehe Zeitungsbeilage). – Inzwischen ist die allg. Inflation des GY viel interessanter als das ganze Kriegsgeschehen.

Die Eroberung Shanghais ging äusserst schmerzlos vor sich

Shanghai, den 28. Mai 1949
Brief Nr. 234

Meine Lieben,
Den letzten Brief, 233, schrieb ich am 24.5., bin aber nun nicht sicher, ob er Shanghai noch verlassen hat oder nicht, denn ich lieferte ihn der Post ab gerade am Mittag, als die Kommunisten nachmittags den Endsturm auf Shanghai ansetzten! Von Euch habe ich inzwischen auch nichts mehr erhalten, und das letzte, das bis jetzt kam, war Mammis Postkarte vom 12. Mai. Vielleicht, dass ich dann noch etwas vorfinde, wenn wir wieder ins Büro gehen nach nun fast einwöchigen Ferien! Das einzige Zeichen, das ich Euch mit verschiedenen Schwierigkeiten, die überwunden werden mussten in Bezug auf «Geld», senden konnte, war das einsilbige Telegramm am 27.5. um 11 Uhr «SAFE – René». Ich hoffe, es habe Euch jedenfalls ein wenig beruhigt. Ich weiss nun nicht, wie die Pressemeldungen in der Schweiz über die «Befreiung Shanghais» gelautet haben – hier jedoch ging allerdings alles äusserst schmerzlos! – Am 23.5. mittags beschlossen wir im Büro, nach Hause

zu gehen, da man im Laufe des Vormittages Berichte erhielt, dass die Kommunisten bereits in der Gegend von Nufers Haus seien. Noch rasch ging ich dann also ins Postbüro hinüber und dann schleunigst heim. Die Strassen bildeten schon ein Bild des heranziehenden Krieges – Truppentransporte westwärts und nordwärts. Niemand wusste eigentlich recht Bescheid, was die Nationalisten im Sinne hatten. Ich war dann den ganzen Nachmittag zu Hause und lauschte dem Radio des Brit. Konsulates, die zu diesem Zwecke eine eigene Wellenlänge unterhielten, der auch der «Swiss Emergency Plan» angegliedert war. Man erhielt über das Radio die Mitteilung, dass alle Leute zu Hause bleiben sollten bis auf weiteres. Den ganzen Nachmittag vernahm man Geschützfeuer, wusste aber nie recht, aus welcher Richtung es kam. Abends ging ich dann zu Bett und habe somit den wirklich dramatischen Moment richtig verschlafen – denn die Kommunisten sind etwa um 2 Uhr morgens (24.5.) in die Stadt einmarschiert und haben ohne Widerstand den Bund um etwa 3 Uhr erreicht. In unserer Gegend soll es ca. um 2.45 Uhr morgens tüchtig geklepft und gedonnert haben, und es sei auch ganz nahe bei uns um die Ecken mit Maschinengewehren geschossen worden – wie gesagt, mein sehr tiefer Schlaf hat mir dabei geholfen, nichts von alledem zu merken! Morgens dann (es brach ein strahlender Tag an – nachdem wir gerade jetzt wieder endloses Regenwetter haben) vernahm ich die Nachricht, dass die Kommunisten den grössten Teil der Stadt schmerzlos besetzt hätten. Die Leute wussten zum Teil nicht, ob die marschierenden Soldaten Kommunisten oder noch alte Nationalisten seien. Es waren dann die ersteren! Ihre Uniform zeichnet sich nicht viel von derjenigen der alten Truppen ab, doch ihre Disziplin ist um vieles besser. – In der Folge wurde dann jedoch gleichwohl noch die Parole des Zu-Hause-Bleibens ausgegeben, denn im Nordsektor der Stadt und am Bund schienen noch vereinzelte Truppenteile Widerstand zu leisten, um der grossmäulig ausgegebenen Parole des «Stalingrads des Ostens» doch noch etwas Ehre zu machen! – Dieser letzte Widerstand war dann aber auch gestern endgültig gebrochen, sodass auch ich mich nach 2-tägigem Zu-Hause-Bleiben wieder auf die Strasse wagte. Ins Büro gingen wir jedoch noch nicht, so auch heute noch nicht, da doch noch gar nichts los wäre. Es haben ein paar unserer Leute im Büro geschlafen, da ihre Wohnungen im früheren Kriegsgebiet am Rande der Stadt lagen. Auch diesen paar Leuten, die im Büro die Befreiung mitgemacht haben, geht es gut. – Alle öffentlichen Gebäude, Polizeistationen etc. sind nun von den Kommunisten besetzt, und überall scheint Ruhe und Ordnung zu herrschen, und jedermann ist in guter Stimmung, wenn man nicht fast sagen kann, Ferienstimmung, weil doch so viele Büros noch nicht arbeiten. Die Leute sind furchtbar gwunderig (so auch ich!), wie sich das Leben nun abspielt und haben sich somit auf die Strassen gewagt, wo herzlich wenig Autoverkehr herrscht und meistens nur öffentliche Busse und Trams sowie Fussgänger verkehren. – Ich habe mich gestern also ans Telegraphenbüro herangepirscht, nachdem ich vorher noch das nötige Kleingeld umgewechselt hatte, d.h. 10 US$ in 10 Silberdollar, da, wie ich noch hörte, das Tg.Büro nur Silberdollar als Zahlung annehme. GY wollte also niemand mehr. Diese 5 Telegrammworte kosteten mich rund Fr. 25.– umgerechnet, was ich wirklich enorm hoch finde, nicht wahr? [...]

Ich war gestern in der Gegend des Postbüros und auch drinn. Dieses Gebäude bildete wohl eine der letzten Bastionen der Kommunisten [soll heissen: Nationalisten], und die dortige Gegend sieht wirklich bitterböse aus. Alle grossen Scheiben des Postbüros sind zerschmettert, da die letzten Nationalisten aus diesem Gebäude einen richtigen, immensen Bunker gemacht haben. Als sie dann sahen, dass alles verloren war, haben sie noch rasch alle Kassenschränke etc. aufgebrochen und gestohlen, was nicht niet und nagelfest war – – und doch kann man heute schon wiederum Post nach Nanking, Hangchow, Peiping, Tientsin (alles befreite Gebiete) senden. Der Mann am Schalter sagte mir, dass die fremden Luftverkehrsgesellschaften den Kontakt so rasch wie möglich mit den Kommunisten aufnehmen werden, um den Passagier- und Postluftverkehr wieder in Schuss zu bringen. Auch die CNAC und CATC [Central Air Transport Corp.] sollen baldmöglichst wiederum in Betrieb genommen werden. Ich frage mich heute zwar, wie die Post gesandt werden kann, da die Kommunisten noch nicht im Weltpostverein als Mitglied figurieren. – Vielleicht könnt Ihr auch in Bern entsprechend Auskunft erhalten.

Ich habe bei meinem gestrigen Streifzug nicht gewagt, den Photoapparat mitzunehmen, und ich kann Euch punkto Bilder nur auf die vielleicht einmal in den Zeitungen erscheinenden Photos aufmerksam machen. – Am Tage vor der Befreiung haben die Nationalisten noch rasch eine gross angelegte Siegesparade veranstaltet, denn, wie sie sagten, hätten sie in der Gegend von Woosung einen grossartigen Sieg erfochten!! – Die ganze «show» dieser Nationaltruppen war ein jämmerliches Bild, und mit dem Stalingrad war es blosses Zeitungsgeschreibsel! – Die Behörde, so der Major (Chen Liang) und der Polizeikommissär (bevor er wegging, erschoss er noch rasch an die 300 Studenten, die wegen kommunistischer Tätigkeit im Gefängnis waren) flogen in einem der letzten Flugzeuge der CNAC nach Hongkong und brachten sich somit in Sicherheit. Wo Chiang kai-shek steckt, weiss heute niemand, vielleicht auch schon in Amerika. Die nächste Stadt, die befreit werden soll, figuriert Canton, und dann werden sie auch noch versuchen, nach Formosa überzusetzen!

Während den letzten beiden Tagen haben die Radiostationen anhaltend Marschmusik gespielt, und alles mahnte einen an die Tage des deutschen Einzuges in Frankreich, Holland oder Belgien im Jahre 1940. Nur ist es hier ja alles wie ein Chaschperlitheater [Kasperle-Theater] oder Zinnsoldatenspiel, denn die Kommunisten sind teilweise elend armseelig mit Waffen etc. ausgerüstet, was bei den andern dagegen gerade das Gegenteil war. Doch die letzteren verstanden nicht zu kämpfen, während die ersteren disziplinarisch 1a ausgebildete Soldaten zu sein scheinen. Dem Publikum gegenüber scheinen sie sich sehr gut zu benehmen, und die Zeitungen (eine wie die andere, doch hauptsächlich die früher so pro-Regierung eingestellte «China Press») sind eines Lobes voll über die Geschehnisse der vergangenen 48 Stunden. – Dies in grossen Zügen die Ereignisse der letzten paar Tage.

Der Brief kam am 23.6., über Hongkong, in Burgdorf an, also nach relativ langer Reisezeit. Dies blieb während der folgenden Monate so, immerhin erreichten die Briefe ihren Bestimmungsort. Schnell hingegen erhielt während mehreren Monaten keine Nachrichten mehr von Zuhause.

«Befreit»
Juni bis Dezember 1949

Der englischsprachige Sender ist nicht mehr in Funktion

Shanghai, den 8. Juni 1949
Brief Nr. 235

Meine Lieben,
Den letzten Brief, Nr. 234, geschrieben am 28. Mai, Original abgeschickt am 4. Juni an André nach Hongkong zur Weiterspedition, und das Duplikat gleichen Tages mit ord[inary] mail [gewöhnliche Post] nach der Schweiz abgesandt – das wäre meine letzte Postspedition! [...] Der Schiffsverkehr mit dem Auslande scheint wiederum gut zu funktionieren, und pro Woche mindestens ein Mal bis 2 Mal gehen Schiffe nach Hongkong. Auch amerikanische Dampfer sollen wiederum kommen. Wie lange die Fluglinien noch suspendiert bleiben, weiss niemand – in den Zeitungen werden allerhand Gerüchte betr. der Aufnahme des Flugverkehrs verbreitet. Die neuen Behörden scheinen jedoch gewillt zu sein, den internationalen Handel so rasch wie möglich wiederum aufzunehmen, doch bis heute wurden noch auf keinem Gebiet konkrete Verordnungen herausgebracht – es ist ja eigentlich auch noch viel zu früh, um sagen zu können, wohin die Kommunisten in dieser Stadt steuern und was sie im Sinne haben. Jedenfalls eines ist ganz sicher, dass sie die Stadt bis heute viel besser verwalten und in der Hand haben, als es die alten KMT (Kuomintang)-Leute hatten. Das war ja zum Schluss eine schreckliche Räuberbande, und ihre verschiedenen «Stücklein» kommen erst nach und nach zum Vorschein! Da wurde schön «gewirtschaftet» – auf allen Gebieten –, doch darüber viel mehr einmal mündlich!

Wir haben jetzt die Möglichkeit, von Hongkong von unseren dort liegenden Waren bis zum 15. Juni ohne Einfuhrbewilligung jede nur mögliche Quantität einzuführen, d.h. die früheren Vorschriften betr. Einfuhr wurden vorläufig auch aufgehoben. Die einzige Bedingung ist bloss die, dass man zur Zeit des Eintreffens der Waren genügend Geld hat, um den Zoll zahlen zu können. Wir arbeiteten letzten Samstag bis abends um 20 Uhr und sandten dann ein 200 US$ kostendes Telegramm nach Hongkong, mit der Bestellung der dortliegenden Waren für uns – Farben und Pharmazeutika. Hoffentlich können sich unsere

Leute in Hongkong so beeilen, dass alle Waren noch vor dem oben angegebenen Datum hier eintreffen! [...]

Das wäre jetzt also die 3. Währung, die ich hier in China erlebe, dieser PB$. Wie er sich halten wird, weiss heute noch niemand – auf jeden Fall fluktuiert er auch in terms of foreign currency. Die Preise «tönen» jetzt wieder etwas vernünftiger – 1 Sfrs ist heute ca. 250 PB$. – Im ganzen erscheinen jetzt noch 2 englische Zeitungen, die beiden Andern – «China Press» und «China Daily Tribune» – wurden vorläufig verboten – pending further regulations [bis auf weitere Anweisungen] ! Auch der englisch sprechende Radio ist nicht mehr in Funktion seit ca. einer Woche – auch dort scheinen sie auf neue Bestimmungen zu warten. Im allgemeinen wird gesagt, die Kommunisten wollten alles Englischsprachige ausmerzen – sogar in den hiesigen Universitäten wird jetzt Englisch nur noch als 3.klassig behandelt, und es wird überhaupt davon geschrieben, nur noch chinesisch zu unterrichten. Dabei haben sie doch so und so viele Bücher, die halt nur in einer Fremdsprache erhältlich sind!

Die Kinos sind vorläufig noch sehr gut besetzt, obschon davon gesprochen wird, die Kommunisten liessen auch keine englischgesprochenen Filme mehr zu und wollten nach und nach nur noch russische und chinesische Filme erlauben! Wie weit dies jedoch zutrifft, weiss noch niemand, und vielleicht stimmen die verschiedenen Behauptungen und Vermutungen auch nicht! – Gestern waren Julie und ich wieder einmal im Parkhotel, resp. wir wollten dorthin gehen, kehrten raschestens wieder um, da kein Bein zum Nachtessen dort war! Sie haben angeschrieben «Business as usual», doch die Leute haben allenthalben keinen Fiduz auszugehen abends, obschon keine Curfew [Ausgangssperre] mehr ist. Im ganzen Hotel (200 Zimmer) sind im ganzen deren 4 besetzt, und sie dürften sicherlich bald einmal die Bude schliessen, wenn die Geschäfte nicht besser gehen! – Die Soldaten hier verhalten sich, wie ich schon früher schrieb, vorbildlich und stehen in keinem Vergleich mit den früheren Nationalistentruppen. Auch die Behörden scheinen Leute auf den Posten zu haben, die etwas von Verwaltung etc. verstehen, wie ich dieser Tage hörte. Wir selber sind bis jetzt noch nie mit den neuen Behörden in Berührung gekommen, doch bald einmal werden auch wir unser Geschäft neu registrieren lassen müssen – wie überhaupt mit der Zeit «alles alte auf den Kopf gestellt werden wird» –

wie sie ankündigen. Es kann auch bald wieder im Innern Chinas gereist werden, doch für Fremde sind vorläufig noch keine Bestimmungen herausgegeben. Es besteht heute ein Busbetrieb mit Hangchow, da die Bahn immer noch unterbrochen ist. – Den neuen Behörden muss ein Kompliment gemacht werden, wie rasch sie die Postverbindungen und überhaupt alle «Outside communications» wieder in Funktion brachten – der Telegraph war ja überhaupt nie unterbrochen, obschon die Nationalisten, bevor sie endgültig flohen, noch rasch rasch die Haupttelegraphenstation Shanghais z. T. zerstörten.

Bei mir, in der Wohnung Vögelis, geht alles gut, und ich komme gut zschlag [zurecht] mit den servants, die ehrlich und nett sind. Die ganze Sache ist natürlich viel billiger als seinerzeit im Hotel!

Die Stadt bietet ein Bild der Ordnung

Shanghai, den 14. Juni 1949
Brief Nr. 236 (via Hongkong)

Meine Lieben,

[...] Von Euch ist natürlich immer noch nichts eingetroffen, da eben, wie Ihr sicherlich auch gehört haben werdet, auch die Schiffsverbindungen mit Hongkong unterbrochen sind, da die KMT-Leute angeblich den Hafeneingang von Shanghai vermient haben. Sie haben dies sehr schlau angestellt, und heute weiss faktisch niemand, ob sie wirklich Minen gelegt haben oder nur dergleichen taten! Nach internationalem Gesetz sei es zwar nicht erlaubt, einen Hafen ohne Voranmeldung zu vermienen oder Blockade einzuführen, doch darum scheinen sich die Nationalisten in ihrem letzten «Zucken» nicht mehr zu kümmern! – Hier in Shanghai geht alles sonst seinen normalen Gang – und wirklich, es ist alles viel ruhiger als noch vor der Befreiung. Die wirtschaftliche Lage scheint auch langsam, langsam wieder zu gesunden, und das neue Geld, nachdem Silber- sowie US$ wiederum illegal erklärt wurden, scheint sich zu bewähren. Der Kurs schwankt jetzt so um 1700–1800 für 1 US$ herum, und auch die Lebensmittelpreise sowie die übrigen Preise für Gebrauchsartikel kommen herunter, und alles ist jetzt wiederum verhältnismässig billig geworden, nachdem die Preise gerade vor der Befreiung sehr hoch waren (in terms of foreign currency [gerechnet in Fremdwährung]). – Die Geschäfte kommen zwar noch nicht so recht in Schwung, da meistenteils die Leute noch nicht über das nötige Geld verfügen, das ihnen ja letzten Herbst von den Nationalisten abgenommen wurde. Das war wirklich ein richtiger Unfug, diese Umwechslung in Gold-Yuan! – Diesmal scheint die neue Währung des JMP (jen miao pao [recte: Jen Min Piao]) stabiler zu sein, denn sie ist nicht durch Gold oder Fremdwährung gedeckt, sondern durch Reis und andere lebensnotwendige Lebensmittel für die Chinesen. Das gibt den Leuten richtiges Vertrauen, und sie scheinen nun gerne zu den Banken zu gehen, um ihre noch vorhandenen Gold resp. US$ und Silberdollar umzutauschen. – Alle Werke, wie Elektr. Wasser, Gas und Telephon, funktionieren regelmässig, nachdem sie ja auch *nie* ausgesetzt hatten. – Die Stadt bietet ein Bild der Ordnung und guten Verwaltung, und alle Departemente der Stadtbehörden wurden übernommen von der «People's Liberation Army» (PLA abgekürzt). Wenn Ihr die Berichte von Tientsin durchlest, so könnt Ihr alles im grossen und ganzen auch auf Shanghai anwenden, und es ist zu sagen, dass es die neuen Behörden nur gut im Sinne zu haben scheinen. Das vorher so alltägliche «Squeeze-business» [Erpressung] scheint ausgeschaltet zu sein. – Die fremden Fluggesellschaften veröffentlichen heute in der Zeitung einen Bericht, wonach sie hoffen, innerhalb 3 Wochen den regelmässigen Flugverkehr, wie er vor der Befreiung bestanden hat, wieder aufnehmen zu können. Dann bleibt nur noch die Frage der Postverwaltung zu klären, da unter Umständen Briefe vom kommunistischen China nicht angenommen werden, da diese Regierung noch von keiner andern Nation anerkannt ist. Doch dabei, hofft man hier, werden die übrigen Nationen, unter anderen vorab die Schweiz, mit Sitz des Weltpostvereins, sehr nachsichtig und verständig sein. Könnt Ihr Euch vielleicht mal in Bern erkundigen? [...]

Auch die neuen Machthaber sind Bürokraten

Shanghai, den 20. Juni 1949

Brief Nr. 237

Meine Lieben,
[...] Ich danke Euch für dieses Kabel [Telegramm zum Geburtstag] recht herzlich, habe ich doch draus ersehen, dass auch bei Euch alles in Ordnung [ist], wie ja auch hier. – Das war ein schreckliches Mätzchen von den Kommunisten resp. Nationalisten mit diesen Minen im Hafen! In Canton (jetzigem Regierungssitz) wussten sie überhaupt nichts

Immatrikulationszertifikat (ausgestellt zum Schutz der Schweizer Bürger in Shanghai)
«Consulat Général de Suisse en Chine
Der Schweizer Generalkonsul Gao [Leerstelle] mit Sitz in Shanghai erklärt hiermit nach Überprüfung des Sachverhalts, dass der Schweizer Bürger *René Schnell* in diesem Konsulat immatrikuliert ist und seine Dokumente hinterlegt hat, und dass eine Photographie des Genannten links oben aufgeklebt ist. Dies wird hiermit bezeugt vom Schweizerischen Generalkonsul Gao He [chinesischer Name von Adelbert Koch] [Siegel] *Dr. Adelbert Koch* am 14. Tag des 1. Monats im Jahre 1949 nach westlichem Kalender.»

vom Minenlegen, und wenn solche im Hafen wirklich gefunden worden wären, so hätte die Marine auf eigene Faust gehandelt. Es fehlt an Zusammenarbeit in dieser Regierung, und vielfach wird ihr nicht mehr lange Lebensdauer mehr vorausgesagt! Obschon Chiang Shanghai bis im September zurückerobern will. Tatsächlich hörten wir vorgestern morgen auch vereinzelte Flugzeuge sehr hoch oben über der Stadt, und die Zeitungen wussten alsdann zu berichten, dass eine Gegend im Süden der Stadt leicht bombardiert wurde. Man hörte (jedenfalls ich nicht) keine Detonationen, sodass der «Angriff» nicht zu stark gewesen sein muss! – Es ist allenthalben alles noch nicht Gold, was glänzt mit dieser neuen «Befreiungsregierung» hier in Shanghai. Die Vorschriften etc. sind gleich bureaukratisch gehalten wie diejenigen der Vorgänger, und es scheinen den Fremden auch allenthalb Schwierigkeiten gemacht zu werden. Ich verweise bloss auf den beiliegenden Zeitungsausschnitt, der für sich selber spricht und keines Kommentares bedarf!! – Jeder Exporter und Importer muss nun seine Firma registrieren, und dabei werden Daten bis auf 20 Jahre zurück verlangt, was ja wirklich auch nicht dazu da ist, die ganze Sache so reibungslos wie nur möglich zu gestalten. – Wir haben immer noch Ausgehverbot von 23 Uhr an, obschon nichts öffentlich bekanntgegeben wurde, denn dies «Sei gegen die Freiheit» des Volkes (also das Ausgehverbot). Wenn man allerdings nach 23h nach hause gehe, so werde man an jeder Strassenecke angehalten und müsse sich ausweisen. Dabei können diese neuen Soldaten absolut kein Englisch, und somit ist es für Fremde wirklich besser, nach 23 Uhr zu Hause zu bleiben!

Blockade des Yangzijiang durch die Guomingdang

Shanghai, den 29. Juni 1949
Brief Nr. 238 (via Hongkong)

Meine Lieben

[...] Auch Ihr werdet ja von dieser «feinen Blockade» der Nationalisten gehört haben, die seit dem 26.6. in Kraft ist. Ob sie von den Engländern und Amerikanern anerkannt wird, bleibt vorläufig noch abzuwarten. Heute steht in den Zeitungen, der Entscheid werde innerhalb 48 Stunden gefällt. [...]

Es ist dies eine sehr unangenehme Einrichtung, weil eben dadurch jeder Handel mit diesem Hafen unterbrochen wird. Auch Tientsin und die übrigen Häfen des befreiten Chinas sind eingeschlossen in die Blockade, sodass vorläufig gar nichts zu wollen ist! Wir erhielten noch allerhand Waren von Hongkong mit dem letzten Schiff, das hier eintraf (am 22.6.), und sind nun, hauptsächlich in Pharmazeutika, wiederum gut eingedeckt, wollen aber mit dem Verkaufen nicht allzusehr pressieren, denn man kann vorläufig das erzielte Geld noch nicht zum Lande hinausbringen! Es hier aufzustapeln, hat wirklich auch keinen Zweck, denn mehr wert wird auch dieser JMP nicht! – Inzwischen finden, trotz des sehr misslichen, regnerischen Wetters, Flugangriffe auf Shanghai statt, die man sich aber in keinem Fall so vorzustellen hat wie die seinerzeitigen auf Berlin im Jahre 1944! Hier kommt meistens nur ein bis zwei Flugzeuge, auf die dann von Dächern etc. mit Maschinengewehren und gewöhnlichen Gewehren geschossen wird – und dann noch wenn sie in den Wolken sind! Es ist richtiges «Soldätelen» mit Zinnsoldaten! – Schaden wird hauptsächlich nur angerichtet von herabfallenden Schrappnellen, und gestorben sind bis heute bloss 2 oder 3 Personen. Auch nachts hört man die Flugzeuge hie und da, und gerade heute hörte ich von jemandem, letzte Nacht hätten sie Flugblätter abgeworfen, mit der Aufforderung an die Bevölkerung, Nahrungsmittelvorräte anzulegen, da, wenn die KMT-Leute S'hai zurückerobern, man für eine Zeitlang nicht auf die Strasse und die Läden gehen könne! Bis es soweit ist, wird noch viel Wasser den Yangtze hinunterfliessen!

Die amerikanische «Shanghai Evening Post» erscheint jetzt auch nicht mehr, weil die Arbeiter mit dem Editor Streit hatten. Er habe ihnen den Lohn nicht in angemessenem Rahmen zahlen wollen. Für alle diese Berichte sind wir auf Übersetzungen aus den chin. Zeitungen angewiesen, und wie diese lauten, werdet Ihr ja Euch lebhaft vorstellen können! Anti-Foreignismus (schönes Wort!) wird kräftig gepaukt, doch all' diesem blöden Geschwätz muss man nur nicht zu viel Beachtung schenken. Die Kommunisten sind auch nicht alles und werden noch tüchtig lernen müssen, wie man Städte wie Shanghai verwaltet und zum «Blühen» bringt, wie sie so oft in den Zeitungen plaguieren [prahlen, angeben]! – Heute morgen wurden alle grossen Apartmenthäuser nach KMT-Agenten untersucht, und auch das Haus von Duss war abgeschnitten bis um ca. 10 Uhr morgens. In dieser Beziehung sind die Kommunisten rührig und wollen die restlichen

Untergrundworkers der KMT ausrotten! Ob's ihnen restlos gelingt, bleibt abzuwarten!
Im Hause Vögeli bin ich wohl und habe jedenfalls für eine Weile noch zu essen! Wenn Ihr bedenkt, wie viele tins [Büchsen] etc. ich seinerzeit eingekauft habe!

Tägliche Flugangriffe der Nationalisten

Shanghai, den 7. Juli 1949
Brief Nr. 239 (via Hongkong)

Meine Lieben,

[...] Die Flugzeuge der Nationalisten kommen sozusagen täglich von Formosa herüber und bombardieren etwas die Stadt. Meistens handelt es sich bloss um 1–2 Flugzeuge modernster Bauart, die scheints nur von Amerikanern geflogen werden können. Es wäre natürlich schon der Gipfel, wenn diese Flugzeuge von amerik. Piloten gesteuert würden! [...] Gestern und heute fand eine der grössten Paraden, die Shanghai je gesehen hat, statt, zur Feier der Befreiung. Ich lege noch den entsprechenden Zeitungsausschnitt aus der «NCDN» bei. Trotz Regen hat sich alles im vorgesehenen Rahmen abgespielt, und auch Bomber kamen bis zur Stunde keine, denn sonst hätten sie wirklich gute «Ernte» gehabt, da die Strassen zum Bersten von Leuten voll waren. Wenn sich nur alle Hoffnungen, die diese Leute in den Kommunismus setzen, erfüllen! – In einem Kino Shanghais wird jetzt ein Film betitelt «Lenin im Oktober» gezeigt und handelt von der Oktoberrevolution in Russland – gesprochen ist der Film russisch mit chin. Untertiteln. Ich habe allerdings nicht im Sinn, ihn mir ansehen zu gehen! [...]

Man weiss gegenwärtig absolut nicht, in welcher Richtung sich die zukünftigen Geschäfte entwickeln werden, und man bekommt je länger desto mehr den Eindruck des «Wirklichen Kommunismus»! Kapital und Mittelstand sollen vereinigt werden, und sämtliche Vorrechte, seien sie privater, geschäftlicher, ja sogar konsularischer Natur, sollen gänzlich abgeschafft werden! – Keine konsularische Vertretung hier in Shanghai geniesst ein Vorrecht mehr. – Die Zustände hier in Shanghai sind im grossen und ganzen unerfreulich, vielleicht aber doch nicht dermassen, dass man den Kopf komplett hängen lässt und alles aufgibt, wie es gewisse Leute jetzt tun. Es hat sich bis heute immer noch ein Ausweg gefunden – auch hier in Shanghai! Damit will ich meinen

Wochenbericht schliessen und bedaure, keine weiteren und erfreulicheren Nachrichten senden zu können. – Empfängt nun alle meine herzlichsten Grüsse und Küsse,

Euer René

In einem der folgenden Briefe konnte Schnell seinen Eltern mitteilen, dass Geschäftspost aus Basel in Shanghai eingetroffen war und er beim Postbüro in Erfahrung gebracht hatte, dass Post für das kommunistische China über Sibirien geschickt werden müsse. Allerdings würde nur Post aus den «neuen demokratischen», d. h. neutralen Staaten befördert, also auch aus der Schweiz. Schnell wusste nach wie vor nicht, ob seine Eltern die seit der «Befreiung» geschickten Briefe erhalten hatten; er selbst hatte seit dem 23. Mai keine Post mehr von ihnen bekommen. Die ersten Briefe nach der Befreiung erhielt er Mitte August via Hongkong (d. h., die Post wurde an das Büro der Ciba Hongkong adressiert und von dort – neu adressiert – weitergeschickt). Kaum funktionierte der Postverkehr wieder einigermassen, traten die ersten rigorosen Einschränkungen der Kommunisten in Kraft, z. B. mussten Absender und Adressat auf den Briefen auch auf Chinesisch geschrieben werden (Brief Nr. 243 vom 5.8.1949).

Nervenkrieg

Wiederholt berichtete Schnell nach der «Befreiung» von den leeren Strassen – es muss sehr auffallend gewesen sein, dass plötzlich nur noch etwa halb soviel Privatverkehr durch Shanghais Strassen rollte. Tatsächlich nahm auch die Zahl der Einwohner der Stadt ab. Im Brief Nr. 244 vom 12.8.1949 schreibt er:

In Shanghai hat es wegen den hohen Steuern und dem hohen Benzinpreis im ganzen ca. 8000 Autos weniger, und die Strassen sind fast «leer»! Wir fahren auch nur noch mit 1 Wagen! – Der Swiss Club wird wohl auch bald die Tore schliessen müssen, da es mir trotz geschickter Buchführung nicht gelungen ist, einen Profit zu erzielen. Wir verlieren ständig (auch andere Clubs). – Viele Leute wollen Shanghai bei erster Gelegenheit verlassen (müssen in der Zeitung ihre Absicht wegzureisen annoncieren). Wann jedoch eine Möglichkeit besteht, weiss niemand.

Die Ciba hat noch nichts von «Evakuation» gesprochen. – Niemand scheint hier die Kommunisten auf die Länge gern zu haben, und in einer Fabrik kam es zu Streitigkeiten zwischen Soldaten und Arbeitern. Die letzteren hätten Bilder von Chiang kai-shek und Sun yat-sen aufgehängt, anstatt Mao! – Die Bomber kommen jetzt frühmorgens und nachts, um bei der Bevölkerung Shanghais einen Nervenkrieg heraufzubeschwören. Gebombt wird nur wenig oder gar nichts. Die Schäden sind meistens unbedeutend, und Wohngebiete sowie die Geschäftsviertel sind noch nie bombardiert worden. – Niemand weiss über die Zukunft Bescheid, und wir alle hoffen fürs Beste.

90% der Bevölkerung Shanghais können sich mit der Lebensauffassung der Kommunisten nicht abfinden

Nicht nur die Nationalisten führten einen «Nervenkrieg». Auch einige der neuen Vorschriften, welche die Kommunisten erliessen, waren geeignet, die Bewohner zu «entnerven». Wie Brief Nr. 246 vom 27. August 1949 zeigt, waren sie zu diesem Zeitpunkt jedoch noch nicht ausschliesslich und unterschiedslos gegen alle Ausländer gerichtet:

Nufer musste gestern auf der Polizei vorsprechen wegen einem alten Fall, wo man einem Angestellten nicht genug Abgangslohn bezahlt habe. Dieser Angestellte konnte sich nun bei den neuen Behörden Shanghais beschweren, die ihm jedoch auch nicht 100%ig Recht gaben. Es wurde dann ein Mittelweg eingeschlagen, und beide Parteien scheinen befriedigt zu sein! – Bitte diese Mitteilung jedoch nicht an Ciba-Leute in der Schweiz weitergeben, sowie überhaupt bitte die Briefe bei der «Weitergabe» auch zensurieren. – Während den letzten paar Tagen wurden sämtliche Sachen hier in Shanghai viel billiger – z. T. bis zu 50%! Eine solche Senkung der Preise habe ich hier überhaupt noch nie miterlebt! – Da scheinen die Kommunisten wirklich gut zu arbeiten, was die Preiskontrolle anbetrifft. Auch die Inflation ist nicht grösser geworden, sondern bewegt sich stets im gleichen Rahmen.

Im selben Brief schreibt Schnell aber auch, dass die Preise in Fremdwährung umgerechnet sehr hoch seien und er deshalb sehr froh über den vor der «Befreiung» angelegten Lebensmittelvorrat sei. Weiter heisst es:

Die Bevölkerung Shanghais hat sich von den Kommunisten zu viel versprochen und wurde nun enttäuscht. 90 % der hiesigen Bevölkerung hat die K. nicht gern und kann sich vorläufig mit deren Lebensauffassung nicht abfinden. Es geht eben alles auf «komunaler» Basis vor sich! Doch darüber mündlich mehr, da die Briefe unter Umständen zensuriert werden. [...]
Die Wirtschaftslage hat sich inzwischen gar nicht oder dann bloss auf die verkehrte Seite entwickelt, denn die blöde Blockade (siehe Beilage) der KMT spielt halt doch eine hindernde Rolle im ganzen Handel, obschon die K. immer plaguieren, sie können es ohne Importe machen. Ein Schritt zur Bekräftigung dieses Ausspruches war das *totale* Einfuhrverbot von «Patent Medicines» [patentierte Medikamente] (siehe Ciba!). Die Chinesen können schliesslich Pharmazeutika und Farben auch nicht von Sojabohnen und Reis herstellen! [...]
Die hiesige Foreignpress [ausländische Presse] ist stark zensuriert, dürfen doch nur noch Reuterberichte (mit dem Namen «Monitored»[15]) erscheinen, die vorher gründlich der Zensur unterworfen wurden. Daneben dürfen jedoch die verschiedenen Nachrichtenbüros ihre unzensurierten Meldungen privat verteilen (warum, ist mir heute noch unbegreiflich). Somit werden wir mit Nachrichten auf maschinengeschriebenen Blättern täglich überhäuft, haben wir doch AP und Reuter abonniert.

Für ausländische Meldungen ist man jetzt ganz auf Kurzwellen angewiesen

Die tägliche Lektüre beanspruchte viel Zeit, doch im Büro gab es ja nichts zu tun. Diese Möglichkeit, sich unter Umgehung der kommunistisch kontrollierten Medien zu informieren, wurde jedoch bald unmöglich, es blieb nur noch das Radio:

---

15 «monitored» bedeutet entweder soviel wie «bewilligt» (z.B. von der Zensurbehörde) oder, wie hier, dass die abgedruckten Meldungen auf am Radio abgehörten Nachrichten beruhen.

Shanghai, den 3. September 1949
Brief Nr. 247 via Tientsin–Hongkong

Meine Lieben,

[...] Ich glaube schon, dass Ihr am Radio und in den Zeitungen ohne Nachrichten aus China seid, denn sämtliche News Agencies haben ihren Dienst hier einstellen müssen – halb im Juli und seit 1.9. vollständig. Auch wir haben heute absolut keine fremden Nachrichten mehr, und die letzte fremde Zeitung, die Euch auch bekannte «North China Daily News», hat um Erlaubnis gefragt, zu schliessen, weil sie keine anderen Nachrichten mehr bringen können als lokale, d. h. von Shanghai und dem befreiten China. Diese Zeitung umfasst nur noch 1 Blatt! Für ausländische Meldungen ist man jetzt ganz auf Kurzwellen angewiesen, und wir hören sehr gut den Sender «Voice of America» von San Francisco. Dieser Sender bringt Kommentare und Nachrichten aus der ganzen Welt und strahlt hauptsächlich nach China aus. Wie lange wir jedoch noch Kurzwellen hören dürfen, weiss niemand – die Komm. scheinen das eine um das andere Nachrichtenmittel, das nicht 100%ig komm. eingestellt ist, zu schliessen oder zu verbieten! [...] Luft- und Schiffahrt ist natürlich eingestellt, und die Wiederaufnahme des Luftverkehrs mit dieser Stadt werde wohl ich nicht mehr erleben!! [...]

Die Küste Chinas ist nun bis auf Shamen (Amoy) [Xiamen] ganz in komm. Händen, und die Chiang-Leute ziehen sich jetzt nach Chungking und Taiwan zurück. [...]

Die Industrie ist heute absolut noch nicht vollbeschäftigt, denn sonst könnten wir bessere Geschäfte tätigen. Zum Teil arbeiten die Fabriken nur 3 Tage pro Woche und produzieren 30% vom Vor«befreiungs»-Markt. – Dass am 3.7. Shanghai zum 2. Mal bombardiert wurde, stimmt auch nicht – vielleicht zum 2. schwerer, doch wir haben bei diesem «lieblichen», sonnigen und wolkenlosen Herbstwetter sozusagen jeden Tag Anflüge von den Chushan-Islands [Zhoushan] her (letzte Basis der KMT-Flieger, bis sie sich dann nach Taiwan zurückziehen müssen, von wo aus es dann nicht mehr so nahe nach Shanghai ist). Diese Flugangriffe sind meistens aber nicht seriöser [gemeint: ernster] Natur, hie und da höre ich die Flieger nicht einmal, z. B. wenn wir im Büro sitzen und sie im Westen oder Norden Bomben werfen. Meistens hört man nur das Abwehrfeuer der MG und z. T. auch gewöhnlichen

Gewehren!! Face-Gründe [des Gesicht Wahrens] für die Kommunisten. [...]

Nachtrag zu Taiwan: Dort soll die Inflation so gross sein und besonders auch der Schmuggel von Japan herüber, dass ein Sack Reis 1200 und 1 Hemd 1100 US$ kosteten. Vielleicht sind diese Zahlen sehr übertrieben, oder dann handelte es sich um einen Druckfehler bei der Übersetzung vom Chinesischen. Ende September soll nun das Schiff «General Gordon» nach Shanghai kommen, um die Leute zu evakuieren, die weggehen wollen. Im ganzen handelt es sich um ca. 1500 Leute. Davon sind ca. 6 Schweizer! – Der Schweizer-Club und der Italienische Klub haben sich nun zusammengeschlossen, und die Mitglieder des einen Klub können auch den andern Klub besuchen. Dies, weil beide Klubs nicht mehr viel Mitglieder haben. Die Arbeit des Kassiers wird dadurch etwas grösser, doch hat er ja im Büro genügend Zeit!! – Auch von Glaser aus Basel erhielt ich gestern einen Brief, worin er auch nicht mehr so optimistisch schreibt wie noch zu Beginn des Jahres. Er sagt, man sehe für China im allgemeinen sehr schwarz – hauptsächlich im Bezug auf Handelsmöglichkeiten! Er schreibt aber nichts von einer Vertragskündigung oder -Erneuerung für mich. Dieses Problem wird wohl erst zu Hause mal aufkommen, denn hier in Shanghai kann man zur Zeit absolut nichts entscheiden oder auch nur voraussagen!

Im nächsten Brief berichtete Schnell u.a., dass Ausländer in China (in den kommunistischen Gebieten) wieder reisen durften, wegen der Kriegshandlungen würde jedoch davon abgeraten. Er verspürte kein Bedürfnis, jetzt auf Reisen zu gehen. Wenn er überhaupt ans Reisen dachte, dann an die Heimreise und die anstehenden Probleme hinsichtlich seiner Beziehung zu Julie Ting. Die Stimmung zwischen den beiden war zwar entspannter als im November 1948; Schnell fand, Julie verhalte sich «viel vernünftiger» und verstehe seinen Standpunkt nun auch besser, aber eine Heirat kam für ihn nicht in Frage.

Im selben Brief berichtete er über eine weitere «Eroberung» der Kommunisten, nämlich dass sie die alte, d.h. kaiserliche, Hauptstadt Peking zu ihrer Hauptstadt gewählt hatten und bereits an den Plänen für eine Neugestaltung arbeiteten.

Man sehnt eine baldige Änderung dieser Tage in Shanghai herbei

Shanghai, den 16. September 1949
Brief Nr. 249 via Hongkong

Meine Lieben,
[...] Das Foreign Trade-Control-Bureau hat von uns Preisliste und Produktenlisten für Pharma und Farben verlangt, mit der Begründung, man werde in Zukunft Geschäfte direkt mit Basel tätigen, ohne unser Zutun. Kommentar ist wohl überflüssig, doch wird dies wohl auch nicht so heiss gegessen, wie es gekocht ist! – Ich sah am vergangenen Sonntag einen chin. Film über die Gebiete des Nordens (Man[ds]churei etc.). Man zeigte vor allem Bodenschätze etc. Sehr lehrreich, wenn ich alles verstanden hätte. Daneben war noch eine chin. Wochenschau – sehr kommunistisch natürlich – Truppenparade in Peiping mit Mao an der Spitze in einem amerik. Jeep! – Es erscheinen am 19.9. neue Banknoten im Werte von 500 und 1000 JMP. Die Ausgabe neuer Noten soll jedoch nicht zum Zwecke haben, die Preise in die Höhe zu treiben, wie dies früher der Fall war, wenn KMT Noten ausgaben. Seit 10 Jahren hätten wir gegenwärtig wiederum die stabilste Periode in der chin. Währung! [...]

In Peiping soll ein ital. Kommunistenführer zu Besprechungen mit Mao eingetroffen sein. Wie lange wohl die Schweizer-Kommunisten auf sich warten lassen?!! – Diesem Brief lege ich noch allerhand 2ndmail-Kopien bei, sowie ein paar Abschriften aus chin. Zeitungen, die für Euch von Interesse sein dürften, besonders diejenigen betr. Verbot von englischen und amerik. Filmen! Das wird ja dann schön werden, wenn auch keine Kinos mehr besucht werden können! Dann werde ich mein Chinesisch doppelt gut gebrauchen können! – Ich mache recht gute Fortschritte! [...]

Man sehnt eine baldige Änderung dieser heutigen Tage in Shanghai herbei! Auf der ganzen Linie werden unerhörte Taxen, Steuern etc. erhoben, wobei man jedoch bis heute noch nichts von Einkommenssteuer gehört hat. Doch auch dies wird noch kommen. Ich hoffe, dass Ihr bald einmal alle meine Briefe erhalten werdet, und schliesse mit den herzlichsten Grüssen und Küssen an Euch alle [...].

Euer René

Endlich wurde Ende September die Seeblockade von zwei ausländischen Schiffen durchbrochen, womit auch wieder Post direkt nach Shanghai kommen bzw. die Stadt verlassen konnte. Beide Schiffe wurden zur Evakuation (hauptsächlich US-amerikanischer Bürger) verwendet.

Inzwischen hofften die Kommunisten auf Anerkennung ihres in Gründung begriffenen Staates. Am 23. September kündigte Mao die Gründung der Volksrepublik China und eine grosse Feier zu diesem Anlass an, und am 1. Oktober 1949 rief er die Republik aus.

Trotzdem flogen die Guomindang Angriffe auf Shanghai und andere Städte, die zwar, wie Schnell wiederholt schrieb, keine grösseren Schäden anrichteten (wohl auch nicht sollten), aber doch hin und wieder Fabrikanlagen am Rande der Stadt trafen.

Immer noch liefen Truppenteile der Guomindang zu den Kommunisten über, denn Schnell berichtete auch von zwei Schiffen der Nationalisten, die sich unter weisser Flagge im Hafen von Shanghai einfanden (Brief 250 vom 23.9.1949).

Im gleichen Brief berichtet er auch von der «letzte[n] Verordnung der Roten hier»:

Hunde etc. dürfen im kommunistischen Shanghai weder in Trams, Autos noch Rickshaws fahren, weil dies eine Verletzung der Menschenwürde sei, mit Hunden zusammen zu reisen.

In diesen Wochen hofften sehr viele Ausländer, bald ausreisen zu können. Da viele aber etlichen Besitz in Shanghai hatten (z. B. Häuser, wie das Ehepaar Plattner), wollten sie nicht einfach wegreisen, denn sie konnten den Besitz zwar veräussern, aber den Erlös nicht legal ausser Landes nehmen. Auch Schnell hoffte auf eine Rückkehr in nicht allzu ferner Zukunft, doch seine Eltern tröstete er voraussehend: «vielleicht auch noch nicht auf Weihnachten».

Verregnete Feierlichkeiten zur Gründung der VR China

Shanghai, den 6. Oktober 1949
Brief Nr. 252 (via Hongkong)

Meine Lieben,

[...] Diese Woche war im Büro hier nicht viel los, da allenthalben gefestet wurde, wovon Ihr sicherlich auch gehört habt. Leider hat das Wetter der neuen Regierung einen bösen Streich gespielt, und ich verweise in dieser Hinsicht auf den beiliegenden Artikel betr. Regenfall. Es fiel also mehr Regen als während dem Taifun im Juli ds. Jahres. Somit konnten die Umzüge, Paraden etc. nicht im vorgesehenen Rahmen abgehalten werden, und man liest jetzt in der Zeitung, man werde dies alles nachholen, so bald das Wetter sich gebessert habe. Heute nun scheint es umzuschlagen; es ist gleichzeitig auch «Mid Autumn-Festival» und Vollmond. Böse Mäuler haben natürlich das Wetter mit der Gründung der neuen Regierung in Beziehung gebracht, wie – das könnt Ihr Euch sicherlich selber ausmalen. Auch die neue Flagge weht jetzt überall, und man konnte bereits sehen, ob die im ganzen sich darauf befindenden 5 goldenen Sterne mit Cibafarbstoffen gefärbt wurden oder nicht. (Teilweise sah man verwaschene Fahnen!) – Alte Chinesen sehen es auch nicht allzu gern, dass die neue Fahne keine Sonne mehr aufweist (wie sämtliche chin. Flaggen seit Jahrhunderten) und durch Sterne ersetzt wurde! Für solche Sachen sind die Ch. stets sehr empfänglich, d.h. zu kritisieren, was neu geschaffen wurde und das Alte verdrängt. [...]

Die Preise hier in Shanghai sind eher wiederum gesunken während den vergangenen 14 Tagen, und als Beispiel gebe ich Euch mein Brot. Ich esse jeden Tag eine sog. Stange Pariserbrot (wie wir es jeweils von Burkhardt gekauft haben – mittlere Grösse). Das kostet jetzt umgerechnet ca. Fr. –.35! Teuer oder billig, verglichen mit Euren Preisen?

Wir versuchen jetzt für Mills ein Wiedereinreisevisum nach Shanghai zu verlangen, damit dann endlich Nussberger in homeleave gehen kann. Diese Applikation scheint jedoch mit allerhand Schwierigkeiten verbunden zu sein, da man Photographien etc. einreichen muss und allerhand Formulare einfüllen. Bis er da ist, wird noch viel Wasser den Yangtze hinunterfliessen. – Am Sonntag wird der französische Dampfer «Maréchal Joffre» Shanghai mit ca. 600 fremden [d.h.

ausländischen, nicht-chinesischen] Passagieren verlassen, und ich hoffe, dieser Brief hier werde auch mit diesem Schiff bis Hongkong reisen.

Propagandamaterial in der Bombe

Shanghai, den 14. Oktober 1949
Brief Nr. 253 (via Hongkong)

Meine Lieben,
[...] Die Schiffe, die Leute von Shanghai wegnehmen, nicht aber bringen, scheinen jetzt häufiger zu sein und die Bewilligung der Nationalisten für freie Durchfahrt durch die Blockade erhalten. – Von Euch ist leider wiederum nichts eingetroffen in dieser Berichtsperiode. Ich weiss nicht, ob Ihr vielleicht nicht mehr so regelmässig schreibt oder was los ist, denn etliche Leute hier haben Schweizerpost [, die] bis ca. Mitte September zu Hause geschrieben [wurde], erhalten. [...]

Wir sind jetzt wiederum aus dem Festen heraus, nachdem wir während zwei Wochenenden das Büro für 3 Tage geschlossen hatten wegen den zahlreichen Umzügen zur Feier der Gründung der chin. komm. Regierung. Das ganze Zeug hat jetzt vor wenigen Tagen mit einem «Seenachtsfest» auf dem Whangpoo-Fluss seinen Abschluss genommen. Zu guterletzt kamen doch noch Flugzeuge (10. Oktober – früherer KMT-Nationalfeiertag) und bombardierten zum ersten Male einen Teil eines Elektr. Werkes im Süden der Stadt. Man fabriziert jedoch heute schon wieder Strom, und der Schaden soll angeblich nicht so gross sein. Besonderes Aufsehen erregten 2 Fallschirme, die ca. 15.30 am 10.10. über der Stadt (einer im Süden, der andere im Norden) herunterkamen. Die Vermutungen, was dies bedeuten sollte, waren mannigfach und gingen von Soldaten bis zur Atombombe. Schliesslich vernahm man andertags, dass es normale Fallschirme waren unten mit einer Schachtel, drinn eine ausgehöhlte Bombe mit verschiedenem Propagandamaterial und einer alten chin. Flagge (KMT-Flagge mit Sonne). Natürlich wurden diese Sachen sofort von den Kommunisten in Empfang genommen und versorgt. – Die Nationalisten sollen auch gleichen Tages wiederum Flugblätter abgeworfen haben, worin sie sagten, sie werden bestimmt nach Shanghai und den übrigen kommunistisch besetzten Gebieten zurückkommen – man müsse nur Geduld haben! – Der Krieg scheint jedoch jetzt rapid zu Ende zu gehen, da die

K. heute bereits 20 Meilen vor Canton stehen. – Man vernahm dieser Tage von beginnender Farbstoffabrikation in Shanghai selber. Wir erhielten bereits detaillierte Informationen über Qualität, Menge etc. der hergestellten Farben. Vorläufig scheinen wir jedoch noch nicht mit grosser Konkurrenz rechnen zu müssen. – Die neue Regierung ringt um die Anerkennung durch fremde Nationen. Der schweiz. Standpunkt ist mir nicht bekannt. Jedenfalls sagt heute das Radio aus Amerika, dass die amerik. Regierung einen Vertreter nach China abordnen wolle, der die Grundlagen der komm. Regierung studieren solle. Allem Anschein nach wollen sie doch mit der Anerkennung vorwärts machen. [...]

In Shanghai trifft man es jetzt mehr und mehr an, dass man auf der Strasse auf Waffen etc. untersucht wird, und man muss immer eine Identitätskarte bei sich tragen. Bis heute wurde ich nur untersucht, wenn ich in einer Rickshaw sass – nie im Wagen. Die Kommunisten hier sind sehr verdächtig [argwöhnisch, misstrauisch] wegen Leuten, die nachts mit Koffern herumreisen, und suchen meistens nach Waffen, versteckten Bomben etc. Trotzdem ihnen das Kriegsglück sehr hold ist, nehmen sie sich in letzter Zeit immer mehr und mehr vor der 5. Kolonne in Acht.

Die chinesischen Angestellten der Ciba forderten höhere Löhne und bekamen diese – da allgemein bekannt war, dass die neue Verwaltung Arbeiter und niedere Angestellte unterstützte – auch bewilligt, und zwar rückwirkend ab Gründung der Volksrepublik.

Ein besonders wichtiges Thema für die Ausländer in Shanghai war die Frage der Anerkennung der Volksrepublik China durch andere Staaten. Die Angestellten der Gesandtschaft in Nanjing waren Ende Oktober in die Schweiz zurückgekehrt. Von da an hiess es abwarten – vor einer Aufnahme von diplomatischen Beziehungen würde nicht mit einer Besserung der Stellung der Schweizer Firmen in China zu rechnen sein. Die Anerkennung liess noch einige Monate auf sich warten.

Ende Oktober berichtete Schnell, dass keine Anwälte mehr in Shanghai praktizieren durften, alle Fälle würden direkt vom neu geschaffenen Volksgerichtshof («People's Court») behandelt. Damit, kommentierte er, war eine der vielen Möglichkeiten des «squeezing» (Erpressung) endlich ausgeschaltet.

Trotz der vielen immer wieder geäusserten Bedenken und Vorbe-

halte gestand Schnell den Kommunisten zu, dass sie einen gewissen Fortschritt brachten, z. B. wurden die Eisenbahnlinien im Land zügig instand gesetzt, und es wurden auch neue Linien eröffnet.

Als einen schwachen Punkt auch der neuen Regierung kritisierte er die Entwicklung der Währung. Trotz aller Überwachung war schon kurz nach Gründung der Volksrepublik eine mittlere bis hohe Inflationsrate zu verzeichnen. Allerdings wurden die Kursschwankungen von den Kommunisten begründet. Mitte November 1949 etwa stand der US-Dollar-Kurs bei 5800.– JMP (verglichen mit 580 JMP Ende Mai). Die Kommunisten liessen verlautbaren, der Aussenhandel sei am Aufleben, womit der Bedarf an Fremdwährungen grösser sei. Manchmal wurden auch Gründe aufgeführt, die wohl nur wenige glaubten (etwa, dass Spekulanten am Werk gewesen seien). Für die Bevölkerung – und die Geschäftsleute – bedeutete dies wieder einmal, dass das Geld am Nachmittag nicht mehr den Wert hatte, den es am Morgen noch gehabt hatte.

Im Brief Nr. 261 vom 10.12.1949 äusserte Schnell die Vermutung, die Kommunisten würden mit Störsendern den vorher sehr guten Empfang des Senders «Voice of America» behindern. Er bedauerte dies sehr, denn das Radio war die letzte Möglichkeit, Informationen «von der anderen Seite» zu erhalten. Immerhin trafen – erst vereinzelt, dann relativ regelmässig – die Drucksachenpakete mit Zeitungen aus der Schweiz wieder ein; dadurch erhielt er, mit einiger zeitlicher Verzögerung zwar, unzensurierte Meldungen über das Geschehen ausserhalb Chinas.

Der wirkliche Kommunismus
Januar bis Juni 1950

Immer deutlicher zeichnete sich ab, welche Änderungen die Machtergreifung der Kommunisten in China für die Bevölkerung mit sich bringen würde. im brief 265 vom 9. Januar 1950 bestätigte Schnell seinen Eltern z. B., dass die Läden, welche früher Silberwaren verkauften, zu «normalen» Läden umfunktioniert wurden, d. h. keine – nach Ansicht der Kommunisten – «Luxuswaren» mehr verkaufen durften. Er fügte hinzu, dass auch alle Tempel, von denen er wusste (also in Shanghai und Hangzhou, wo er einige Male war), geräumt worden waren und nun als Lebensmittelläden oder Magazine dienten. Den Mönchen sei «das Bethandwerk» verboten worden, und sie würden nun «zu produktiven Bürgern des neuen China erzogen». Nicht nur die Orte, wo Lebensmittel verkauft wurden, änderten sich. Auch die Lebensmittel selbst, denn nun waren auch landwirtschaftliche Produkte aus dem (schon länger kommunistisch beherrschten) Norden Chinas in Shanghai erhältlich (z. B. Käse und Honig aus der Mandschurei), was belegt, dass der Binnenverkehr wieder gut funktionierte.

Eine Beobachtung verwirrte Schnell:

Jetzt habe ich noch etwas sehr merkwürdiges zu berichten: so absurd es auch tönen mag, aber wahr ist es. Die Kommunisten hier haben eine Anzahl FLAK-Kanonen erhalten für die Fliegerabwehr. Woher, weiss ich nicht, doch eines ist sicher, dass es Oerlikoner-Geschütze sind. Fabrikation: Vorkrieg. Ein Freund von mir hat sie vor 8 Tagen auf Camions [LKW] verladen die Stadt hinunter fahren sehen, um in Position gebracht zu werden. Es sind also solche älterer Fabrikation, aber jedenfalls von Bührle stammen tun sie! Auch hört man seither bei Angriffen den deutlichen dumpfen Knall von explodierenden Flab-Geschossen!

[Brief 266 vom 14.1.1950]

Mitte Januar berichtete Schnell, dass England seine Absicht kundgetan habe, die Volksrepublik anzuerkennen, und dass am folgenden Tag wohl nicht zufällig eine englische Spinnerei im Norden Shanghais durch Bomber der GMD zerstört worden sei.

In der zweiten Januarhälfte rückte die Anerkennung der Volksrepublik durch die Schweiz in Reichweite, wovon sich die Vertreter der Schweizer Firmen endlich bessere Bedingungen zur Weiterführung ihrer Geschäfte erhofften. Schnell schreibt im Brief Nr. 267 vom 21.1.1950:

Das grösste Ereignis dieser Woche ist wohl die Anerkennung der Volksrepublik Chinas durch die Schweiz! Das einzige, das wir zwar bis zur Stunde hier wissen, ist, was in jener kleinen Notiz steht, die ich diesem Brief hier beifüge, und welche in letzter Minute noch gedruckt wurde. Dr. Koch, unser Konsul hier, scheint bis zur Stunde noch keine offizielle Mitteilung aus Bern zu besitzen. Ob man wohl nur beraten hat, oder was wohl? [...]

Nach dieser letzten Meldung zu schliessen, ist die Anerkennung durch die Schweiz also doch Tatsache, doch es wurden bisher noch keine Gesandten ernannt.

Gewissheit brachte erst die Pressemitteilung vom 11. Februar, worüber Schnell im Brief 270 vom 12.2.1950 berichtet:

Die endgültige Anerkennung durch die Schweiz der Volksrepublik Chinas ist gestern Samstag hier veröffentlicht worden in der chin. Presse. Sven Stiner, früher Konsul in Shanghai und jetzt in Hongkong, wurde scheints [zum] Chargé d'Affaires [Geschäftsträger] in Peking ernannt. Der brit. Geschäftsträger begibt sich heute von Nanking aus nach dem Norden, und die Vertreter der übrigen Nationen werden wohl bald folgen, so dass normale diplomatische Beziehungen mit Rotchina nicht mehr lange auf sich warten lassen werden[16]. Ob die

---

16 Der Entschluss des Schweizer Bundesrates, die Volksrepublik China anzuerkennen, war dem Vorsitzenden der Zentralen Volksregierung, Mao Zedong, durch ein Telegramm von Max Petitpierre am 17. Januar mitgeteilt worden. Am 6. Februar wurde ein weiteres Telegramm an den chinesischen Aussenminister, Chou Enlai, geschickt, in welchem die Schweiz ihren Wunsch nach Aufnahme normaler diplomatischer Beziehungen ausdrückte. Die positive Antwort des chinesischen Aussenministeriums erfolgte am 10.2.1950. Erster Geschäftsträger, bis Ende 1950, war Sven Stiner (in Peking). Nach ihm übernahm Clemente Rezzonicco als «ausserordentlicher Gesandter und bevollmächtigter Minister» den Posten. Entgegen der Annahme Schnells folgten andere Staaten nicht so bald nach. (Dubois H., *Die Schweiz und China*. Bern, 1978, p. 87)

Handelsbeziehungen besser werden, bleibe dahingestellt (wenigstens für Privatfirmen). In diesem Zusammenhang sende ich als Beilage eine Kopie des Schreibens, das unter den Mitgliedern der hiesigen schweiz. Handelskammer zirkulierte. Ihr werdet daraus leicht ersehen, dass der Staat der Hauptkonsument in jeder Richtung hin sein wird.

Im gleichen Brief schreibt Schnell von einem weiteren grossangelegten Bombardement auf die Elektrizitätswerke von Shanghai, welches dazu führte, dass in weiten Teilen der Stadt (z. B. in den Büros der Ciba) kein Strom und z. T. auch kein fliessendes Wasser mehr zur Verfügung standen:

[...] Die Preise für Kerosinlampen und Kerzen rasten bis an die 100 % und mehr in die Höhe! Wir haben im Büro eine Budda-Gaslampe [Butangaslampe] (hier betrieben mit Kerosin), um wenigstens etwas Licht zu haben. Die Stadtbehörden haben allerhand Meldungen und Bekanntmachungen ausgegeben und Direktiven verteilt betr. Verhalten bei Fliegerangriffen etc. Luftschutzräume sind hier gänzlich unbekannt, weil Shanghai sehr tief liegt (fast unmittelbare Meereshöhe). [...]
Dann kann ich jetzt (ich habe ja noch Strom [zu Hause]!) den Sender Taiwan auf 41 m Kurzwelle ganz deutlich hören, und es tönt, wie es in Shanghai gesendet würde. Sie meldeten den Angriff auf Shanghai und sagten natürlich, grosser Schaden sei angerichtet worden. Sie bringen Nachrichten in englisch und sogar auch auf französisch und nennen sich «Die Stimme vom freien China»! Ganz so wie seinerzeit «la voie de la France libre»! Die Nachrichten sind natürlich propagandistisch aufgemacht, geben aber auch wieder mal ein anderes Bild der Lage und von der andern Seite des «Lagers»! [...]

Es überraschte nicht, dass die Kommunisten verschiedene neue Steuern einführten. Neu war hingegen, dass diese indirekt der Umerziehung des Volks dienen sollten. So wurde z. B. eine spezielle Steuer auf private Einladungen (abhängig von der Zahl der Eingeladenen) erhoben. Dadurch wurde es der Bevölkerung nahezu unmöglich gemacht, grosse Parties und die traditionellen «Chinese Dinners» zu feiern. Auch wer in einem Restaurant essen ging, musste eine Taxe von 15 % bezahlen. Das

Hospital, welches sich die Ausländer in Shanghai (gebaut und) reserviert hatten, musste u. a. wegen der zu hohen Grund- und Liegenschaftssteuern geschlossen werden, bzw. es wurde von den Kommunisten übernommen. All diese Steuern und Pflichten, welche das kommunistische Regime einführte, liess nicht nur die Sympathie der Ausländer in den ehemaligen Vertragshäfen schwinden, sondern auch eines grossen Teils der chinesischen Bevölkerung. Aber nicht nur die neuen Steuern befremdeten die Bevölkerung, sondern auch die:

Trainingscenter zur Umerziehung

Shanghai, 19. Februar 1950
Brief Nr. 271 (direkt Luftpost)

Meine Lieben,
[...] Mein Chinesischlehrer muss vielleicht in absehbarer Zeit in ein sog. «Trainingscenter» (Hangchow am Westlake) gehen, da er sich den kommunistischen Regeln und Bestimmungen bei der Eisenbahn, wo er arbeitet, nicht ohne «Maulen» anpassen kann. Er sagt, der Kommunismus widerspreche in allen Zügen dem Charakter des Chinesen. Und er ist nicht der einzige, der heute in Shanghai, und wohl auch im übrigen China, so spricht! Diese Zentren der Meinungsänderung mahnen ganz an das seinerzeitige Hitlerdeutschland, nicht wahr? Für die Familie wird dann zu Hause leider auch nicht gesorgt, und er möchte dann die Stelle lieber aufgeben und irgendwo anders arbeiten, doch heute hält dies in S'hai sehr schwer, wo niemand Geschäfte tätigen kann, und nur vom Stundengeben leben ist auch so eine Sache. Er weiss ja nie, wenn alle Fremden ausziehen, zu welchem Zeitpunkt er dann ohne Stelle und Auskommen dasteht. Und wie soll er dann seine 8-köpfige Familie (inkl. Vater und Mutter) ernähren können? – Dies sind Probleme, die heute in den meisten Gehirnen der Chinesen der Mittelklasse (wenn man von dem unter dem Kommunismus noch sprechen kann, wo eigentlich alle auf der gleichen Stufe stehen sollten!) sich befinden, und man muss immer nur so staunen, mit welcher Gelassenheit und welchem Gleichmut in gewissem Sinne die Chinesen alle Härten des hiesigen täglichen Lebens ertragen. Wenn die Schweizer das ertragen müssten, ginge es sehrwahrscheinlich mit mehr Murren und Unzufrieden sein zu! – Das Hauptereignis der vergangenen Woche war das Vorbereiten der ganzen Stadt auf mögliche weitere Luftangriffe.

Überall wurden Sandsäcke aufgestellt, Fenster verklebt, Luftschutzräume ausgehoben etc. Abwehrposten, mit Kanonen versehen, waren Tag und Nacht auf Piket – und keine Flieger kamen bis jetzt, obwohl das Wetter recht schön ist. Auch der Sender Formosa sagte nichts mehr von Angriffen auf Shanghai. Nanking und Tsingtao [Qingdao] wurden während diesen paar Tagen angegriffen. Gerüchte unmöglichster Art schwirren durch die Stadt, und den Nervenkrieg unter der Bevölkerung haben die Nationalisten sicherlich erreicht! Die Stromeinschränkungen, denen wir uns nun zu unterwerfen haben, sind ein anderes Kapitel. Kurz und bündig: jeder Haushalt kann nur noch 1/5 des Stromes brauchen, den er im Okt./Dez. (Durchschnitt) des letzten Jahres brauchte. Ich kann im Monat nur noch 15 kwh brauchen!! Kühlschrank und Glätteeisen [Bügeleisen] und Toastmaschine werden ganz wegfallen müssen, und ich gab jetzt schon order an den boy, überall 15 W Lampen einzuschrauben, mit Ausnahme einer einzigen Lampe mit 110 W zum Lesen und Schreiben!

Mao hat bereits das Vertrauen der Bevölkerung Shanghais verloren

Shanghai, den 25. Februar 1950
Brief Nr. 272 (direkt Luftpost)

Meine Lieben,
[...] Dass die Bevölkerung zu meetings kommandiert wird, stimmt, doch meistens bloss im Rahmen der sog. Gewerkschaftsorganisationen und Händlerguilden [*guild*, engl., Zunft, Vereinigung]. Privatpersonen, d. h. z. B. Hausfrauen, Servants etc., brauchen nicht zu gehen. Ob nämlich auf diese Weise den Chinesen der Sinn des Kommunismus leichter in den Schädel [geht], bleibe dahingestellt! – Auch dahingestellt bleibt das, ob sich für uns je wieder gute Zeiten abzeichnen werden – vorläufig scheint dies noch nicht zuzutreffen! – Die Geschäfte sind auf einem kompletten Nullpunkt angelangt, und niemand verfügt über Bargeld, oder wenn sie noch solches haben, müssen sie es nächstens für den Kauf von «Victory Bonds» ausgeben, was ein Kapitel für sich ist. [...] Wenn nun Mammi auf der andern Seite meint, ich gehe immer noch ins «Hallenbad» schwimmen, so schreibt es hier wirklich von «unvorstellbarem» Luxus: erstens konnte man dieses Bad im Rowing Club im Winter nie benutzen, da Heizung nicht besteht, und

zweitens war es auch während dem letzten Sommer kein Vergnügen, dort zu schwimmen, weil das Wasser wegen Fehlen von Chemikalien nicht mehr des öftern gereinigt werden konnte. Unter den Kommunisten ist überhaupt der Unterhalt von Schwimmbädern (Shanghai hatte deren zwei grosse öffentliche) verboten, da dies eben «Luxus» sei!! – Mit meinen servants geht es gut, diese sind froh, dass sie noch ein Auskommen finden, solange ich noch hier bin. Ich habe gutes, aber einfaches Essen, auch reichlich mit viel Kuchen, Kücken (!), Butter, Käse etc. etc. Jedoch nicht so luxuriös wie seinerzeit im Plattnerschen Hause, was ja auch nicht nötig ist. [...]
Über das Heimkommen weiss ich leider nach wie vor noch nichts Definitives. Es ist schwieriger denn je, von Shanghai fortzukommen, und jene Amerikaner vom Konsulat und übrige Ausländer, die Shanghai verlassen wollen, werden in LST (= amerik. Landungsschiffe, gebraucht während der Invasion in der Normandie) nach Japan gebracht! A. Glanzmann wird in einem solchen Schiff ca. Mitte März Shanghai verlassen und kann Euch dann gleich selber von seinen Erlebnissen berichten. Es sind dies die einzigen Schiffe, die angeblich neben den gelegten Minen in der Yangtze-Mündung vorbeifahren können. [...]
Auch in der vergangenen Woche hatten wir hier zahlreiche Angriffe von KMT-Bombern, und die Stadt ist ganz auf «Luftkrieg» eingerichtet. Viele Büros arbeiten z. B. von 4 Uhr nachmittags bis 10 od. 11 Uhr abends, und den ganzen Tag haben sie frei wegen Bombengefahr! (Es sind dies die Amerikan. und englischen Ölgesellschaften, die anscheinend scheinen die grössten Angsthasen zu sein). Schaden wurde in der Berichtsperiode nur an einem weiteren El. Werk im Norden der Stadt angerichtet. Der Schaden sei unbedeutend – nicht wahr, dieser bekannte Spruch vom letzten Kriege her kehrt zurück in die Nachrichten der vom chin. Bürgerkriege betroffenen Regierungsstellen der Kommunisten. [Der] Taiwansender sagt jeden Abend, Vorbereitungen seien getroffen, um in absehbarer Zeit an der Küste Chinas wiederum zu landen. – Auch entsprechende Flugblätter wurden über Shanghai abgeworfen. – Mao hat bereits das Vertrauen der Bevölkerung Shanghais verloren, da dieser Kommunismus den Chinesen einfach nicht in den Kram passen will. Was für eine Regierung muss jedoch kommen, die es jedermann recht macht? – Mit Hilfe von Russen

wurden in Shanghai Radarposten aufgestellt, die anscheinend gut zu funktionieren scheinen, denn Fliegeralarm ertönt rechtzeitig, wenn Flugzeuge kommen. – Am Bund, in der Nähe der sog. Garden Bridge, wurde eine Abwehrbatterie von ca. 8 FLAK aufgestellt. Es soll sich um tschechische (!) Kanonen vom letzten Kriege her handeln! Es sind gewaltige Möbel, alle auf Gummipneus! – Ich lege ein Zeichen der Zeit als Beilage bei, nämlich das, dass sogar die Organisation des World Day of Prayer ihre Gebetsstunden wegen Fliegerangriffen hat verlegen müssen! Wirklich ein Zeichen der Zeit, in der wir heute hier leben, nicht wahr?

Was für ein Schwindel wird in der Schweizer Presse über Shanghai geschrieben!

Shanghai, den 25. März 1950
Brief Nr. 276

Meine Lieben,
[...] [F]ür die vielen Beobachter, Zeitungsausschnitte, Taschenkalenderli etc. recht herzlichen Dank. Da habe ich gleich einen Artikel herausgegriffen und möchte ihn kurz kommentieren: was für einen Schwindel wird da über das «Warenhaus in Shanghai» zusammengeschrieben! Ihr scheint den Artikel von Marie in Lugano erhalten zu haben, und ich hätte gerne gewusst, aus welcher Zeitung sie diesen «Seich» [Mist] (Entschuldigt den Ausdruck) herausgeschnitten hat. Was da zusammengeschrieben wird, war scheints z. T. richtig vor ca. 20–25 Jahren und nicht einmal damals alles; z. B. Kinobillete wurden einem auch während den besten Tagen Shanghais nie ins Haus gesandt! [...]

[Es] sitzen annähernd 2000 Personen immer noch hier und warten bald ungeduldig auf eine Möglichkeit, ausziehen zu können. [...] Man kann sich hier die Einstellung der Kommunisten nicht gut erklären, nachdem sie anfänglich alles daranzusetzen schienen, die Leute (vor allem das amerik. diplomatische Corps) so rasch als möglich aus dem Lande zu haben! [...]

Das, was Ihr da am Radio gehört zu haben scheint [über die «sterbende Metropole» Shanghai], stimmt schon, wenn es nur nicht allzusehr journalistisch ausgeschmückt war, was ja bei solchen Anlässen immer der Fall zu sein scheint. Nachdem ich jenen grässlichen Artikel

übers «Warenhaus» gelesen habe, glaube ich nicht mehr an den guten «Schweiz. Journalismus». [...]
Sämtliche Freunde von mir (so auch Glanzmann) hatten grosse Schwierigkeiten mit der Ausfuhr von ihren Filmen (Negativen) und kopierten Photos. Glanzmann wurden ca. 1/3 seiner Negative mit Kopien zerstört. Alles, was mit Chinesen zu tun hat (photographierte Kulis, Bauern, Servants etc.), wurde zerstört. Nur Bilder mit gut gekleideten Chinesen wurden ihm gelassen. Auch gewisse Landschaftsbilder wurden zerstört – und wie –, einfach mit einem Sackmesser die Leicanegative entzwei geschnitten. – Um all' diesem vorzubeugen, erachte ich es als sehr wichtig, meine sämtlichen Negative (ich habe rund 15 Leicafilme à 36 Aufnahmen) so rasch wie möglich aus dem Lande zu schmuggeln, und zwar per Post (gewöhnliche). [...]
Wir haben jetzt eine «Flugwaffe» in Shanghai von 19 Jägern. Wer die Piloten sind, weiss immer noch niemand sicher. Ich vermute halt immer noch, dass es sich um Russen handelt, denn Flugexperten hier sagen, dass die Flugzeuge mustergültig geflogen werden. Tatsächlich hatten wir nie mehr direkte Angriffe auf die Stadt, da die Angreifer «vertrieben» wurden, wie es in der Zeitung stand. Einmal hatten wir sogar Alarm wegen den eigenen Flugzeugen, da der hiesige Beobachtungsdienst die Flieger nicht identifizieren konnte!! [...]
In Nanking seien diese Woche an die 3000 russische Soldaten angekommen. Was mit diesen geschieht, weiss niemand – man rechnet hier stark damit, dass sie für die Invasion von Taiwan vorbereitet werden! [...]
Gegenwärtig sind rund 60 Millionen Chinesen von Hungersnot bedroht, und auch die Kommunisten scheinen dem nicht Meister geworden zu sein, was natürlich reichlich Stoff für die Propagandasender Taiwan bildet! Mich wundert diesmal diese Hungersnot nicht, denn diese würde in jedem Lande ausbrechen, wenn so und so viele Tonnen Reis und andere Nahrungsmittel nach benachbarten Ländern verschifft werden (hier natürlich Russland), wenn das eigene Land vorher nie genug Lebensmittel für sich selbst hatte!

Schade nur, dass man keinen Schritt aus der Stadt heraus mehr wagen darf, ohne auf eine Verbotstafel zu stossen

Shanghai, den 8. April 1950
Brief Nr. 278

Meine Lieben,

[...] Auch von Annemie erhielt ich dieser Tage einen Brief, worin es dringend nach ihren Sachen fragt. Ich kann nichts anderes als die Leute vertrösten und sagen, dass wir hier unser Möglichstes tun betr. Verschiffung. Doch wer zu Hause ist, kann sich leider nie ein rechtes Bild der wahren Verhältnisse, wie wir sie jetzt hier haben, machen. – Das mit der Landung der KMT südlich Shanghais stimmt schon, ist wohl aber keine so grosse Aktion wie von Euren Zeitungen und Radio berichtet. Dagegen haben wir jetzt in Shanghai Tausende und Tausende von Russen, teilweise in Uniform und auch in Zivil. Piloten und sog. Advisers. [...]

Die Bevölkerung Shanghais hat immer mehr abstossende Gefühle gegenüber den angekommenen Russen, und es sei schon mehrere Male zu internen Kämpfen gekommen. Doch die Mentalität der Chinesen (mit Ausnahme der Kantonesen) wird es bestimmt nicht zulassen, dass sie revoltieren – dazu sind sie zu sehr Egoisten und Feiglinge. [...]

Sie haben hier eine Bekanntmachung ausgegeben, dass von hier aus nichts in Zeitungen herausgeschmuggelt werden dürfe. Man sagte aber nichts davon, dass hereinkommende Printed matter zensuriert werde. Doch die Russen auf dem Postbüro wären zu allem fähig!! [...]

Wie verbringt ihr wohl die Osterfeiertage? Wir gehen bis am Montag nicht mehr ins Büro. Das Wetter hier ist wirklich schön geworden – schade nur, dass man keinen Schritt aus der Stadt heraus mehr wagen darf, ohne auf irgend eine Verbotstafel zu stossen!

Man kann nicht einfach die Leute entlassen und die Tore schliessen

Shanghai, den 13. Mai 1950
Brief Nr. 283

Meine Lieben,

[...] *Vertraulich* kann ich Euch mitteilen (im Zusammenhang damit, dass Ihr Glaser in Basel «Review» Heftli gesandt habt), dass wir gerade gestern ein Tg. erhielten, worin er konkrete Pläne über das zukünftige Chinageschäft verlangt. Er sagt auch, es müssten jetzt unsere sämtlichen Unkosten und die Ausgaben von «Foreign und Chinese Staff» reduziert werden, und dass Geld aus der Schweiz gesandt würde zu unserer «Hilfe» sei ausgeschlossen! So sieht sich heute Nufer vor ein schwieriges Problem gestellt, das noch schwieriger wird, weil wir so viel Waren hier haben, die wir, wenn halt auch mit ca. 50%igem Verlust, verkaufen könnten, käme es darauf heraus, die Chinesen weiterhin zu «füttern» (nach neuem komm. Gesetz ist man nicht ermächtigt, Leute ad libertum [recte: ad libitum] zu entlassen!) –

Glaser selber scheint jetzt doch endlich seinen sonst früher nie versiegenden Optimismus aufgegeben zu haben!

[...] Das, was Papi über die Schliessung der Filiale der Chase Bank las, stimmt nur halb, denn, wie oben schon gesagt, kann man nicht einfach die Leute entlassen und die Tore schliessen. Es sind erst Verhandlungen mit der komm. Stadtregierung (genannt Military Control Commission) im Gange für die Schliessung. Die Amerikaner der Bank sind auch alle noch hier und müssen zuerst gehörig blechen, bevor sie weg können! Die betr. Bank besitzt auch eines der grössten mehrstöckigen Geschäftshäuser der Stadt. Ich habe jetzt noch ein paar Notizen: Vor wenigen Tagen sah ich jene jet-propeller Flugzeuge der Russen hier. Vorher hatte ich sie immer nur gehört! sie entsprechen so etwa den schweiz. «Vampires», sind jedoch eher noch schneller (ca. 1100 km/h). Am letzten Donnerstagabend konnten sie ihre Leistungsfähigkeit auf die Probe stellen, denn plötzlich um 21.30 h hatten wir Alarm, und gleich erschienen auch 4 B-24 der KMT über der Stadt. Einer davon wurde sogleich ins Scheinwerferlicht genommen und verfolgt. Wir erlebten ein prächtiges Seenachtfest mit jener Leuchtspuhrmunition! Nach ca. 5 Minuten sah man, wie der Flieger getroffen, eine Rauch- und Feuerschwade hinterlassend, abstürzte (auf der Pootungseite – siehe Karte!). Wie ich nachträglich aus 1. Quelle vernahm (mein chin. Lehrer), wurde der Flieger nicht von der sog. Radarkontrollierten Bodenabwehr getroffen, sondern von einem über ihm fliegenden Jet-Propeller! Dieser traf ihn mit ca. 10 MG-Schüssen, und der grosse in diesem Zusammenhang recht schwerfällige Bomber mit einer Besatzung von ca. 9 Mann sah nichts mehr und konnte nur noch geradeaus fliegen und war auch nicht im Stande, einen einzigen Schuss abzufeuern. (Geblendet von den Scheinwerfern) Am Boden soll er in 1000 Stücke zerschellt sein und in Flammen aufgegangen (dies schon während des Absturzes). Wie ich dann weiter von meiner Quelle vernahm (offiziell wird natürlich kein Wort mitgeteilt!), sollen 4 Bomber sehr tief über Shanghai eingeflogen sein (um der Radarkontrolle zu entgehen) und dann über Woosung eine Leuchtbombe abgeworfen haben, um zu sehen, wo sie seien. Dann wurden sie gleich ins Abwehrfeuer und Scheinwerferlicht der hiesigen Russen genommen, wobei es 3 Fliegern gelang, zu entweichen, währenddem der andere halt hat dran glauben müssen. Jede Nacht würden scheints Versuche zum Einflug nach Shanghai gemacht, jedoch bis jetzt noch jedes Mal abgewiesen. Die Raketenflugzeuge sollen scheints stets ausserhalb Shanghai, d. h. der Küste entlang, patrouillieren.

Ein Schauspiel von nicht ganz 10 Minuten, und doch hat es uns allen (noch mehr den Leuten, die hoch oben wohnen) die grausame Realität des noch herrschenden Bürgerkrieges, der jedoch seit der Ankunft der Russen in Shanghai mit ungleichen Mitteln gefochten wird, näher gebracht. [...]

Diese Woche lasse ich mich wiederum gegen die evt. Sommerkrankheiten Shanghais, d. h. Cholera, Typhus, Paratyphus, impfen. Ein Freund von Dr. Breitkreuz, ein in Deutschland ausgebildeter Russe (ich gehe mit der Zeit – ist glaube ich sogar Sovietrusse) wird mich impfen. Breitkreuz fuhr am 4. Mai hier weg. Jener Russe studiert[e] mit ihm zusammen in Deutschland und soll ein sehr guter Arzt sein. – Ich hörte vom hiesigen Schweizerkonsulat, dass ihre Post unfehlbar stets zensuriert werde. Bei unserer Geschäftspost können wir das bis heute noch nicht sagen. Doch ich sollte bald einmal vielleicht etwas vorsichtig werden, was ich schreibe, da ja unter Umständen auch die deutschen Kriegsgefangenen hier (wie schon früher berichtet) die Zensur übernehmen könnten!! Auch sämtliche telegr. Offerten, die Privatfirmen hier aus Übersee erhalten, werden zensuriert, und zwar vom Foreign Trade Control Bureau, das sich die Preise als erste Instanz notiert, bevor nur der Empfänger eine Ahnung davon hat! Nette Zustände nicht wahr?

Ende Mai 1950 fanden Feiern, d. h. grosse Umzüge, zum ersten Jahrestag der Befreiung Shanghais statt, aber, wie Schnell in seinem Brief Nr. 285 vom 27.5.1950 betonte, «im Rahmen der üblichen austerity», d. h. Sparmassnahmen. Er berichtete auch, dass die Presse eine «grosse

Geschichte» aus der Tatsache machte, dass ein Vertreter Rotchinas zur Konferenz der internationalen Postunion in Montreux eingeladen wurde. Eine Aufnahme Chinas in den UNO-Sicherheitsrat wurde hingegen noch heftig diskutiert. Interessant waren diese Punkte für ihn bzw. die Ausländer in Shanghai v.a. deshalb, weil sie abzuschätzen versuchten, ob und wann Rotchina als rechtmässiger Staat und also auch als Handelspartner anerkannt würde. Nur dann würde es möglich sein, die Geschäfte fortzuführen.

Gemäss Brief Nr. 286 vom 3.6.1950 waren zum ersten Mal nach langer Zeit weniger Bomber der GMD zu beobachten gewesen, und nachdem die Zhoushan Inseln (Chushan Islands), einer der letzten Stützpunkte der GMD in der Nähe, aber nicht mehr auf dem Festland, von den Kommunisten erobert worden waren, war die Blockade der GMD offenbar gebrochen, denn es trafen wieder englische Schiffe aus Hongkong ein, und man «rechnete mit der baldigen Wiederaufnahme» der direkten Schiffsverbindungen mit dieser Stadt.

Im selben Brief erzählte Schnell auch von den vielen Russen, die Shanghai nun bevölkerten. Als Militärberater hätten sie viel Geld erhalten (gerüchteweise 4000–5000 Franken) und kauften alles, was käuflich sei; die Läden hätten schon begonnen, ihre Waren auf Russisch anzuschreiben. Auch waren auf einmal russische Zeitungen erhältlich – jedenfalls fielen sie Schnell erst dann auf.

Die Kommunisten fingen an, die Strassen der Stadt umzubenennen, v.a. solche, die nach Führern der GMD benannt worden waren, und solche, die in den ehemaligen Konzessionsgebieten lagen. Dass sie ausserdem eine «Kampagne gegen jegliche Religion» lanciert hätten und die darwinistische Abstammungslehre verbreiteten. Ferner legte er dem Brief den Bericht über eine Volkszählung (oder Befragung der Bevölkerung, Schnell verwendete das Wort «Analyse») bei, nach welchem die Mehrheit der Chinesen in Shanghai Analphabeten waren.

Noch kein Ende in Sicht
Juli bis Dezember 1950

Kriegsausbruch in Korea

Shanghai, den 1. Juli 1950
Brief Nr. 290

Meine Lieben,
[...] Nachdem ich nun Euren letzten Brief verdankt habe, komme ich leider auf ein weniger angenehmes Kapitel zu sprechen, nämlich den Krieg. Es ist ja sehr traurig, dass die Menschheit nach genau 5 Jahren wiederum so weit ist, dass der Kriegsausbruch möglich ist. Sicherlich habt auch Ihr diese Korea-Geschichte mit Eifer verfolgt und Euch keinen Nachrichtendienst entgehen lassen – genau wie wir hier, sind wir doch leider auf das Radio mehr denn je angewiesen, um einigermassen zuverlässige Meldungen zu erhalten. Die NCDN ist für 3 Tage verboten, und Leute ohne die «Shanghai News» und Radio erhalten überhaupt keine Nachrichten mehr. Ich habe diese Zeitung ja abonniert, wie schon früher geschrieben, und sende Euch jeden Freitag jetzt die Ausgaben der ganzen Woche. Ihr könnt Euch dann an Hand dieser Nummern selber überzeugen, wie die Kommunisten die Sache bringen. Die NCDN hat eben gemeldet, Südkorea habe Nordkorea angegriffen und nicht umgekehrt. Mich wundert nun, wie es in der westlichen Welt, vorab in der Schweiz, gebracht wurde. Die Kommunisten finden äusserst hässliche Worte für die Aktionen der Amerikaner in Korea, dann vor allem auch für die Übernahme der Kontrolle von Formosa etc. Alles dies werdet Ihr mit den entsprechenden Kommentaren in den «Shanghai News» abgedruckt finden. Die UNO wird wohl nicht viel ausrichten können, wenn sie von den Russen blockiert ist. Auch ein Neu-China-Vertreter ist ja nicht zugegen in Lake Success. – Mich wundert auch, wie man die allg. Lage in der Schweiz einschätzt und ob wohl irgendwie Schutzmassnahmen betr. einem ausbrechenden Krieg getroffen wurden? – Hier in Shanghai geht alles seinen normalen Gang, bloss eben, dass man stets am Radio sitzt und hört, was passiert. Was jetzt mit Formosa passieren wird, bleibt abzuwarten, wie man überhaupt von einem Tag auf den andern nicht sagen kann, was passiert. Etwas Gutes hat die ganze Geschichte doch, nämlich, dass die KMT-Leute ihre Angriffe auf das Festland haben einstellen müssen (auf Ver-

ordnung der Amerikaner). – So kann ich Euch nur trösten und versichern, dass in meiner unmittelbaren Umgebung alles in normalen Bahnen läuft, obschon die Geschäfte nach wie vor flau sind, jedoch eher in der letzten Zeit etwas besser gehen. – Wir haben jetzt die Zahlen für dieses Democratic Steuer Assessment [Einschätzung] eingereicht und erwarten nun, was wir zu bezahlen haben. [...]
Heute fängt in Shanghai eine Woche des «Friedens» an, wo Unterschriften für diese Peace-Mission gesammelt werden (Schwedische Angelegenheit – ich habe darüber früher schon mal geschrieben) – Der Zeitpunkt wurde wirklich richtig gewählt, und es bleibt nur zu hoffen, dass diese Unterschriften ihren Zweck erfüllen mögen und der geplagten Menschheit ein 3. Weltkrieg erspart bleibe!

Ab etwa Mitte 1950 stellte sich für die Direktoren oder Inhaber ausländischer Geschäftsniederlassungen die Frage, ob es noch einen Wert hatte, auf eine positive Wende der wirtschaftlichen Entwicklung zu warten. Viele gaben den Glauben an diese Wende auf und verliessen Shanghai, die meisten erst einmal Richtung Hongkong.

England liquidiert das Shanghaigeschäft

Shanghai, den 29. Juli 1950
Brief Nr. 294

Meine Lieben,
[...] Das von England, betr. Liquidierung des Shanghaigeschäftes, wussten wir auch, doch bis zur Stunde haben die hiesigen englischen Firmen noch keine entsprechenden Schritte unternommen, wie mir bekannt ist. [...]
Ich habe jetzt noch ein paar Notizen, denen oben an wohl die zukünftige Gestaltung unserer hiesigen Firma steht! *Vertraulich!* In einem kürzlich aus Basel eingetroffenen Tg. verlangt man die sofortige Rückkehr von Nufer zu Besprechungen in Basel. Das Pharmazeutische Department wird aufgelöst, da, nach einer Bestimmung der hiesigen Regierung, nach 1951 keine pharmaz. Spezialitäten verkauft werden dürfen. (Eigenproduktion Chinas.) Auch vorhandene Stocks [Lager] müssen bis 31.12.51 verkauft sein. Duss wird nach Hongkong versetzt und hat bereits um ein Exitvisum nachgesucht. Er ist gegenwärtig mit sehrwahrscheinlich recht langwierigen Liquidationsarbeiten beschäf-

tigt. Somit bleibt noch Mills als Dir. und ich hier. Basel hat nun angefragt, ob Mills gewillt wäre, bis nächsten Frühling (der approx. Rückkehr von Nufer) das Geschäft mit mir zusammen zu führen! Wir hatten während den letzten paar Tagen regen Tg-Austausch mit Glaser. Mills ist begreiflicherweise nicht gewillt, mit mir allein hier zu sein, ohne dass man mir den «Dir-Titel» verleiht!! Schliesslich hätte er doch dann die ganze Verantwortung nach aussen zu tragen, wobei er aber von kfm. Angelegenheiten keinen Hochschein [blassen Schimmer] hat und meine Arbeit einfach tel quel [unbesehen, so] gutheissen müsste! [...]

Mich hat Nufer vorgängig diesen Tg-Austauschen (wohl nach Eintreffen des 1. Baslerkabels) gefragt, ob ich gewillt wäre, noch bis im nächsten Frühjahr hierzubleiben und *evtl.* (vor Besprechung mit Mills!) die kfm. Leitung ganz allein zu übernehmen. Ich habe zugestimmt, in der Annahme, das sei eine sehr gute Gelegenheit für mich zum späteren Avancement und überhaupt, um mein während nahezu 4 Jahren Chinaaufenthalt Gelerntes an den Tag zu legen, wohl bewusst, dass ich eine schwere Aufgabe vor mir hätte, angesichts der heutigen Lage in Shanghai! (Evtl. spätere Gesamtliquidation etc. etc.) – Nächste Woche wird wohl ein weiteres Kabel aus Basel eintreffen, und ich kann Euch kommendes Wochenende darüber berichten. [...]

Die vergangene Woche brachte den Höhepunkt der «Anti American Aggression Campagne [recte Campaign]» – mit Lautsprechern und Flugblättern (siehe auch auf den heutigen Couverts) wurde gegen USA und die Imperialisten auf der ganzen Welt gehetzt. USA wurde sogar mit Hitlerdeutschland verglichen! [...]

Mein chinesisch macht weiter gute Fortschritte. Ich lese jetzt hauptsächlich politische Angelegenheiten und mache mich deshalb mehr mit einem politischen Vokabular vertraut. Ich habe nach wie vor 4 Stunden pro Woche und profitiere jetzt noch mehr, seitdem Nussberger nicht mehr hier ist. [...]

Am 1. August ist auch wieder der Geburtstag der PLA (People's Liberation Army) und trifft mit unserem 1. August zusammen. Eine grosse Parade soll abgehalten werden. – Wir Schweizer werden unsern Empfang im Konsulat haben und nachher einen Dinner-Dance auf der Terrasse des Italian Club abhalten (da die Anlagen des Schweizerklubs zu ungenügend und gar nicht mehr präsentabel sind).

Shanghai-Fieber

Shanghai, 16. August 1950

Meine Lieben,
[...] Meine Krankheit ist ein sog. Shanghai-Fieber, das man nur mit Bettruhe wegbringen kann. Es tritt im Sommer auf und dauert gewöhnlich einige Wochen. Der Arzt verschrieb mir auch noch ein neues Produkt (Chloromycetin) von Parke-Davis, das sehr teuer ist und, glaub' ich, nicht viel nützt. Julie kommt immer nach dem Büro zu mir, und im übrigen brauche ich keine Pflege. Die Sache will einfach ihre Zeit haben, und es besteht überhaupt kein Grund für Euch, irgendwie beunruhigt zu sein. [...]
Im übrigen scheint Ihr ja einen Bericht von Glaser erhalten zu haben, und es stimmt, dass die Ciba ihr Chinageschäft weiterbeibehalten will! Was aus jenem besagten Tg-Verkehr geworden ist, den ich in meinem letzten maschinengeschriebenen Brief noch angedeutet habe, weiss ich nicht. Ich werde in dieser Beziehung erst wieder Neuigkeiten zu berichten wissen, wenn ich wieder im Büro sein werde. [...]
Für heute will ich schliessen, indem ich Euch bitte, ja keine unnötige Angst zu haben wegen meiner Krankheit. Ich bin schon viel besser zwäg [es geht mir schon viel besser]. Empfangt alle meine herzlichsten Grüsse und Küsse, denen sich auch Julie anschliesst und bestätigt, dass meine Krankheit harmlos ist,

Euer René

Unser Vertreter in Peking, Stiner, macht gar keine Fortschritte

Shanghai, den 31. August 1950
Brief Nr. 295

Meine Lieben,
[...] Ohne Bericht von Euch, werde ich die «Shanghai News» jetzt nicht mehr senden, da bei Euch das Interesse dafür nicht vorhanden zu sein scheint! Begreiflicherweise! Es war dies für Euch bloss ein Beispiel, wie heute die chinesische Presse aufgezogen wird und ist und auf welcher Grundlage (kommunistischer) die Leute hier informiert werden! – Natürlich findet diese Lektüre Leser eben – weil nichts anderes vorhanden ist! – In letzter Zeit erhielten private Importeure einige Devisen zugeteilt, doch ich muss mich zuerst im Büro wieder etwas umsehen, um entscheiden zu können, inwiefern dies für unser Geschäft zutrifft, d. h.

ob wir auch was erhalten. Wie Nufer mir kürzlich sagte, schaue für uns nichts oder nicht viel dabei heraus. [...]
Unser Schweizervertreter, Stiner, in Peking, macht gar keine Fortschritte. Die Schweiz offerierte scheints China nur einen Chargé d'affaires, während China sagt, sie würden einen Minister in die Schweiz schicken und uns bittet, gleich vorzugehen! Darüber konnte man allem Anschein nach in Bern noch zu keinem Entschluss kommen! Diese Meldung habe ich am 1.8. von unserem hiesigen Konsul, Dr. Koch, erhalten. [...]
Vom Koreakrieg hört man hier täglich die Nachrichten, die Ihr auch vernehmen werdet. Alles scheint eine langwierige Sache zu sein. Jedenfalls haben die UNO-Kämpfer einen harten Stand. Im heutigen Mittelpunkt des polit. Interesses steht die Formosa-Frage. Dann auch die angeblichen Bombardierungen in Mandchuria durch USA-Bomber. Darüber hat man sich in Peking sehr aufgeregt!

Ausquartiert

Shanghai, den 9. September 1950
Brief Nr. 296

Meine Lieben,
[...] Leider kann ich Euch heute keine grossen Neuigkeiten von unserem Geschäft berichten. Während meiner Krankheit hat man das Büro von Mills/Nufer, in dem auch ich war, verkleinert, und ich sitze jetzt nebenan im grossen Büro mit den Chinesen zusammen. Mein Platz sollte nun jedoch auch noch abgetrennt werden, sodass ich später allein ein Büro habe! Somit konnte ich diese Woche, die ich erstmals wieder im Büro war, nicht viel in Erfahrung bringen, da ich die früher «über's Pult hinweg»-Neuigkeiten nicht mehr höre! Dann hat man auch einen sog. «Manager's Assistant» eingestellt, einen Portugiesen, der schon seit vielen Jahren in Shanghai ist und bei vielen Firmen arbeitete. [...]
Sonst sind wir wieder sehr stark beschäftigt – die Leute hier (d.h. die Regierungsstellen) verlangen Offerten für alles mögliche und wollen die Ware so rasch wie möglich hier haben. Die wollen sich allem Anschein nach für einen Kriegsfall eindecken! So kommt es, dass auch unser Geschäft, wenn auch evtl. später mit einer kleineren Kommission, wieder bedeutend angezogen hat und besser geht, obschon die

Werke zu Hause nicht sehr prompt liefern können. Mills ist nur Farbtechniker und versteht von kommerziellen Geschäften gar nichts, geschweige denn von Buchhaltung. Natürlich haben die Chinesen keine ausgebaute pharmaz. Industrie, und die paar Produkte, die sie herstellen, sind unbedeutend. In einer sicherlich unüberlegten Weise wollen sie ab 1951 die Einfuhr und den Verkauf von Spezialitäten verbieten, um dann einsehen zu müssen, dass China der fremden Waren halt gleichwohl noch bedarf. Sie führen von uns jetzt pharmaz. Rohmaterialien ein, wie Amidopyrin, Phenazon, Adrenalin etc. zur Herstellung ihrer eigenen Pülverli!

Uns Schweizern hier in China kann die Anerkennung ja nur Gutes bringen

Shanghai, den 17. September 1950

Brief Nr. 297

Meine Lieben,

[...] Ich habe jetzt noch einige Notizen: Obenan steht die Anerkennung der Schweiz durch Rotchina, wovon Ihr ja auch gehört haben werdet am 14.9. Ich lege den entsprechenden Zeitungsausschnitt hier bei. Für uns Schweizer hier ist das eine gute, wohltuende und erfreuliche Nachricht – ob die Schweizer zu Hause jedoch auch so empfinden, wissen wir hier nicht. Es gibt hier Stimmen, wonach man im Bundeshaus zu früh gehandelt habe, als man Stiner im Mai nach Peking delegierte, resp. schon im Febr. den Wunsch zur Aufnahme von Besprechungen zum Ausdruck brachte. Was meint Ihr und wie sind die Meinungen, die Ihr hörtet? – Uns Schweizern hier in China kann die Anerkennung ja nur Gutes bringen in der Zukunft – sei es geschäftlich oder politisch. [...]

Ich gehe jetzt öfters mit Julie und anderen Freunden in chin. Theater (alte chin. Dramen und Opern), was eine sehr hübsche Abwechslung vom Alltagsleben bietet, da man ja auch nicht mehr viele englische und amerik. Filme ansehen kann. Ich lege heute in diesem Zusammenhang einen Ausschnitt aus der heutigen NCDN bei, der das chin. Theater behandelt. Wenn wir Ausländer auch nicht viel vom Gesprochenen verstehen, geschweige denn vom Singen, so ist das doch jeweils ein Schauspiel eigener Art und Schönheit. Schade, dass ich keine Farbenfotos davon machen kann!

Sofort heimkommen!

Shanghai, den 24. Sept. 1950
Brief Nr. 298

Meine Lieben

Mammi meint, ich sollte sofort mit Ciba fertig machen und heimkommen. Wie ist das nun aber möglich, wenn ich ja schon vor einiger Zeit meine Zustimmung dazu gegeben habe, bis im Frühjahr noch hier zu bleiben (siehe meinen Brief vom 29.7.). – Selbstverständlich möchte auch ich so rasch wie möglich heimkommen, umsomehr als das Geschäft in der letzten Zeit dermassen angezogen hat, dass ich nicht glaube, allen Anforderungen gewachsen zu sein, wenn Nufer nun wirklich das Feld räumen will. Ob nicht alles dann in ein Débakel ausarten würde, weiss ich nicht. Oder ist vielleicht dieses Wiederaufleben der Geschäfte eine vorübergehende Sache? Hier in Shanghai kann man solche Sachen nicht von einem auf den andern Tag voraussagen! [...]

Ich meinerseits finde, eine solche «kampfartige und forcierte» Rückzugbewegung aus China wäre auch nicht gerade gescheit (Zeugnis etc.!) – Anderseits muss ich schon schauen, dass ich nicht zu stark ausgenützt werde. [...] Julie wird in der ganzen Sache kein Hindernis sein, und sie ist, verglichen mit früher, viel, viel vernünftiger geworden (vielleicht auch ich!). Aus Shanghai wird sie nicht mit mir fortgehen können, d.h. nicht auf gleichen Routen! Sie würde mit der Bahn nach Hkg. reisen, und ich würde über Tientsin das Land verlassen müssen, da Fremden nicht erlaubt ist, die Bahn nach Canton/Hkg. zu benützen. In Hkg. müsste dann die Sache mit dem Pass etc. gedeichselt werden, und ich glaube annehmen zu dürfen, dass Mr. Ting dort über etwelche Beziehungen verfügt, wollen doch auch sie entweder nach England zu ihrer Tochter oder aber dann nach den USA weiterreisen, war doch Hongkong von anfang an nur ein «Durchreiseort»! Mammi meint, ich solle Julie einfach mitbringen! Das ist gut und recht – unter Schweizerverhältnissen, wenn man den nächsten Zug besteigen kann und abreisen! Hier ist eine solche Sache (Kommunisten) nicht so leicht, doch mit gutem Willen und Vorbereitung wird es möglich sein. Vorerst möchte ich sehen, was mit mir eigentlich geht, dann kann ich weiter planen.

Im Brief Nr. 300 vom 8. Oktober 1950 berichtet Schnell von einer sonst – oder früher – in Shanghai nicht anzutreffenden Art der Freizeitbeschäftigung:

Heute sah ich eine Ausstellung, betitelt: «Vom Affen zum Menschen». Diese Ausstellung ist ganz im Rahmen der Darwinschen Theorie gehalten, was natürlich den Kommunisten sehr gut gefällt. Im übrigen scheint es noch nicht erwiesen zu sein, dass der Mensch eindeutig vom Affen abstamme! – Die Ausstellung war wirklich sehr gut gehalten und lehrreich – auch für sog. Analphabeten. Gute Bilder und Skizzen, und sogar antike Funde wurden gezeigt – wenn's nur nicht so viel Leute gehabt hätte. Man musste in Schlange alles ansehen.

«Auf Wunsch des chinesischen Volkes» wird alles verboten

Shanghai, den 18. November 1950
Brief Nr. 306 – Via Czechoslovakia

Meine Lieben
[...] Das Hauptereignis dieser Woche ist wohl auf politisch-militärischem Gebiet zu suchen. Am letzten Sonntagmorgen (mein letztwöchentlicher Brief war schon weg, deshalb nicht mehr darin erwähnt) kam die NCDN nur noch auf einem Blatt. Sofort vermutete ich, die Zensoren seien wieder einmal am Werk gewesen. Ich läutete dann der Redaktion an, um zu erfahren, was passiert sei! Richtig, vom 11.11. an dürfe auch die «North China Daily News» nur noch lokale und von der Zensur genehmigte Artikel abdrucken. Bis dahin hatten sie immer noch vom Radio abgehörte und andere fremde Nachrichten gedruckt (siehe der Artikel über die schweiz. Wehrbereitschaft!). Jetzt hat es also keinen Zweck mehr, die teure fremde engl. Zeitung zu abonnieren, sondern ich brauche nur noch die «Shanghai News» (4x billiger) zu lesen. Über deren Informationswert habt Ihr Euch ja auch orientieren können! – Ich sandte diese Woche 4 NCDN – 2 vor und 2 nach der Zensur, zum Vergleich! – Zur gleichen Zeit wie die Einschränkung in den Zeitungsnachrichten kam auch das totale *Verbot* von amerikanischen Filmen (siehe beiliegender Artikel). Auch das Abhören der «Voice of America» wurde empfohlen zu unterbinden. All die «Wünsche des Volkes», wie es in der Zeitung so schön steht. Überall spricht man von der «Mehrheit des Volkes, das diese Massnahmen wünschte».

Wann die komplette Ausschaltung von Kurzwellen erfolgt, weiss man nicht. [...] A propos, der letzte amerik. Film war so vollgestopft, dass schon mehrere Stunden vor Beginn jeder Vorstellung alle Billette ausverkauft waren und man, sogar mit dem Billet in der Tasche, schauen musste, nicht verdrückt zu werden. «Wunsch des Volkes ...?!»

Aus meinem täglichen Leben

Shanghai, den 2. Dezember 1950
Brief Nr. 308 – Via Czechoslovakia

Meine Lieben,

[...] Mammi möchte also etwas aus meinem täglichen Leben hören: morgens stehe ich so um 6½ Uhr auf, und um 8¼ fahren wir ins Büro. Zum Mittag esse ich immer im Rowing Club und abends zu Hause. Das Essen ist nicht äusserst abwechslungsreich, doch manchmal kommt wieder ein richtiges Chinesenmahl, wo man gehörig aufholen kann, so 10 und mehr Gänge! Sonst habe ich auch Suppe, Fleisch, Gemüse, Kartoffeln und ein Dessert, also ganz wie zu Hause. – Morgens z. B. esse ich vielleicht mehr als seinerzeit zu Hause: Früchte, Porridge, Eiertätsch [Omelett], Toast, Butter, Konfitüre und Ovomaltine.

Nufer hat jetzt für sein Ausreisevisum nachgesucht, welches jedoch noch nicht bewilligt ist. Dann wird er wohl dann abfahren wollen. Ich persönlich habe noch nicht nach Basel geschrieben, ist doch das hiesige Büro bestimmend, wann ich fahren kann. Die in Basel haben da nicht viel zu sagen, sondern nur den Vorschlag von uns hier gutzuheissen. [...]

Ich habe jetzt noch einige Notizen: dem heutigen Brief lege ich noch einige Schlagzeilen der hiesigen Zeitung bei, aus denen Ihr ersehen könnt, wie die Presse anti-amerikanisch eingestellt ist! Diese Welle hat vergangene Woche einen neuen Auftrieb erfahren, und mit Leibeskräften wird gegen Amerika posaunt. Auch dieser General Wu im Security Council hat einen ellenlangen speech [Rede] gehalten, der hier in extenso abgedruckt wird. Er wird ihn von den Russen diktiert erhalten haben! – In der ganzen Stadt sind jetzt Karikaturen aufgehängt im Zuge «der Anti American Aggression Campaign»! Diese Zeichnungen sind manchmal ganz originell, und ich lege auch einen Abdruck einer solchen dem heutigen Brief bei. – In Shanghai seien noch ca. 1500

Antiimperialistische Demonstration (Dezember 1950)

Antiamerikanische Karikatur (Plakat, Ende 1950): Amerikanischer Autofahrer überfährt Rikschafahrer

Fremde, die, was sie verdienen, nicht alles aufbrauchen, d. h. noch einen Teil ihres Saläres ersparen könne. Der Resten Fremde, ca. noch 11 000, lebe oder müsse über ihre Einkommen leben, also Schulden machen! [...]
 Am vergangenen Mittwochabend hatten wir eine party im Konsulat: alle jungen Schweizer, die verheirateten und die andern. Wir waren alle zusammen so ca. 20–25 Leute, also nicht mehr so sehr viele. Die ganze Sache war sehr gemütlich, und es gab ein feines Essen, u. a. mit Bellwürstli! – Auch hatte Dr. Koch jenes bekannte Merkurgeschirr mit dem mir sehr gut bekannten Muster und jene molligweichen Papierservietten, die wir zu Hause während dem Krieg hatten.

Leben im Polizeistaat
Januar bis Juni 1951

Das Jahr 1951 begann mit der Enteignung aller Waren und Güter in US-amerikanischem Besitz. Die amerikanischen Firmen wurden unter militärische Kontrolle gestellt (in Shanghai allein waren dies noch 115 Firmen). Alle Angestellten, auch oder insbesondere US-Bürger, erhielten nur noch einen Minimallohn von umgerechnet Fr. 700.– (Briefe 312 und 313 vom 1. bzw. 6.1.1951). Im Dezember hatten beide Staaten die Guthaben des jeweils andern Landes (also chinesische Konten in den USA, amerikanische in China) eingefroren. Entsprechend schwierig wurde es, Kreditbriefe in US Dollar einzulösen. Der offizielle Dollarkurs, und natürlich auch der des Schweizer Franken, fiel stetig. Das Leben wurde für die Ausländer deutlich teurer, da die Preise gleich blieben.

Ausser diesen Berichten, und solchen über den Krieg in Korea, findet sich in den Briefen zu Beginn des Jahres 1951 nicht viel von allgemeinem Interesse. Die Post traf ziemlich regelmässig ein, kam sie einmal nicht, wurde dies sofort zum Thema – vor allem, wenn Drucksachen ausblieben, denn dadurch entfiel die Möglichkeit, sich unabhängig von den kommunistischen Medien zu informieren. Auch einer Sendung Schokolade, die nie eintraf, fragte Schnell wiederholt nach und bat endlich um eine «Ersatzlieferung». Von Freunden wusste er, dass sie regelrechte «Fresspakete» aus der Heimat erhielten mit Schokolade, Würsten, Konserven und anderem mehr, obwohl gemäss den Briefen die Versorgung mit Grundnahrungsmitteln in Shanghai nicht prekär war.

Trotzdem mussten alle – und zwar Ausländer wie Chinesen – sehr starke Einschränkungen hinnehmen, in praktisch allen Belangen des Lebens, nicht nur bei der Versorgung mit Lebensmitteln oder Strom, sondern auch bei der Gestaltung des persönlichen Lebens. Schnell erwähnte z.B., dass er sich nun aufs Photographieren im Innenraum verlegt habe, da es draussen unmöglich geworden war. Tatsächlich sind die erhaltenen Aufnahmen aus den Jahren 1951 und 1952 mit wenigen Ausnahmen Bilder von privaten Anlässen oder solchen im Schweizer Club bzw. Konsulat und zu einem grossen Teil Innenaufnahmen. Die Briefe sind selten länger als eine Seite, und vielen ist die abwartende

Haltung des Autors anzumerken: Würde es bald eine Möglichkeit geben heimzukehren? Er war spürbar frustriert nicht zuletzt wegen der vielen Verbote und Einschränkungen. In seinem Brief 324 (März 1951) meldete Schnell nach Hause, dass er kein Visum für einen Ausflug nach Hangzhou bekommen hatte, dass auch die Chinesen sich um ein Visum bemühen mussten, wenn sie Shanghai verlassen wollten, und dass Ausländer, die aus ihrem Heimaturlaub nach Shanghai zurückkehren wollten, viel länger als früher auf ihr Einreisevisum warten mussten, da der Antrag in Peking bearbeitet wurde.

«Verbrecher» gegen die öffentliche Ordnung werden an die Wand gestellt

Shanghai, den 18. Februar 1951
Brief Nr. 319

[...] Letzte Woche waren Julie und ich zu einem grossen chin. Essen eingeladen gewesen, das ein Cousin von ihr zu seiner Verlobung spendierte. Es war in Fukien-Style [Fujian] gekocht gewesen. Jede Provinz hat hier ihre eigene Kochart und auch ihre eigenen Gerichte. Am liebsten habe ich die kantonesische Küche und dann auch die von Peking. Die Fukien-Küche ist sehr scharf. [...]

Mit Rücksichtslosigkeit werden in letzter Zeit sog. KMT-Agenten und sonstige «Verbrecher» gegen die Öffentliche Ordnung an die Wand gestellt und kaltblütig erschossen. Andertags zieren solche Meldungen die Schlagzeilen unserer Zeitungen, da man keine andern Nachrichten mehr zum Lesen bekommt, ausser was Russland betrifft. Heute steht in der Zeitung, dass Stalin gegenüber Korrespondenten der «Prawda» erklärt habe, ein neuer Krieg sei immer noch vermeidbar. Die ganze erste Seite der «Shanghai News» (welche man neuerdings für Fr. 8.– via Siberia in die Schweiz spedieren kann) war mit diesem Interview gefüllt! –

Gemäss einem früheren Brief (272) wurden nichtorganisierte Chinesen, wie Hausfrauen und Hausangestellte, nicht zu Kundgebungen und «meetings» abkommandiert. Gemäss Brief 321 vom 3.3.1951 wurden nun auch die Hausfrauen in der sogenannten «Democratic Housewives Union» organisiert und mussten zumindest an Paraden auch antreten. Es ist für Schnell nunmehr offensichtlich:

Wir leben in einem richtigen Polizeistaat mit Terror

Shanghai, den 1. April 1951
Brief Nr. 325 – via Hongkong

Meine Lieben,

[...] Von Hinrichtungen und anderen «Säuberungen» zu schreiben, erübrigt sich wohl. Das ist hierzulande heutzutage ein nur *zu* gut bekanntes Kapitel, und wir leben in einem richtigen Polizeistaat mit Terror, um das richtige Wort zu gebrauchen. Doch darüber, Détails etc. später mündlich mehr. [...]

Jetzt noch einige Notizen: Tings werden von Hongkong aus im April nach England fahren und haben vorläufig nur ein sog. «Besuchervisum» erhalten für einige Monate. Ob sie dieses dann verlängern können oder nicht, ist noch nicht sicher. Sie reisen mit einer Gruppe anderer Chinesen zu dieser BIF (British Industries Fair). Dies natürlich nur als Vorwand, um ihre Tochter und Schwiegersohn in Schottland besuchen zu können. [...]

Dr. Yen will jetzt seine beiden Neffen (in Hongkong) nach der Schweiz in die Schule schicken. Aus all' diesem können wir ersehen, dass auch er über allerhand Flüssiges verfügt! – Der Swiss Club hat gestern, 31.3.51, endgültig seine Tore geschlossen, nachdem wir letzte Woche die letzten Liquidationsarbeiten vorgenommen hatten. Alles ist jetzt leer, und das Haus wurde an eine Chemikalienfirma (resp. Laboratorium für Pharmazeutika) vermietet für 5 Jahre. – Am gleichen Tag, 31.3., hat auch die englische Zeitung «North China Daily News» ihre Tore geschlossen und ist in Liquidation gegangen nach 100-jährigem Bestehen. Ich verweise auf den beiliegenden Zeitungsausschnitt. Jetzt haben wir also nur noch die 100%ig kommunistische Zeitung «Shanghai News», die Ihr ja kennt. Sie ist natürlich bedeutend billiger. [...]

Minister Rüegger hat also Peking unverrichteter Dinge wieder verlassen müssen (siehe Ausschnitt), ohne die Bewilligung, nach Korea zu reisen, erhalten zu haben. Typisch! – Rezzonicco kommt morgen nach Shanghai, und nächsten Samstag ist ein grosser Empfang im Schweizer Konsulat, um ihn den Landsleuten vorzustellen. Während der Woche gibt er Privataudienzen für geschäftliche Angelegenheiten.

Der Selbstmord eines der beiden noch in Shanghai weilenden Direktoren der Ciba stürzte das Büro in Aufregung und Schwierigkeiten und rückte vor allem Schnells Heimaturlaub wieder in weite Ferne.

Dass jetzt nicht von Heimaturlaub gesprochen werden kann, werdet Ihr verstehen

Shanghai, den 8. April 1951
Brief Nr. 326 – via Hongkong

Meine Lieben,

[...] Bald glaubte ich, diese Woche sei nichts Nennenswertes zum Berichten – bis am Freitagmorgen mich Frau Dr. Duss anrief, morgens um 7½ Uhr, und mitteilte, dass in der Nacht vom 5/6. April Herr Mills gestorben sei! Wenn ich einen Stuhl in der Nähe gehabt hätte, wäre ich abgesessen, doch es war nicht möglich. Ich konnte diese betrübliche Nachricht gar nicht fassen, auch heute, 2 Tage später noch nicht und vielleicht überhaupt nie! [...]

Das grösste Problem für Duss und für mich ist jetzt natürlich das Geschäft. Am Freitag konnten wir nicht einmal Geld von der Bank beziehen, da Duss nur zusammen mit einem der Direktoren unterschreiben kann. So mussten wir nach Basel telegraphieren, und sie telegraphierten zurück, dass Duss die Alleinunterschrift erhielt. Dass ich nicht die Prokura erhielt, verwundert mich und viele Bekannte auch, denn wenn nun Duss sagen wir krank wird, was wir nicht hoffen, so ist wiederum niemand da zum Unterschreiben. Auf jeden Fall sind wir in einem furchtbaren «G'häber» [gemeint: Aufregung] im Büro, denn weder Duss noch ich verstehen uns 100%ig auf den Farbenverkauf. [...]

Es bedeutet jetzt für uns zwei hier allerhand, die Firma auf unsern Schultern zu wissen, habe ich doch ein gleiches Verantwortungsgefühl wie Duss, obschon ich nicht zeichnungsberechtigt bin. In vielem muss ich Duss raten und erklären. Gerade nächste Woche kommt noch ein Resten Waren, die wir im August 1950 bestellten, in Tsingtao an und wird dann weiter nach S'hai verschifft. – Im Moment geht noch alles drunter und drüber und wohl noch für einige Zeit, doch wir müssen die Lage hinnehmen wie sie ist und dürfen uns jetzt nicht unterkriegen lassen. Dass jetzt natürlich nicht mehr von Urlaub gesprochen werden kann, werdet Ihr begreifen. Auch Duss kann seine Koffern, die schon beim Spediteur waren, wieder auspacken, und seine Frau braucht jetzt nicht mehr aufs Visum zu warten, das sie in 2–3 Wochen erwartete und dann abgereist wäre! – Das Ganze ist «Höhere Gewalt», wogegen wir uns nicht anstemmen können. Ich betrachte es jedoch unter diesen Umständen nicht als gegeben, der Firma den Rücken zu kehren und sie in Shanghai im Stich zu lassen. [...]

Jetzt noch ein paar Harmlosere Notizen: [...] Gestern war der Empfang im Konsulat zu Ehren unseres Ministers, Dr. Clemente Rezzonicco. Dieser ist ein sehr bescheidener und unscheinbarer Herr und hat gar nicht die Gattung eines Ministers. Er spricht fliessend franz., englisch, ital. und schwyzerdütsch. – Es waren über 100 Personen zugegen.

Eines ausführlicheren Berichts hielt Schnell den Empfang für Minister Rezzonicco nicht für würdig – wir müssen annehmen, dass es ein Empfang wie viele andere war.

Noch einmal: das «private Problem»

Shanghai, den 22. April 1951
Brief Nr. 328 – via Hongkong

Meine Lieben,
[...] [D]ie ganzen Diskussionen, die nun Papi evtl. mit Nufer oder Glaser haben wird, werden in einem neuen Licht zu betrachten sein, da sich die gesamte Lage seit dem Tode von Mills hier verändert hat und wir hier zur Stunde noch nicht wissen, was Basel nun weiter mit Shanghai im Sinne hat. Das einzige, was wir besitzen, ist ein Tg., das Duss ermächtigt, für die Firma zu zeichnen. Schriftliches ist bis zur Stunde noch nicht eingetroffen. Wenn Mammi und Papi auch von meinem Verhältnis zu Julie sprechen, so ist heute dieses vielleicht auch in einem neuen Licht erschienen? Wie lange werde ich noch in Shanghai verbleiben müssen? Soll ich eine Heirat hier in Betracht ziehen? Diese wollte ich anfänglich vermeiden und zu Hause abhalten, doch einmal hier verheiratet, würde die Ausreise für Julie leichter sein. [...]

Angenommen, ich würde Julie schlussendlich doch nicht heiraten, so fühle ich mich doch wenigstens verpflichtet, sie nach England zu bringen und für ihre glückliche Ausreise aus Kommunistchina zu sorgen, denn wenn sie allein hier zurückgelassen wird, so ist sie unbedingt dem Staate verfallen, und das ginge nicht. Bei allen Überlegungen ist zu berücksichtigen, dass unser Verhältnis seit Juni 1948 dauert, und da wäre es hart für beide Teile, Julie *allein* (ohne direkte Angehörige) in Shanghai zu lassen. Wenn ich Julie heirate, so ist die Kinderfrage schon [von] vornherein entschieden. Kinder würden wir keine haben, denn sie wäre unglücklich dabei – so auch die Kinder selber, die als Mischlinge nirgends richtig aufgenommen würden. Für mich wäre dies ein Opfer, denn ich hätte gerne Kinder. Wenn das Verhältnis zu Julie leiden würde schlussendlich, so wäre es vielleicht nur wegen der Kinderfrage. – Wie ich eingangs erklärt habe, hat sich meine Lage seit dem Schreiben Eures Briefes 342 wieder komplett geändert, und ich muss jetzt vorerst mal abwarten, was Basel weiterhin mit mir im Sinne hat. Ich erwarte nun nächstens eine Antwort Glasers auf meinen Brief. Dann kann ich auch weiter sehen wegen dem Verhältnis zu Julie, denn eine Entscheidung lässt sich jetzt – so oder so – nicht mehr allzulange aufschieben.

Im Brief 329 vom 28.4.1951 bereitet Schnell seine Eltern auf die Möglichkeit eines Besuchs der Familie von Julie Ting in Burgdorf vor:

Mr. & Mrs. Ting und das Enkelkind (Tochter von Mr. & Mrs. Chang) sind am 23.4. in London [...] angekommen und werden wohl bis September (oder länger ?!) bei ihrer Tochter in England weilen. Ich schrieb ihnen und gab ihnen Eure Adresse und empfahl einen Besuch in der Schweiz während den Sommermonaten. Sicherlich würden sie Euch vor Ankunft in Burgdorf (!) noch benachrichtigen. Ich gab ihnen genaue Richtlinien! Mr. & Mrs. Chang sind weitgereiste Bürger und würden ihren Eltern in jeder Beziehung beistehen. Wie mir gesagt wurde, sprechen Mr. & Mrs. Chang (auf jeden Fall er) gut deutsch. – Mrs. Ting spricht keine Fremdsprache und ist eine Dame vom alten chin. Schlag (mit gebundenen Füssen), und Mr. Ting spricht etwas englisch. Ihr würdet da also eine illustre Gesellschaft zu Besuch bekommen, die sicherlich allerhand Aufsehen auf dem Bahnhof Burgdorf und in den Strassen verursachen dürfte!

1.-Mai-Parade 1951

Pläne schmieden – eine äusserst vage Sache in China

Shanghai, den 6. Mai 1951
Brief Nr. 330 – via Hongkong

Meine Lieben,
[...] Ich habe Euch am 2.5. via Siberia Zeitungen über den «1. Mai» gesandt, und Ihr werdet allerhand daraus lesen können betr. dieses Käferfest. 2,4 Millionen nahmen in Shanghai daran teil, und es gelang mir, fast einen ganzen Film (36 Aufnahmen) von den Umzügen zu machen. Ihr werdet dann zwar feststellen können, dass die eine wie die andere Photo gleich herausgekommen ist, und zudem war es noch stark bewölkt! – Die ganze Stadt war in einem sog. «fiebrigen» Zustande, denn 2,4 Millionen Leute bergen auch gewisse «Gefahrenelemente» in sich!! – In den Berichten wird zwar alles als «programmgemäss»

abgelaufen bezeichnet. – Während der Berichtsperiode wurde «Shell» [von den Kommunisten] übernommen (die engl. Ölgesellschaft), weil die Hkg. Regierung einen Öltanker geschnappt habe! Die Ausländer in Shell fluchen, weil sie jetzt länger arbeiten müssen (vielleicht auch mit weniger Lohn!). [...]

Jetzt komme ich noch zu den «persönlichen» Angelegenheiten, die Euch wohl am meisten interessieren dürften: in einem ersten Brief vom VR [Verwaltungsrat] in Basel wird uns vorgeschlagen, in schwierigen kommerziellen Fragen Herr Bolliger (von der Fa. Trachsler, Bern und früherer Chef von Glanzmann) zuzuziehen, der im Begriffe steht, die Fa. hier zu liquidieren und demzufolge nur noch halbtags arbeitet. Das ist ja gut und recht, und wenn wir etwas nicht wissen, fragen wir nun halt Bolliger. Dann kam vor einigen Tagen der zweite Brief vom VR, wo uns die Personalien etc. eines neuen China-Kandidaten (von Papi bereits erwähnt im Brief Nr. 342) mitgeteilt werden. Es ist einer aus Basel, 2 Jahre jünger als ich und sollte nach China kommen, um *mich* abzulösen (Definition: Commercial Assistant with technical knowledge). [...] Was wir wollen, ist in erster Linie nicht ein Ersatz für mich, sondern eine Entlastung der Leitung. Ihr könnt Euch ja lebhaft vorstellen, wie es jetzt Duss zu Mute ist, da nur von meiner Ablösung gesprochen wird! Und dann ist der grosse Hacken: nach Erfahrung werden nur Einreisevisa an verantwortliche Personen erteilt und nicht an Junge. Auch Spezialisten, wie Techniker, Ingenieure etc. erhalten nach langem [Warten] Einreisebewilligungen. Dann sagt Basel, wir müssten hier bei der Polizei applizieren und ihnen dann noch Formulare senden, damit sie diese in Bern einhändigen könnten (und zwar fix fertig ausgefüllt, da die Leute auf der chin. Gesandtschaft in Bern nicht englisch, noch deutsch noch franz. sprechen würden). [...]

Wie leid es mir auch tut – ich sehe heute die Lage ziemlich schwarz. Persönlich sitze ich bestimmt für ein gutes weiteres Jahr in China und das, wenn alles nach Basel's Programm gut geht (Einreisevisum bewilligt im Aug/Sept.!!) – Wenn nicht, was dann? Was dann, wenn auch Bolliger im Juli abreist (wie geplant nach fertiger Liquidation)? – kommt wohl Nufer wieder, und könnte ich dann eventuell früher sogar reisen? Tausend Fragen beschäftigen uns (Duss und mich) heute, und wir zerbrechen uns gegenseitig manchmal die Köpfe (vielleicht hie und da zu lange, um zu realisieren, wieviel Arbeit auf uns wartet, die es

nicht rechtfertigt, in den Tag «hineinzudösen» und «Pläne zu schmieden»). Letzteres eine äusserst waage Sache in China! [...]
Euer «Chinasohn» René
Viele Grüsse auch von Julie

Es ist zweifelhaft, ob die guten Beziehungen Schweiz–China anhalten werden

Shanghai, den 9. Juni 1951
Brief Nr. 335 via Hongkong

Meine Lieben,
[...] Ich lege diesem Brief weitere Bestimmungen bei betr. Fremde; diesmal Bestimmungen, um Sachen aus dem Lande zu nehmen. Das wird noch mal eine Stürmerei geben, wenn ich abreise! Denn es haben sich in den bald 5 Jahren China doch allerhand Sachen angesammelt. Ich hörte gleich vor 2 Tagen einen Fall, wo eine Person, die Lin Yu-Tang, Bücher nicht ausführen konnte und sie in China zurücklassen musste. Und ich habe doch so viele Chinabücher!! [...]

Diese Pressenotiz von Hkg. betr. Schliessung der Hkg. & Shanghai Bank und der Firma Dodwell & Co (beides nicht amerik. Firmen – wie Papi schreibt) stimmt insofern nicht, als die Bankfiliale in Shanghai *nicht* geschlossen wird, sondern nur diejenige in Tsingtao. So kommt es, dass Ihr vielfach nicht richtig orientiert seid durch diese Pressemeldungen. – Die Amerikaner haben sich schon längst aus dem Lande zurückgezogen, und die letzte Bank in Shanghai (Filiale der Bank of America) wurde vor mehr als einem Monat geschlossen. [...]

Eine grosse Ausstellung einheimischer Produkte wird morgen Sonntag in Shanghai eröffnet. Dr. Yen war bereits gestern zu einer Vorschau eingeladen worden, und er hat die Sache gerühmt. Ich werde mir die Ausstellung auch ansehen gehen, obschon es dann sehr heiss sein wird in diesen niedrigen Hütten! – Dann kam auch vergangene Woche eine Tanzgruppe aus Korea in Shanghai an, die nächstens mit Vorstellungen beginnen wird. Die Billete waren im Nu auf eine Woche hinaus ausverkauft! Vergnügungshungriges Shanghai! (Trotz den unzähligen kommunistischen chinesischen und russischen Filmen und chin. Opern!) [...]

Es ist zweifelhaft, ob die guten Beziehungen Schweiz/China auf die Länge anhalten, wenn da jetzt so ein grosses Gestürm in der Postal

Union (Weltpostverein) gemacht wird. Sie sind ja auch blöd, immer noch den Delegierten der KMT-Regierung anzuerkennen, nachdem die Sache doch gar nichts mit Politik zu tun hat und die Pekinger-Regierung die Kontrolle über das ganze Land und sein Postwesen ausübt (und zwar auch in sehr vorbildlicher Weise). Aber Amerika wird da seinen Druck ausüben, dem sich die kleine Schweiz nicht zu entziehen vermag. Wie sind die Ansichten zu Hause?

Die Geschäftspraktiken der Kommunisten lassen einen freien Handel nicht zu

Shanghai, den 23. Juni 1951
Brief Nr. 337 via Hongkong

Meine Lieben,
[...] Via Siberia habe ich heute gewisse neue Bestimmungen und Gesetze der hiesigen Regierung geschickt und hoffe, sie werden gut ankommen. Das Studium dieser Vorschriften ist recht interessant und wird vielleicht in Euch gewisse Erinnerungen an die Geschichte vor 10 und mehr Jahren jenseits des Rheins wach rufen. Es ist so etwas wie Gestapo! [...]

Dann lege ich weiter eine Inserat-Abschrift bei, die vergangene Woche in Shanghai unter den Schweizerfirmen Furore machte! Bei deren Durchsicht werdet Ihr unzweifelhaft feststellen, dass die ausgeschriebene Stelle niemand anders betreffen kann als die Ciba (China) Limited, Shanghai! Wir machten uns viel Gedanken über dieses Inserat, und Duss ist seither nicht viel glücklicher! Die grosse Frage wird sein: Werden sie in Basel wirklich noch jemanden finden, der nach Shanghai kommen will! (Ihr müsst nur beachten: «gut honorierte Auslandsposition!» – das ist sonst nicht in manchen Inseraten anzutreffen, oder?!) – Wie wir die Lage heute sehen, kommt dieser neue Direktor hieher, um all' den Dreck auszufressen, den einem die K. bereiten, und dann schlussendlich die Fa. zu liquidieren! (Obschon das noch nicht im Plan der Ciba liegt, aber trotzdem früher oder später kommt, da die heutigen Geschäftspraktiken der K. einen freien oder jedenfalls mehr oder weniger freien Handel einfach nicht mehr zulassen.) Liquidieren heisst sehr viel Unannehmlichkeiten und Umtriebe haben betr. Auszahlung der Angestellten. Das wird noch einmal eine harte Nuss sein, wenn man bedenkt, dass einer unserer Angestellten seit Mitte Juni Mitglied der C.P. [Kommunistischen Partei] ist!! – Ich habe mir schon mehr als ein Mal überlegt, ob ich der Firma den Vorschlag machen sollte, entweder noch länger zu bleiben oder aber nach dem homeleave wieder zurückzukommen. Unter Umständen würde ich dadurch später gute Chancen haben zum Weiterkommen, wenn es einmal heisst, ich hätte mich unter schwierigsten Geschäftsverhältnissen gut bewährt. Das ist mit ein Grund, warum ich eigentlich (und Ihr müsst mich bitte dabei nicht falsch verstehen und glauben, ich sei undankbar) gar nicht ungern hier bin, denn ich glaube fest, früher oder später werde ich die Früchte dieser harten heutigen Zeit in Shanghai ernten können, sei es materiell oder in einem Avancement oder in beidem! – Wenn man andere Firmen hier sieht, wo Leute in meinem Alter bereits Verantwortung haben und Prokuristen sind, dann kann ich eigentlich die Ciba nicht richtig verstehen, warum sie nicht auch mich mitverantwortlich für die Fa. machen. Oder haben sie wohl nicht genug Vertrauen in mich, oder hat wohl Nufer ein schlechtes Zeugnis über mich ausgestellt?

Rückzug ins Private
Juli bis Dezember 1951

Eine Neuigkeit: Telephonate Schweiz–Shanghai

Shanghai, den 1. Juli 1951
Brief Nr. 338 – via Hongkong

Meine Lieben,
[...] Gestern Samstag war ich in einem öffentlichen Schwimmbad im Norden Shanghais. Es war dort sehr sauber, doch muss man sehr früh morgens gehen, dass noch nicht so viele Leute dort sind. Wir, in einer Gruppe, waren bereits um 7 Uhr am Schwimmen, und um 5 Uhr bin ich aufgestanden! Eine Seltenheit sonst in Shanghai! [...]
Diese Woche hat man in unserem Büro davon gesprochen, dass ich evtl. bei Abfahrt des Hrn. Bolliger als Kassier der Schweiz. Handelskammer in China nachrücken könnte. Ich hoffe aber im Geheimen, dass ich bei seiner Abfahrt auch weiss, wann ich reisen kann, und sich somit eine Wahl erübrigen lässt, obschon ich das Ämtlein gern angenommen hätte, hätte ich doch dabei wieder allerhand gesehen und gelernt. – Diese Woche habe ich auch einen Brief von Dr. Breitkreuz aus Bangkok erhalten. Er wird dort ab 1. Juli die Direktion der Parke-Davis Vertretung für Siam übernehmen. Er hat also ganz aufs Kommerzielle umgesattelt! – Unsere hiesigen Informationen sind jetzt ganz auf die «Shanghai News» abgestellt; auch der früher erschienene Translation Service erscheint nicht mehr. Somit habe ich am Radio vernommen, dass man evtl. in Korea Frieden machen will. Eine Antwort von den Roten ist jedoch noch ausstehend. Es wäre ja sehr zu hoffen, dass man endlich zu einem Verständnis kommen könnte. – Jetzt noch eine Neuigkeit: Am Samstag vor 8 Tagen erhielt unser hiesiger Konsul, Dr. Koch, einen Telephonanruf vom polit. Dept. in Bern, abends um 6 Uhr (in Bern 10 Uhr morgens!). Was verhandelt wurde, weiss ich jedoch nicht, und ich weiss auch nicht, ob solche dir. Telephongespräche Schweiz/Shanghai nur für offiz. Stellen zulässlich sind. Ihr könnt Euch ja kuriositätshalber mal erkundigen bei der Tel[ephon].Dir[ektion]. Man habe es ausgezeichnet verstanden! – Über den Kostenpunkt bin ich mir aber auch nicht im Klaren. Ich hörte, von der Schweiz nach USA koste es jetzt nur noch 40–50 Fr. So dürfte es nach Shanghai nicht viel über 100 Fr. kosten! – Das wäre vielleicht ein Versuch wert, nicht wahr!?

Ich betreibe den Chinesischunterricht mehr aus Freude an der Sprache als mit etwaigen Zukunftsaussichten!

Shanghai, den 8. Juli 1951
Brief Nr. 339 – via Hongkong

Meine Lieben,
[...] Paul hat sich scheints, was ich gar nicht wusste, hier in Shanghai mit seiner *chin.* Freundin (von der ich früher schon schrieb) verlobt, und sie ist jetzt bereits auch in der Schweiz resp. vielleicht schon nach Canada weitergereist, wo sie ihr Arztstudium noch erweitern will. Später wollen sie dann heiraten. Bitte aber von der Verlobung nichts antönen, da er es mir auch nicht direkt sagte. Hilda Lin (seine Verlobte) wurde in Hongkong geboren und hat ein engl. Geburtszertifikat – deshalb ist es ihr so leicht möglich, in der Welt herumzureisen. A propos – Ihr habt sie schon des öftern auf Photos gesehen! [...]

Man fragt sich allgemein, wie sich wohl die Friedensverhandlungen in Korea anlassen. Verschiedene Kreise hier sind nicht sehr optimistisch. Heute sollen ja die Vorverhandlungen stattfinden. – Mit Interesse hat man hier den Zeitungsartikel in chin[esisch] der Chin. Gesandtschaft in Bern studiert, und er bildet gleich ein Lesethema für

Zwei «gemischte» Paare: Julie und René (links) und Hilda und Paul

meine Stunden. Ich betreibe diesen Unterricht mehr aus Freude an der Sprache als mit etwaigen Zukunftsaussichten! Wenn ich Chin. später auch nicht mehr brauchen sollte, doch habe ich Freude und Genugtuung daran, die Sprache einmal gelernt zu haben, wenn ich zwar auch nicht schreiben kann! [...]
Im Büro haben wir gegenwärtig die Steuerbehörde, um unsere Einkommenssteuerzahlen für 1950 zu kontrollieren. Ich hätte lieber, sie würden bald wieder gehen, obschon sie sehr korrekt und anständig sind. [...]

Mit dem nächsten Brief, 340 vom 14./15.7.1951, schickte Schnell eine Zeitungsnotiz nach Hause, wonach Telephonate zwischen der Schweiz und China zu etwa Fr. 55.– für drei Minuten möglich waren. Er kündigte an, er werde in der folgenden Woche einen Anruf versuchen. Noch bevor seine Eltern diese Notiz erhielten, riefen sie ihren Sohn am 16. Juli in Shanghai an. Es war dies eine umständliche Sache und musste Stunden vorher angemeldet werden, damit der Angerufene avisiert werden konnte. Trotz dieser neuen Möglichkeit, sich direkt zu verständigen, blieben die Briefe das wichtigste Mitteilungsorgan, da der hohe Preis für Ferngespräche nicht erlaubte, ausführliche Nachrichten auszutauschen.

Am 1. August feierten wir in sehr bescheidenem Rahmen auf dem Konsulat

Shanghai, den 3. August 1951
Brief Nr. 343 – via Hongkong

Meine Lieben,
Den letzten Brief, 342, schrieb ich am 28. Juli. Heute kann ich von Euch Nr. 357 vom 22.7. herzlich verdanken. Besonders freute mich darin der Zeitungsausschnitt vom «Tagblatt» betr. dem berühmten Tel. Gespräch. Hier in Shanghai war ich der erste, der telephonierte, neben Dr. Koch, der einige Wochen vorher die Sache ausprobierte. Inzwischen hörte ich von Freunden, die auch telephonierten (geschäftlich), dass der Empfang sehr verschieden sei und gar nicht mehr 100%ig. Hie und da sei es sogar unmöglich gewesen, etwas zu verstehen! Das wird jedoch unserem Unternehmungsgeist keinen Abbruch tun, und ich werde in nächster Zukunft versuchen, ein Gespräch zu or-

ganisieren, besonders dann, wenn ich wichtige Mitteilungen habe. Die sollten eigentlich nicht zu lange auf sich warten lassen: Finden des neuen Dir., Erteilen des Einreisvisums für meinen Nachfolger, etc. Wenn auch Ihr etwas Wichtiges von Basel wissen solltet, so zögert bitte nicht, mich davon telephonisch zu benachrichtigen. – Aus Eurem letzten Brief gibt es etwa folgendes zu beantworten: Ich lese zum grössten Teil die Schlagzeilen der chin. Zeitungen. Die Steuerleute sprechen, zu unserem grossen Erstaunen, Englisch, da ja auch (entgegen den Bestimmungen) unsere Buchhaltung noch in Englisch geführt wird. Die Einkäufe mache ich halb und halb! Mit den Angestellten spreche ich auch auf Englisch, da nicht alle in Mandarin gewandt sind und Missverständnisse auftreten könnten. Shanghaidialekt beherrsche ich nicht, und es sind bedeutende Unterschiede zwischen Mandarin und der lokalen Sprache. [...]

Am 1. August feierten wir in sehr bescheidenem Rahmen auf dem Konsulat. Mittags fand eine Cocktailparty statt (siehe beiliegenden Ausschnitt), und Abends war dann ein Empfang nur für die Schweizer. Wir sind jetzt nur noch an die 50 Schweizer in S'hai, und das Essen und Tanzen war ganz gut und lustig. Wie eine grosse Familie – aber gemütlich. Tg. Austausche mit Bern, Peking und Tientsin wurden verlesen, und Dr. Koch hielt eine kurze Ansprache. Um 1 Uhr morgens war ich wieder zu Hause, und die ganze Feier verlief bescheiden – im Zeichen der heutigen Zeiten!

Es lässt sich ja wirklich hier noch gut leben, aber es gibt nach und nach so viele kleine Dinge, die man vermisst und die Euch Selbstverständlichkeit sind!

Shanghai, den 10. August 1951
Brief Nr. 344 – via Hongkong

Meine Lieben,

[...] Fürs erste Halbjahr 1951 zeigen wir nach wie vor einen Verlust (und nicht Gewinn, wie ich im Brief 340) schrieb. Wenn's gut geht, so müssen wir auch diesmal nichts bezahlen! Von der Einkommenssteuer auf Sal[är] wird vorerst erst gemunkelt – in die Tat wurde noch nichts umgesetzt. Dafür zahle ich jeden Monat 1 % meines in den lokalen Büchern stehenden Parity Deposit Unit Saläres, was mich meistens ca. Fr. 12.– kostet. Ich versuche es jetzt der Firma zu überbürden! Ich möchte zwar nicht behaupten, dass sich unsere Steuerhändel glätter abwickeln als in der Schweiz. Trotzdem wird [wir] ohne Anstände Geld zurückerstattet erhielten, würde sich Papi manchmal an den Kopf greifen, wenn er in unserem Büro sitzen würde! – Es freut mich, dass Paul Kleiner bei Euch war. Es lässt sich ja wirklich hier noch gut leben, aber es gibt nach und nach so viele kleine Dinge, die man vermisst und die Euch Selbstverständlichkeit sind! [...]

Von Bekannten hörte ich, dass in letzter Zeit die radio-tel. Verbindung mit der Schweiz nicht gut sei, und der Verkehr leide an Kinderkrankheiten. Vielleicht warte ich jetzt noch zu, bis ich höre, dass es wieder besser von statten gehe! – In der Berichtsperiode hat sich nun doch noch Hr. Bolliger, unser Berater seit Mills Tod, um die freie Stelle in Basel beworben, und Basel hat sofort reagiert und eine ausführliche Offerte Bolligers verlangt. [...]

Letzte Woche war ich nun doch noch in der berühmten Ausstellung von China-Erzeugnissen, von der ich Euch verschiedentlich Zeitungsartikel sandte. Wir konnten nicht viel ansehen, da die Menschenmenge unbeschreiblich gross war, weil die Ausstellung heute ihre Tore schloss. Dann war es auch sehr heiss und schmutzig, somit das Vergnügen nicht allzu gross! Das einzige, was ich kaufte, war originelles chin. Schreibpapier mit aparten Zeichnungen darauf. Ich werde Euch gelegentlich ein Muster senden. Wie ich sah, waren die Preise meistens niedrig und die Waren billiger als in den Läden. Abteilungen, wie «Seide», «Stickereien» etc., konnten wir gar nicht besuchen, da man für diese Orte Schlange stehen musste, und dazu hatten wir keine Zeit, da wir erst nach 6 Uhr abends hingingen. Dafür sahen wir uns nachher noch einen Zirkus an mit Seiltänzern, Akrobatik etc.

Das Hauptthema der folgenden Briefe war die Frage nach dem neuen Direktor in der Firma und einer Ablösung Schnells – ob und wann wer ein Einreisevisum erhalten und wie in Shanghai eintreffen würde. Dazwischen berichtete Schnell über ein paar freie Tage wegen Taifuns sowie über die Sonntagsausflüge nach Jiaozhou (Kiaochow), dem Südostteil der Stadt, und an den Huangpu-Fluss (Ausflüge oder Reisen in fernere Distanzen waren ja nicht möglich). Auch die Bedingungen für ein Ferngespräch waren ein Thema, das stets interessierte. Wegen der grossen Nachfrage gab es zeitweise Wartezeiten von mehreren Tagen.

Für mich ist es bald sehr wichtig, so rasch wie möglich von hier wegkommen zu können

Shanghai, den 15. September 1951
Brief Nr. 349 – via Hongkong

Meine Lieben,
[...] Es gelang Basel, uns am 13.9. telephonisch zu erreichen, nachdem sie uns das Telephon anfangs der Woche angemeldet hatten. Duss nahm das Tel. zu Hause ab, da es ja erst zwischen 5 und 6 Uhr durchkam. Vorab wurde natürlich die Frage der Bewerbung Bolligers besprochen, und Duss unterhielt sich abwechslungsweise mit Glaser und Nufer. Der Empfang war scheints unterschiedlich gut. Am Tel. wurden die Bedingungen für B. bekanntgegeben, und dann, gestern, fing im Bureau eine grosse Geheimnistuerei zwischen Duss und Bolliger an. Briefe und Tg. wurden von ihnen selber geschrieben. Duss wollte mir die Sachen, wie üblich, zum Schreiben und wegschicken geben, doch B. scheint ihn eines besseren beraten zu haben, dass man diese Sachen selber machen sollte von wegen der Geheimhaltung, und natürlich wollte er wohl auch nicht, dass ich weiss, wieviel ihm offeriert wurde! Als dann B. mal auf einen Moment zum Bureau hinausging, sagte mir Duss, es sei ja lächerlich, was da B. machte, ich solle den betr. Briefordner nur am Montag gleich zur Hand nehmen und den Brief und das Tg. durchlesen. Dabei ist zu bemerken, dass ich täglich mehrere Male über diese sog. «Geheimen Akten» muss aus anderen Gründen. Auch Nufer glaubte seinerzeit, Sachen vor mir geheim halten zu können, was ihm aber nie gelang, und was ich früher nicht wusste, so weiss ich es jetzt, da seit Mills' Tod mir alles offen steht – durch Verfügung von Duss. Duss bringt mir 100%iges Vertrauen entgegen und sagt immer, er lasse mir gegenüber den gesunden Menschenverstand walten und wisse genau, dass ich aufs Maul sitzen könne. Da sei es ja dumm und unangebracht, Sachen für 1–2 Tage geheim halten zu wollen. [...]

Ich sehe persönlich heute eigentlich keine Notwendigkeit mehr, dass ich bis im nächsten April oder Mai noch dasitze, wenn doch evtl. Nufer kommt, trotzdem Bolliger die Stelle vielleicht antritt. [...].

Für mich ist es bald sehr wichtig, so rasch wie möglich von hier wegkommen zu können, denn diese ewige Stürmerei ist mir bald verleidet, und dann muss man nur den Geschäftsgang betrachten, um bald zu wissen, dass hier nicht mehr viel zu holen ist. Mich dauert ja nur [mein

Nachfolger] Vultier, der gar nicht weiss, was ihm hier noch wartet für die nächsten drei Jahre! Doch das ist schliesslich dann nicht mehr mein Kummer. – Inzwischen zirkulieren hier in Shanghai die wildesten Gerüchte, die Nufer und Vultier bereits auf dem Wege nach Shanghai wissen wollten, was also gar nicht stimmt. [...]
Gestern traf ich Plattners, die gerade Euren Brief erhalten haben und dafür herzlich danken lassen. Bald nun werden sie wegfahren und sind tüchtig damit beschäftigt, ihre sieben Sachen entweder zu verpacken oder zu verkaufen, wie z.b. all' ihre Silbersachen, die man nicht aus China mitnehmen darf! Die ganze Packerei und Liquidation hat ihnen etwas zugesetzt, und sie sehen müde aus. Sicherlich werden sie Euch vieles zu erzählen wissen aus diesen letzten Tagen Shanghai!

Der Wunsch Schnells, möglichst bald zurückzukehren, erfüllte sich nicht so schnell. Ende September fiel zwar endlich in Basel die Entscheidung für den neuen Direktor der Ciba (China) Ltd., doch musste dieser von den chinesischen Behörden anerkannt werden, und die liessen sich nicht drängen. Ausserdem sollte Schnell ja auch seinen Nachfolger, der erst gegen Ende Jahr eintreffen würde, noch einarbeiten.

Sehr zu seiner Verwunderung erhielt er Mitte Oktober die Anfrage eines Bekannten in Burgdorf, ob man Waren nach China exportieren könne. Sein Kommentar: «Reichlich naive Frage». Ausserdem schrieb er ebenfalls im Oktober 1951:

Die Tage hier verfliessen reichlich eintönig, und Abwechslung hat man nicht viel. Ich sah am 1.10. einen neuen chin. Farbenfilm betitelt «In New China». Natürlich Propaganda durch und durch. Sonst ist es nichts mit Kinos oder geschweige denn Theater! An schönen Sonntagen machen wir des öftern kleinere Ausflüge in die nahe Umgebung, dorthin, wo man keine Reisevisa braucht! [Brief 352]

Mein Ersatzmann ist wohlbehalten in Shanghai angekommen

Shanghai, den 17. November 1951
Brief Nr. 358 – via Hongkong

Meine Lieben,
[...] Dass Hr. Bolliger nun anerkannt ist, wisst Ihr bereits. Und auch mein Ersatzmann Vultier ist am Donnerstag wohlbehalten in Shanghai

angekommen, nachdem er ca. 3 Wochen in Hongkong gewesen war. Er hat heute also schon 2 Tage Shanghai hinter sich! Ich lade ihn jetzt häufig ein und versuche auch sonst, ihm den Aufenthalt zum Beginn so angenehm wie möglich zu gestalten, mich immer erinnernd an meine Ankunft vor 5 Jahren! Er weiss natürlich allerhand Neuigkeiten, die wir hier «hinter dem Vorhang» nicht wissen. [...]

Gestern abend waren wir mit ihm tanzen, und er war ganz überrascht, dass es das noch gebe in Shanghai, den Berichten nach zu schliessen, die er in Hongkong und z.T. auch in der Schweiz (!) erhalten habe. – Aus allen seinen Gesprächen zu schliessen, macht man sich weder in Hongkong, geschweige denn zu Hause ein richtiges Bild von China. Es ist ja auch nicht möglich. – Heute abend gehen wir in den Italian Club zusammen, wo sie einen Abend veranstalten, betitelt «Montmartre», und es soll franz. Atmosphäre vorherrschen. – Frau Buner sei mit ihren beiden Kindern auf dem gleichen Schiff gewesen und nach Japan zu ihrem Mann weitergereist.

180% Zoll auf Schokolade aus der Schweiz ...

Shanghai, den 30. November 1951
Brief Nr. 360 – via Hongkong

Meine Lieben,
Den letzten Brief, 359, schrieb ich am 24.11. Inzwischen habe ich leider nichts von Euch erhalten – zum ersten Mal seit gut 6 Monaten, dass am Freitagnachmittag nicht Euer üblicher Brief hier ist. Dies ist wohl dem Umstand zuzuschreiben, dass der Zug Shanghai–Canton und umgekehrt jetzt nur noch jeden 2. Tag verkehrt, wie schon früher gemeldet. Ich nehme an, der Brief komme am Montag. – Somit nur einige Notizen: der avisierte Schoki von Onkel Mey ist am Mittwoch hier eingetroffen! Eine wunderbare Geschenkpackung von Sprüngli, Zürich, in Kistli und Blechbüchse, hermetisch verschlossen. Trotz den freundlichen Gesichtern auf dem Zollamt und englischer Sprache konnten sie mir den Zoll nicht billiger ansetzen als rund Fr. 50.– für die ganze Schmier. Warenwert (deklariert bei Sprüngli) Fr. 22.– plus Porto Fr. 17.– à offizielle Sfrs-Rate von 6060 Y, darauf 180% Zoll! Wäre mehr Warenwert deklariert gewesen, so hätte ich das Paket nicht einmal erhalten können, da Schokolade von einem gewissen Wert und Gewicht an zur Einfuhr verboten ist. – Alles in allem: es hat viel geko-

stet, dafür habe ich jetzt aber ein gut assortiertes Lager feinste Schweizerschoki! – Ich vernahm von jemandem, der 1½ kg Salami erhielt und dafür rund Fr. 100.– an Zoll hat abladen müssen! – Leider wurden letzte Woche zum ersten Mal Herrn Bolligers Drucksachen, die er von seinem Bruder in Zollikofen regelmässig erhält, geöffnet. Es befand sich darin u. a. auch eine Tafel Crémant, die man ohne weiteres passieren liess, jedoch alle Dr. Sachen durchschnäuste und sich dahin äusserte, man schaue nach reaktionärer Literatur! Es ist unter diesen Umständen vielleicht besser, «Life» nicht mehr zu senden. Ich will zwar jetzt sehen, wie es herauskommt mit den nächsten Drucksachen von Euch, die Ihr sicherlich wegschicken werdet, bevor dieser Brief bei Euch sein wird. Wenn sie gut passieren, so könnt Ihr das Heft ja weitersenden. Ich werde Euch auf dem Laufenden halten. […]

Vultier arbeitet sich schon ganz gut ein, was jetzt leichter ist, da wir ja nicht viel zu tun haben. Er scheint jedenfalls ganz hell auf der Platte zu sein, was vieles erleichtert. Er wohnt nach wie vor in Nufers Haus, wo es jetzt allerdings nur mit einem Ofen etwas kalt ist, doch kommt er häufig zu mir zum Essen.

... und Nylonstrümpfe für Fr. 40.–

Shanghai, den 16. Dezember 1951
Brief Nr. 362 – via Hongkong

Meine Lieben,
[…] Hoffentlich kommen die Strümpfe für Julie gut durch, denn sonst sind sie äusserst scharf auf Nylon und erheben unheimliche Zollsummen! Julie lässt Euch schon im voraus herzlich dafür danken. Aber hoffentlich passt die Grösse, denn sie braucht 9½. (Also hat nicht die berühmten kleinen chin. Füsse!) – Diese Art Strümpfe bekommt man schon noch in Shanghai, doch der Preis ist ca. Fr. 40.– pro Paar (Zur Rate, wie wir's Geld beziehen). Jetzt noch einige Notizen: Nufer […] wusste allerhand zu berichten, u. a. auch dass Herr Stockar in Canton seit ca. 1 Jahr auf sein Ausreisevisum wartet! Die Gründe hier zu elaborieren, würde zu weit führen, doch hat es etwas mit einem Club zu tun, wo sein Vorgänger Kommittemitglied war, dann wegfuhr, und jetzt halten sie Stockar verantwortlich für einen Fehler seines Vorgängers! Frau Stockar fuhr schon in die Schweiz zurück. – In Shanghai werden in nächster Zeit ca. 8 neue Schweizer erwartet, z. T. sind sie schon ange-

Unterm Weihnachtsbaum

kommen, und es handelt sich meistens um solche, die schon hier waren und die kommen, um hiesige abzulösen. – Ich meinerseits habe noch nie mit Basel meine weitere Verwendung diskutiert und verspare dies, bis ich selber in Basel bin. Ich habe ja dann Zeit genug, mich diesem Problem zu widmen!

Warten auf das Visum
Januar bis Juli 1952

Die Geschäfte stagnieren wieder

Shanghai, den 5. Januar 1952
Brief Nr. 365 via Hongkong

[...] Ware können wir seit einem Jahr keine mehr einführen, da wir uns anfänglich weigerten, Handel auf Tauschbasis zu machen wegen dem Risiko, das dabei herrscht. «Barter» [engl. für Tauschhandel treiben] ist jetzt seit einigen Monaten auch nicht mehr möglich, und einer kürzlichen Meldung in den «Shanghai News» zu Folge werden jetzt mehr und mehr Farbstoffe etc. lokal produziert. Das einzige, was wir tun, ist Stockware [Lagerware] verkaufen, damit wir unsere Unkosten damit decken können. Dass dabei nichts oder wenigstens nicht viel (für Basel speziell) herausschaut, könnt Ihr Euch selbst vorstellen. Devisenüberweisungen sind, bekanntlicherweise, nicht mehr möglich. – Angestellte können unter den heutigen Verhältnissen, wie sie hier herrschen, nicht entlassen werden, ohne dass die ganze Firma liquidiert wird. Solange wir noch so viel Vorräte haben, können wir keinen einzigen von unseren 33 Leuten entlassen! (Gewerkschaft!)

Anti-Bestechungskampagne

Shanghai, den 26. Januar 1952
Brief Nr. 368 via Hongkong

Meine Lieben,
[...] In ganz China ist jetzt wiederum eine neue Kampagne im Schwung: Gegen Bestechung. Ganz unglaubliche Geschichten wurden zu Tage gefördert, und die Delikte gehen bis in höchste Regierungskreise. Ich glaubte, dieses Erzübel sei nach der Befreiung ausgemerzt worden, aber allem Anschein nach doch nicht. Mündlich werde ich mehr berichten können. In Tientsin wurde der Manager (Deutscher) der in Vevey eingeschriebenen Schweizerfirma Eutraco S.A. verhaftet wegen Bestechung. Die Bestechungs-Kampagne ist noch viel rigoroser als jene im letzten Frühling gegen politische Widersacher. Leider kann ich noch keine Bilder, Berichte etc. senden, da in der englischsprachigen «Shanghai News» nichts von allem erscheint. Mehr jedoch dann

mündlich. – In Bälde werden Photos folgen von einer Party, die wir am letzten Mittwoch im Italian Club hatten. Nämlich der Vorstand und alle Angestellten zusammen. Man veranstaltete diese Party, um das freundschaftliche Verhältnis zwischen Vorstand und Angestellten zu fördern. Am Tisch (wie Ihr dann auf dem Bilde sehen werdet) sass ich z. B. neben dem Gärtner des Clubs! – Stimmen wurden jedoch laut, so eine Veranstaltung gehe zu weit; doch die Leute, die so sprechen, haben den Zug im Neuen China noch nicht erkannt und sehen auch nicht ein, dass das die einzige Möglichkeit ist für Fremde, überhaupt hier noch ihr Leben fristen zu können. Ob solche Veranstaltungen in der Schweiz und Europa allg. abgehalten werden, weiss ich nicht – ich weiss nur, dass es hier mehr und mehr unumgänglich ist.

Endlich, am 9. Februar 1952, meldete Schnell seinen Eltern, dass er nun ein Ausreisevisum beantragen würde. Er warnte aber vor der Erwartung, dass er schon Ende Februar abreisen könne, wie Basel gemeldet habe. Diese Warnung war berechtigt, denn über Wochen, ja Monate erhielt Schnell keinen Bescheid.

Mitte Februar erfuhr er, dass in der Schweiz Gerüchte kursierten, wonach es ihm schon früher möglich gewesen wäre heimzureisen, wenn er gewollt hätte:

Leidergottes scheint sich die Schweizermentalität seit meiner Abreise nicht geändert zu haben

Shanghai, den 16. Februar 1952
Brief Nr. 371 – via Hongkong

Meine Lieben,
[...] Ob Langnau der einzige Ort ist, wo das betr. Gerücht entstanden ist, weiss ich nicht. Es wäre ja schon gut, wenn sich die Leute daheim nicht in die Angelegenheiten solcher 12 000 km entfernt wohnender Leute hineinmischen würden und Kommentare und Gerüchte produzieren, die niemandem etwas nützen, doch nur schaden können. Kann das jetzt nicht jedermann gleich sein, *wie* lange ich in China bleibe und ob ich eine Chinesin als Freundin habe oder nicht. Ich schäme mich dessen nicht, und all' das Geschwätz und Geplauder dieser Seldwyler-Leute lässt mich absolut kalt. Leidergottes scheint sich die Schweizermentalität seit meiner Abreise vor 5 Jahren noch nicht geändert zu

haben! – Es ist natürlich nur bedauerlich, dass evtl. auch Euch diese Gerüchte zu Ohren kommen, doch ich glaube annehmen zu dürfen, dass sie auch Euch, die Ihr ja die näheren Umstände kennt, kalt lassen. Es ist ja äusserst dumm, von Leuten zu behaupten, dass ich «hätte heimkommen können, wenn ich gewollt hätte». Solchem Schmarren solltet Ihr ja dann schon energisch entgegentreten. – Julie wird jetzt voraussichtlich eine Stelle in Hongkong antreten, doch das wird sehrwahrscheinlich nur ein Sprungbrett bedeuten, um später zu ihren Eltern fahren zu können. Ich möchte ja sehr gerne, wenn dann Julie mal in die Schweiz kommen würde, damit ich allen Gerüchtemachern die Spitze brechen könnte! – Meine chin. Sprachkenntnisse machten in letzter Zeit aus verschiedenen Gründen keine grossen Fort-, aber auch keine Rückschritte! Ich bin fest entschlossen, sie mal in der Schweiz so oder so weiterzuführen. [...] Am kommenden Samstag wird die Hochzeit eines meiner Freunde hier stattfinden. Jack Ackermann aus Zürich wird sich mit Frl. Eve Lee verheiraten. Eve ist Mischling, der Vater ist Chinese, die Mutter Deutsche. Jack ist bei Siber, Hegner und dort Manager. Er ist heute der einzige Schweizer in dieser Firma. Eve hat chin. Staatszugehörigkeit, und ihr Fortkommen, trotz Schweizerpass, wird nicht so leicht halten.

Ein erster Abschied

Shanghai, den 24. Februar 1952
Brief Nr. 372 – via Hongkong

Meine Lieben,
[...] Letzte Woche hat es hier richtiggehend geschneit, und der Schnee blieb 3–4 Tage liegen. Es bildete sich zufolge der relativ grossen Kälte sogar Eis auf den Strassen, was eine gewisse Gefahr für Autos mit sich brachte. Ich sah noch nie so viel Eis und Schnee in Shanghai, seitdem ich hier war! Jetzt allerdings ist alles wieder verschwunden, und das Wetter ist wärmer und regnerisch geworden. [...]

Vor einer Woche habe ich nun für mein Ausreisevisum appliziert, und es bleibt nun abzuwarten der Dinge, die da kommen sollen. Wenn alles normal geht, sollte ich in 4–5 Wochen in dessen Besitz sein. – Gestern Samstag fand nun die Hochzeit meines Freundes Jack Ackermann mit Frl. Lee statt, von der ich schon früher schrieb, ich meine der Hochzeit. Es war eine relativ schlichte Feier, mit mehr Verwandten (Chinesen) ihrerseits. Eine Zeremonie in der Kirche am Nachmittag mit anschliessendem Servieren von Thee und Süssigkeiten für die Anwesenden. Ca. 200 Personen. Um 5 Uhr war der Spuk schon vorüber! – Jack und Eve werden voraussichtlich im Mai oder Juni in die Schweiz fahren, sodass ich Gelegenheit haben werde, sie auch noch daheim zu sehen. Jack wird nachher wieder nach Shanghai zurückkehren. – Dann fand gestern abend noch eine andere «Feier» statt, indem ich jenen Arzt, von dem ich im Brief 370 schrieb, verabschiedete. Er wird nun nicht erst anfangs März, sondern schon am 26.2. an die Chinesisch/Nordkoreanische Grenze in ein Spital fahren. Ihr könnt auf der Mobiliarkarte[17] nachsehen: er wird sich nach Tungwha am Yalufluss begeben. Ca. 100 Meilen hinter der Front. Dort wird er während 6 Monaten freiwilligen Dienst leisten als Chirurg, und die sich ihm bietenden Fälle dürften sehr interessant und für ihn lehrreich ausfallen. Gestern erschien er bei mir in der Uniform eines «People's Liberation Army»-Soldaten, jedoch nur ohne Gewehr und sonstigen Waffen. So ähnlich unseren Schweizerärzten, die während des Krieges eine Mission nach Russland an die Front unternahmen. Nach dem Essen hat er seine Uniform mit einem meiner Anzüge vertauscht, und wir sind anschliessend noch ausgegangen. Ich habe später noch eine Photo machen lassen, die ich Euch im nächsten Briefe senden werde. Jetzt noch etwas, das Euch interessieren dürfte: als ich sah, mit was für Schuhen Dr. Kung in der Uniform erschien, hatte ich Mitleid mit ihm, dass er mit solchen «Schlarpen» in Schnee und Kälte Nordchinas marschieren sollte. (Die Schuhe bestanden aus halb Leder und halb Segeltuch, also noch ärmlicher als jene, die Capt. Bastide damals aus Frankreich mitbrachte!) Ich erinnerte mich, dass ich ja noch jene Bergschuhe mit mir habe, die ich nach 100 Tagen Fl.B.M.D. [Fliegerbeobachtungs- und Meldedienst, militärischer Hilfsdienst] zu reduziertem Preise, resp. damals ohne Punkte, kaufen konnte. Ich nahm sie hervor, und siehe da – sie passten Dr. Kung ausgezeichnet, und er war überglücklich, ein so gutes Paar Schuhe mit sich nehmen zu können. Er wird sie jedoch nur bei Regen- und Schneewetter tragen dürfen, da sonst die anderen Ordonnanz sind. Bei Regenwetter hätte er sonst einfach ein Paar Galoschen (Gummischuhe) über seine gefassten gestülpt! – Wer hätte wohl gedacht, dass diese Schuhe, die ich vor bald 10 Jahren als

---

17 Karte herausgegeben von der Schweizerischen Mobiliarversicherungsgsellschaft.

Freiwilliger Fl.B.M.D.-Soldat trug, einmal noch im koreanischen Krieg landen würden!

Es darf nur ein Paket pro Monat an die gleiche Adresse gesandt werden

Shanghai, den 8. März 1952
Brief Nr. 374 – via Hongkong

Meine Lieben,
[...] In der Berichtsperiode keine Neuigkeiten betr. mein Ausreisevisum. Ist also immer noch hängig. Unerwarteterweise wurde heute Samstag, wie sonst immer Samstags, auch keine solche Exitvisa-Liste in der Zeitung publiziert. Somit kommt vielleicht etwas nächste Woche. Geschäftlich gesehen wäre ich frei zu gehen, nur muss ich noch packen und sonst die Abreise vorbereiten. Im Geschäft sind wir recht beschäftigt, doch nicht mit Geschäften, die etwas eintragen. – Via Amerika zu reisen wird schwer halten. Ob Ciba etwas ausrichten kann, weiss ich nicht. Vielleicht hat nun Papi, wie geschrieben, mit Glaser darüber gesprochen. – Ich habe mit Freude vernommen, dass Euch Plattners besucht haben. Wie Vieles werden sie Euch aus dem hiesigen Eldorado zu berichten gewusst haben. Schade nur, dass ihre Berichterstattung recht veraltet war, denn heute ist alles schon wieder anders! Das hoffe ich dann berichten zu können! [...]

Vergangene Woche habe ich auch 2 Stück (ein Paar) rohseidene Kissenüberzüge mit reicher Bestickung gesandt. Dieses Paket scheint jedoch über London zu reisen, sodass es nicht so rasch wie über Sibirien bei Euch eintreffen wird. Ich wollte zwei Tage später ein weiteres solches Paket senden, doch die Postbehörden sagten mir, dass ich nicht an die gleiche Adresse senden könne. Nur 1 Paket pro Monat. Nun werde ich versuchen, weitere solche an Verwandte und Bekannte zu senden.

Wenn man doch auch mal den Gelbgesichtern in Bern das Reisen in der Schweiz verbieten würde!

Shanghai, den 29. März 1952
Brief Nr. 377 – via Hongkong

Meine Lieben,
[...] Ich wage fast gar nicht mehr zu sagen, dass mein Exitvisum bis zur

Stunde noch nicht bewilligt ist. Denn heute Samstag erschien wieder eine Liste von Namen in der Zeitung, und meiner figuriert erneut wieder nicht darunter! – Ich habe ja schon früher angetönt, dass ich gerade zu der Zeit appliziert habe, als diese Anti-Bestechungskampagne etc. in Schwung kam, und ein gewisser Abschnitt davon hat bis heute noch nicht begonnen. Euch genaue Détails geben zu wollen würde zu weit führen, und ich darf etwas solches auch wegen den «Schneusinen» [Schnüfflern] nicht verantworten. Doch in allem dem ist wohl der Grund zu suchen, warum ich bis heute das Visum noch nicht erhalten habe. Um noch etwas näher zu erklären, erwähne ich, dass während dieser Periode keine Firma um Liquidation nachsuchen darf, keine verantwortliche Person darf ersetzt werden (gut wurde B. schon im letzten Jahre anerkannt!), und keine Leute dürfen unter absolut keinen Umständen entlassen werden. Ich muss jedoch auch beifügen, dass niemand weiss, wielange diese Kampagne geht, und wie immer in Shanghai, schwirren die unglaublichsten Gerüchte herum, von denen man besser keine Notiz nimmt! – Ich weiss, dass Ihr mit bewährter Geduld auch diese letzte Probe noch überstehen werdet. [...]

Jetzt noch einige Notizen: Julie weilt seit 8 Tagen bei ihren Verwandten in Hangchow am Westlake, wo ja auch ich seinerzeit, es ist bald nicht mehr wahr, einige unvergessliche Tage verlebt habe. «Gone but not forgotten» – kann leider nicht mehr wiederholt werden. Wenn man doch auch mal den Gelbgesichtern, die in Bern in grossen Limousinen herumfahren, das Reisen in der Schweiz verbieten würde!

Das Schweizer Konsulat in Shanghai ist offiziell anerkannt

Shanghai, den 10. Mai 1952
Brief Nr. 383 – via Hongkong

Meine Lieben,
[...] Leider bis zur Stunde auch keine Neuigkeiten betr. mein Visum. Wir werden nun die Sache doch noch dem hiesigen Schweizerkonsulat unterbreiten. A propos Konsulat: vor einigen Tagen wurde dieses offiziell von den Behörden anerkannt, nachdem es bisher bloss hiess: «Swiss Representation in Shanghai of the Swiss Legation in Peking». – Jener Zeitungsausschnitt jedoch betr. die Heimschaffung der Missionare war recht veraltet, und das ist auch das einzige, was unsere Leute bisher erreicht haben, jene paar Missionare, die in der Manchurei fest-

gehalten wurden. Im übrigen können sie wirklich nicht viel ausrichten. Irgendwo scheint es zu happern, obschon nach aussen die Anerkennung tip top scheint und unsere Vertreter bei Empfängen etc. immer dabei sind! (Siehe «Shanghai News») – Am Montag wird eine Cocktailparty zur baldigen Abfahrt von Dr. Koch stattfinden, der sich auf homeleave begeben wird. Nur: er braucht für kein Exitvisum nachzusuchen! [...]

Bei der Abfahrt von Duss, vor und nachher, war ich wiederum mit allerhand Arbeiten beschäftigt gewesen. Zum grössten Teil mit seiner Wohnung. Ich habe jetzt bald Übung in diesen Sachen, da ich ja immer zu vorderst bin, wenn jemand abfährt! Als ich nach seiner Abfahrt wiederum in die Wohnung zurückging, kamen mir Gedanken an früher, als ich, angefangen bei Buners, André, Voegelis, Plattners etc. etc. immer die Hände voll zu tun hatte. Wann wird wohl jemand für mich die Hände voll zu tun bekommen?! [...]

Nächste Woche werde ich «Ferien» machen, d. h. nicht ins Büro gehen. Diese Woche Ruhe wurde mir zugestanden, da wir ja ohnehin nichts zu tun haben und ich für Duss manchmal schon früh morgens auf den Beinen war und im weitern während bald 6 Jahren keine andauernden Ferien hatte! – Es ärgert mich ja schon, dass man nirgend hin kann, als in seinen 4 Wänden bleiben, und aus China weg, ohne Peking gesehen zu haben, ist ein äusserst schlechter Trost. Wäre ich doch 1947, wie alle meine anderen Freunde, auf Reisen gegangen – aber eben, damals hatten wir allerhand zu tun!

Etwas Gutes hat dieser amerikanische Bakterienkrieg in Korea: Überall wird gründlicher geputzt

Shanghai, den 14. Juni 1952
Brief Nr. 388 – via Czechoslovakia

Meine Lieben,

[...] Ich habe vernommen, dass bereits die meisten grossen engl. Firmen und Banken um Liquidation nachgesucht haben. Ob ihre Angestellten dann aber so rasch wegkommen, bleibt abzuwarten! [...]

In meinen und unseren Augen sollte auch der Herr Rezzonicco etwas unternehmen! Wenn in den Schweizerzeitungen steht, man habe Missionare aus dem Lande bringen können, so ist das immer ein und dieselbe Geschichte und bald 3 Jahre alt! Seitdem war nichts Positives mehr möglich. Man ist nachgerade ungehalten über die Inaktivität, wie es scheint, der Leute in der Hauptstadt. Auf der anderen Seite kennen wir halt auch nicht die Schwierigkeiten, mit denen sie zu kämpfen haben. – Noch keine weiteren Neuigkeiten betr. mein Visum. Bei Euch gehen die Badis früher auf als bei uns. Bis heute wurde noch nirgends die Erlaubnis zum Eröffnen gegeben, wohl wegen der Ansteckungsgefahr mit Bakterien von Korea! – Etwas Gutes hat dieser amerikanische Bakterienkrieg schon: überall, im Büro und zu Hause, werden die Angestellten in Versammlungen auf die verschiedenen Gefahrenherde zur Ansteckung aufmerksam gemacht, und es wird vorgeschrieben, dass tüchtig geputzt werden soll. Im Büro wird jetzt jeden Abend von 4–6 Uhr gereinigt, und jedermann muss dabei sein – sogar Dr. Yen reinigte am Freitagabend! – Auch die Hausangestellten scheinen einen «Mupf» bekommen zu haben und reinigen jetzt mehr als früher! [...]

Jetzt noch einige Notizen: der Mt. Everest wurde von den Chinesen umgetauft und hat jetzt einen chin. Namen. Everest erinnere zu sehr an eine «imperialistische» Person. [...]

Hier machen vereinzelte Leute mitleidige Gesichter, wenn sie mich sehen. Ich verpasse jetzt gerade schöne Sommerferien etc. etc., eben weil ich das Visum nicht erhalten habe bis heute! Mit diesen verschiedenen «Mitleidsbezeugungen» ist mir wenig geholfen, und es bleibt einzig übrig: Geduld zu haben. Das hat man ja jetz afange [schliesslich] in diesem Lande gelernt!

Es scheint ja wirklich etwas im Tun zu sein, dass jetzt auch Firmen wieder liquidieren können

Shanghai, den 6. Juli 1952
Brief Nr. 391 – via Czechoslovakia

Meine Lieben,
[...] Ich bin froh, dass Ihr wiederum zwei Pakete wohlbehalten erhalten habt, und der Zoll scheint nicht übersetzt zu sein für diese Art Sachen. Für was jene Tüchli mit Bändeln eigentlich bestimmt sind, weiss ich auch nicht recht. Ich werde mich noch erkundigen. Julie hat diese geschickt. – Meine leidige Visumgeschichte läuft jetzt in der 21. Woche, und immer noch kein Zeichen der Bewilligung. Heute gerade kam wieder eine Liste heraus. Es ist ja wirklich grandios, wie man sich hier von diesen Leuten auf Nase sch... lassen muss! «Vertrauensleute»,

die ich schicken könnte, um zu schnüffeln, existieren schon lange nicht mehr. Ihr scheint wirklich immer noch das alte Régime im Kopf zu haben! Dass sie das Gesuch einfach vernuschet [verlegt] haben, ist auch nicht gut möglich, warteten doch Leute schon 2 Jahre auf Visa (siehe z.B. Stockar in Canton). Das will nun aber nicht heissen, dass ich so lange warten soll! – Wie gesagt, stüpfen und fragen nützt bei diesen Leuten gar nichts, ich schrieb schon früher, dass sie nur stereotype Antworten erteilen. – Auf der anderen Seite hat Glaser telegraphisch verlangt, dass wir morgen Montag telephonieren. Ob er wohl via Bern etwas unternehmen will? Oder vielleicht hat das Telephonieren einen anderen Grund. Ich kann mir natürlich lebhaft vorstellen, dass sie auch in Basel recht ungeduldig werden. [...]

Die Blusen dieser Art [wie die geschickten] werden (oder resp. wurden) von Konvent-Zöglingen gestickt, und ich konnte den Betrieb einmal besichtigen. Es sind alles Frauen, die diese Arbeiten machen, und die prächtigsten Sachen entstehen unter ihren Händen. Jetzt werden solche Dinger nicht mehr als sehr produktiv betrachtet und die Leute zu anderer Arbeit herangezogen. [...] Jener Kimono (genannt Mandarinjacket) mit dunklem Grund und Goldbestickung ist eher für Frauen bestimmt, gerade zu einem Abendkleid. – Noch einige Notizen: dass die hiesige Filiale von Hoffmann, La Roche schliessen wird, erseht Ihr aus der beiliegenden Notiz. Es scheint ja wirklich etwas im Tun zu sein, dass jetzt auch Firmen wieder liquidieren können. [...]

China fabriziert, nach neuesten Meldungen zu schliessen, jetzt auch Rechenmaschinen, Filmprojektoren und, was die Typonleute besonders interessieren dürfte, auch Kamerafilme mit dazugehörigen Entwickler- und Fixierbädern. Die entsprechenden Artikel in den «Shanghai News» habe ich angestrichen. [...]

Keine Erklärung, warum wir sechs Monate auf das Visum warten müssen!

Shanghai, den 27. Juli 1952
Brief Nr. 394 – via Czechoslovakia

Meine Lieben,
[...] Allen Bekannten und Freunden, die mir jeweils herzliche Grüsse senden, erwidere ich diese aufs Herzlichste. Dies bringt mich auf den wunden Punkt der Ausreisebewilligung zu sprechen zu kommen. Es

fand ein Interview mit Konsulatsvertretern und der lokalen Amtsstelle für fremde Interessen statt am vergangenen Mittwoch. Kein Resultat – «die Visaapplikationen seien noch in Beratung». Nichts weiter und keine Erklärung, warum wir schon 6 Monate darauf warten! Wir sind jetzt unser drei Schweizer, Nufer, ein Mann von der lokalen Geigy-Vertretung (auch Buchhalter mit Familie) und ich. Natürlich noch andere Ausländer, wie Engländer etc. auch in Buchhalterstellung, die auch fast so lange warten, doch von diesen sprechen wir jetzt nicht. – Wie ich hörte, soll Minister Rezzonicco auf seiner Rückreise in die Schweiz einen ersten Aufenthalt im Vatikan machen, um über die Missionare zu berichten! – Wir scheinen also nachher dran zu kommen! Alle diese «diplomatischen» Nachrichten bitte für Euch behalten und nicht weitersagen. – Julie hat ihr Ausreisevisum auch noch nicht, und das alles trägt viel dazu bei, einen mitunter recht missmutig und ärgerlich zu stimmen.

Vielleicht kann man via chinesische Gesandtschaft in Bern Schritte unternehmen

Shanghai, den 3. August 1952
Brief Nr. 395 – via Czechoslovakia

Meine Lieben,
[...] Um es gleich vorwegzunehmen: immer noch keine Neuigkeiten betr. Visum. Vermutlich werden wir morgen heim telegraphieren, sie sollen via Chin. Gesandtschaft in Bern Schritte unternehmen. Die Grüsse hat mir Nufer ausgerichtet, die Ihr durch Glaser habt bestellen lassen. Das wegen den Schiffen von Japan aus wusste ich nicht, und ich bin sicher, dass man von Hongkong aus immer einen Schiffsplatz erhalten kann, wenn ich vielleicht dann auch noch einige Tag in HK warten müsste! [...]
In der KV-Zeitung haben wir hier mit etwas gemischten Gefühlen davon gelesen, wie der Bankverein seinen Angestellten die «Basler Nachrichten» als tägliche Lektüre hat aufoktruieren wollen; obschon gratis, wie ich annehme, «riecht» diese Art der Meinungsbeeinflussung etwas, und gerade für uns hier in Kommunist-China hat das ganze Gebahren etwas Abstossendes an sich. Wie hat man diese Meldung zu Hause aufgefasst? – Habe ich schon geschrieben, dass mir Stockar in Canton auf meinen kürzlichen Brief geantwortet hat? Er weilt also

immer noch dort und hat absolut keine Ahnung, wann er wegreisen kann. Er geht nur noch selten ins Büro und vertreibt sich die Zeit mit Lesen, Kartenspielen, kleinen Spaziergängen etc. Wahrlich nicht zu bedauern! Seine Frau ist schon in der Schweiz. Vermutlich werde ich ihn auf meiner Ausreise in Canton rasch sehen können. – In den hiesigen Zeitungen wird, wie Ihr dann später lesen könnt, das Komitee vom Roten Kreuz gehörig angesodet [angegriffen, kritisiert], und speziell Rüegger muss dran glauben. «Man stehe im Dienste von Amerika» etc. – das sind die Worte, die man braucht. Den Rest könnt Ihr dann selber lesen.

Finale
August – September 1952

Wir hatten den Plan einer Heirat nie aufgegeben

Shanghai, 27. August 1952
Brief Nr. 396

Meine Lieben,
Zwei Wochen sind verstrichen, ohne dass ich Euch geschrieben hätte. Von Euch erhielt ich inzwischen Briefe 409–411, wofür ich herzlich danke. Es gibt daraus nicht viel zu beantworten, sodass ich gleich zu unserem Hauptthema übergehe: Am 13.8. kam ich also in den Besitz meines Exitvisums. Das Problem «Julie» kam natürlich gleich auf. Ihr Exitvisum liess eben immer noch auf sich warten. Wir Beide hatten unsere Pläne schon früher gemeinsam besprochen, und wenn ich Euch auch in Brief 334 schrieb, eine Heirat komme nicht in Frage, so geschah das bloss, um den auf Euch lastenden Druck aufzuheben. Tatsächlich hatten wir den Plan einer Heirat *nie* aufgegeben. Julie hat in den letzten Monaten stark geändert, und meine Zweifel, dass eine Heirat nichts Gutes sei, sind von mir gewichen. – Nach Erhalt meines Visums habe ich gleich im Büro die Sache mit Nufer und Bolliger besprochen und eine Lösung zu finden versucht. Ich habe über unsere Besprechungen ein Resumé verfasst, das hier beiliegt. Dass ich hierbleibe und warte, bis Julie ihren Pass erhält, kam nicht in Frage. Somit entschlossen wir uns, standesamtlich und im chinesischen Standesamt (People's Court) zu heiraten. Die chin. Heirat fand am 14.8. statt, und von dort sind wir bereits im Besitze der nötigen Papiere. Die Heirat auf dem Konsulat dürfte nun am 27. Aug. erfolgen, nachdem wir dort für 10 Tage im «Kästchen» hangen mussten. Von rechts wegen hätten wir sogar in Burgdorf verkündet werden sollen, doch zufolge eines Entgegenkommens der hiesigen Konsulats- und Gesandtschaftsbehörden genügte eine Verkündigung hier. Julie hat nun auf Grund des chinesischen Heiratszeugnisses bereits für ihren chin. Pass appliziert, da sie das Land ohne einen solchen nicht verlassen kann. Ihr Schweizerpass genügt eben nicht, und für die Leute hier ist sie eben immer noch Chinesin. – Die ganze Woche haben wir nun unsere Sachen gepackt (auch die Schreibmaschine ist schon weg!), und es gab eine ansehnliche Menge. So schwer es uns auch fällt, wird Julie hier zurückbleiben müs-

Heiratsurkunde Nr. 2403, Eheregister [Stadtbezirk] Mitte für das Jahr 1952
Hiermit erklären
Ding Yonghe als Frau, 26 Jahre alt, geboren am 15. März 1927, stammend aus der Shanghai [und] Shu Nai'er [chines. Name René Schnells], 27 Jahre alt, geboren am 25. Juni 1926, stammend aus der Schweiz, dass sie beidseits aus eigener Bestimmung und aus eigenem Willen sich zusammenschliessen, um Ehemann und Ehefrau zu werden, und zugleich den Willen haben, einander zu lieben und zu achten, einander gegenseitig Hilfe und Beistand zu gewähren sowie sich gemeinsam einzusetzen und gemeinschaftlich zu kämpfen für die Wohlfahrt ihres Haushaltes und den Aufbau einer neuen Gesellschaft. Dies wird nach Prüfung der Übereinstimmung mit den Vorschriften des Eheschliessungsgesetzes der Volksrepublik China zur öffentlichen Beurkundung bezeugt
Die Eheleute [Unterschriften]
Kanzlei des Volksgerichts der Stadt Shanghai, Kanzleibeamter He Jixiang [Stempel], 14. August 1952 [Siegel]

Das Hochzeitspaar (August 1952)

sen, bis sie ihren Pass erhält. Ich meinerseits habe einen Zugsplatz für den 4. Sept. belegt und sollte, wenn alles gut geht, an diesem Tag von Shanghai wegfahren. Von Hkg. aus werde ich versuchen, wenn es irgendwie geht, per Schiff heimzufahren. Das Gepäck habe ich auf jeden Fall schon so gepackt, dass ich einen Koffer in die Schiffskabine nehmen könnte. – Wie lange Julie hier warten muss, wissen wir leider nicht. Hätten wir jedoch nicht hier geheiratet und nur verlobt evtl., so wäre sozusagen überhaupt keine Möglichkeit gewesen für Julie, mir zu folgen. Grund, Umstände etc. dann mündlich. Wir wollten ja anfänglich nicht hier heiraten, sondern zu Hause, aber die Umstände zwangen uns zu diesem Schritt. Daheim werden wir dann die formelle Hochzeit in der Kirche mit den beidseitigen Angehörigen vornehmen und auch Gäste einladen, was wir hier nicht taten. – Sollte Julie bei meiner Ankunft in Schweiz ihren Pass noch nicht erhalten haben, so werde ich guten Grund haben, mit den nötigen Papieren, d. h. Unterlagen, auf der chin. Gesandtschaft in Bern vorzusprechen und ihnen dort die Sache auseinanderzulegen. […]

Ich habe mich in meinem bisherigen Leben bereits dreimal emanzipiert, jedes Mal mit Erfolg: das erste Mal, als ich das geplante Hochschulstudium abbrach und mich dem Kaufmännischen Berufe zuwandte, das zweite Mal, als ich mich im Militärdienst entschloss, nicht zu aspirieren, und das dritte Mal, als ich den Sprung nach Shanghai wagte. Ich darf sagen, dass alle diese drei Handlungen für mich einen Erfolg waren, und wenn ich mich jetzt zum vierten Mal emanzipiere, indem ich eine Chinesin zur Frau nehme, so zweifle ich nicht weniger daran, dass unser gemeinsames Leben von einem guten Stern überschattet werden wird. Julie und ich bringen schon anfänglich ein grosses Opfer, indem wir uns, frisch verheiratet, trennen, doch wir Beide sind davon überzeugt, dass Julie's Pass nicht allzulange auf sich warten lässt. – Ich weiss, dass Ihr, als meine Eltern, nur das Beste für mich wünscht, und wenn Ihr mir zu diesem, meinem ureigensten Entschluss, Julie zu heiraten, Glück und Segen wünscht, so bin ich doppelt glücklich. – Soeben, 22.8. abends erhalte ich vom Büro Eure Post, d.h. Euer liebes Glückwunschtelegramm vom 21.8. und Brief Nr. 412 vom 10.8. Dieser kam wieder einmal sehr rasch hier an. Ich kann Euer Tg. mit «congratulations» nur so auslegen, dass Ihr mir eben zur Hochzeit Glück wünscht! Und ob ich «alright» sei, fragt Ihr wohl, weil ich seit zwei Wochen nicht schrieb. Bitte also um Entschuldigung. Ich werde morgen Samstag ein Tg. senden und Euch «erleichtern»! Ich ging eben all' diese Tage nicht ins Büro und war zu Hause mit Packen sehr beschäftigt. – Bitte richtet auch Dr. Duss vielen Dank für sein Tg. aus und sagt ihm, ich sei eben jetzt sehr beschäftigt, deshalb werde ich erst später schreiben, vielleicht erst vom Schiff oder von Hkg. aus. – Das einzige, was wir jetzt hoffen müssen, ist, dass Julie innert nützlicher Frist in den Besitz ihres Passes gelangt, und all' unsere Probleme der letzten Tage und Wochen wären gelöst. – Unser sämtliches Gepäck dürfte Shanghai um den 12.9. herum per Schiff nach Hkg. verlassen, also später als ich. Was ich auf der Heimreise auf dem Schiff brauche, nehme ich als Passagiergut mit dem Zug mit.

Heutzutage ist es nicht erlaubt, einen Photoapparat auszuführen

Shanghai, den 27. August 1952
Brief Nr. 397 (ohne Kopie!)

Meine Lieben,
Vorerst vielen Dank für Euren Brief 413, der am 25.8. hier eintraf, und dann auch für das Drucksachenpaket, das ich auch noch erhielt, doch wird die «Beobachter» wohl jemand anders lesen als ich! Überhaupt

haben sich so viele Drucksachen angesammelt, die ich zu lesen keine
Zeit mehr haben werde. A propos: am 7.8. ging nochmals ein Paket an
Euch ab mit allerhand kostbaren Artikeln. Zwei weitere werden dann
von Vultier im Sept. und Okt. spediert werden. […]

Hoffentlich habt Ihr [das Telegramm] richtig erhalten. Ich habe
darin nicht noch extra erwähnt, dass wir Beide nun also verheiratet
sind, resp. dies erst in 1 Tag, wenn am 28.8. um 11 Uhr morgens die
Zeremonie auf dem Konsulat stattfinden wird. Es wird zwar sehr
schlicht vor sich gehen, und unsere beidseitige Freude, wie sie bei einem
solchen «Anlass» doch vorhanden sein soll, will nicht so recht aufkommen, ist doch zu bedenken, dass ich Julie in China zurücklassen muss
und nicht weiss, wann ich sie wiedersehen kann. Ich persönlich bin in
solchen Dingen eher immer optimistisch gestimmt, und ich bin auch sicher, dass ich, mal zu Hause, bei der chin. Gesandtschaft in Bern entsprechende Schritte unternehmen kann, und die Leute dort dürften
dann doppelt entgegenkommen sein, wenn sie mich chinesisch sprechen hören! – Julie hat jetzt hier eine kleine Einzimmerwohnung mit
allem Komfort, wie Telephon, Gas und Kühlschrank. Die Miete ist
sehr bescheiden, und sobald sie ihren Pass besitzt, kann sie ohne weiteres ausziehen. – Im Bureau habe ich sozusagen alles «abgeschlossen»
und übergeben, und ich gehe nur noch dorthin, um Geld zu fassen! Von
dem hat man in solchen Augenblicken nie zu wenig [soll heissen: nie
genug]! – Ich muss auch noch den boy und die amah auszahlen. Auch
meinem treuen Chinesischlehrer, der kürzlich unzählige Schwierigkeiten hatte, muss ich noch etwas zuhalten. Wie Ihr seht, es hat sich in
diesen sechs Jahren Shanghai allerhand angesammelt, das es gilt innerhalb wenigen Tagen und Stunden noch zu bereinigen und jedermann
glücklich zu machen. – Wie schon telegraphiert, habe ich also meine
Buchung für den Zug für den 4.9. Morgen muss ich noch das Visum für
Canton von der Polizei erhalten gehen, und dann sollte alles so weit im
Butter sein, bis ich dann noch meine unzähligen Kisten durch den Zoll
bringen muss, resp. der Verschiffungsagent wird das für mich besorgen. Einen Koffer (den bekannten Kabinenkoffer) werde ich auf der
Bahn als Passagiergut mitnehmen, damit ich in Hkg. gleich Kleider etc.
habe und auch auf dem Schiff. Die anderen sieben Sachen werden direkt nach Europa mit Umlad in Hkg. spediert werden. Fast eine ganze
Aussteuer Julies befindet sich darunter, mit vielen alten chinesischen

Sachen, die wir hoffentlich ohne Schmerzen aus dem Lande bringen. Eine andere Frage wird die Leica sein, die evtl. Schwierigkeiten bereiten dürfte, denn heutzutage ist es nicht erlaubt, Photoapparate aus dem Lande zu bringen. Weil der Apparat jedoch schon etliche Jahre alt ist, wird es vielleicht leichter sein, ihn ausführen zu können. [...]

Der Zug wird kommenden Donnerstag um 13 Uhr 30 hier wegfahren

Shanghai, 31. August 1952
Brief Nr. 398 (via Czechoslovakia)

Meine Lieben,
Den letzten Brief, 397, schrieb ich am 27.8. Dieser hier, 398, wird wohl der letzte sein aus Shanghai! Wie schon geschrieben, hat also am 28.8. unsere Vermählung auf dem Konsulat stattgefunden, und die ganze Angelegenheit war recht feierlich. Es gab auch noch Champagner. Anschliessend fand bei meinem Zeugen ein Mittagessen statt; ich hatte zwar nicht lange Zeit zu bleiben, sondern musste nachmittags noch mein Visum für Canton holen und die Zolldeklaration für meine «7 Sachen» unterschreiben. Alles Gepäck wird voraussichtlich Shanghai um den 12.9. herum verlassen per Schiff nach Hkg. Auch die Inspektion der Sachen wird erst nach meiner Abreise stattfinden, und wenn Sachen zur Ausfuhr verweigert werden, so wird sie Julie behändigen. Im ganzen habe ich 11 Kisten, und zwar grosse. Wenn alles durchkommt, so können wir mal zu Hause ein grosses chinesisches Essen veranstalten, doch darüber mehr mündlich! – Als Beilage sende ich Euch eine Einladung zu unserer Cocktailparty am 2.9! Nufer hat sich ganz gross unserer Sache angenommen und sein Haus für den 2.9. zur Verfügung gestellt, nebst noch mehreren anderen Sachen, wie Whisky etc! Ich habe praktisch mit dieser Party nichts selber zu tun, sondern erhalte Hilfe aus der ganzen noch hier weilenden Schweizergemeinde. Ich muss schon sagen, die schweizerische Hilfsbereitschaft kam hier wieder einmal deutlich zum Ausdruck. Wir haben es eigentlich gar nicht verdient, indem wir alles jetzt in einem solchen grossen Schuss machen mussten. Sogar der Drucker ist mir beigestanden und hat beiliegende Einladungen mit Überstunden angefertigt – und sie sind doch wirklich gut ausgefallen, oder? – Ich werde jetzt auch noch mit «Überstunden» welche in die Schweiz schicken, und wenn ich die einen oder die anderen vergessen sollte, so entschuldigt mich bitte und gebt die nö-

tige Erklärung dazu ab. – Ich habe auch einen sehr netten Brief von der Ciba erhalten, unterschrieben vom grössten «Tiger» der Farbenabteilung, Dr. G. Kuhn, dem Nachfolger von Schmid-Respinger – Ihr werdet verstehen, dass Julie und ich im heutigen Zeitpunkt sehr beschäftigt sind! Meine Abreise ist nun vollständig vorbereitet, und ich habe alle nötigen Papiere beisammen. Ich hoffe nun, dass die Fahrt bis Hongkong gut verläuft und die diversen Zollrevisionen ohne Schwierigkeiten abgewickelt werden können. – Der Zug wird kommenden Donnerstag um 13h30 hier wegfahren, und ich werde wohl bis dahin nicht mehr schreiben, sondern dann von Hkg. aus ein Tg. senden.

Vermutlich wird auch Stockar nicht mehr in Canton weilen, denn wie ich gerüchteweise hörte, soll er nun endlich sein Exitvisum erhalten haben. So hat auch Nufer heute das seinige endlich erhalten und wird demzufolge auch in allernächster Zeit hier wegreisen. Vultier wird dann allein in Nufer's Haus wohnen.

Der Vorhang ist gefallen

Hongkong, 8.9.52
Brief Nr. ?!

Meine Lieben,
Der Vorhang ist gefallen, und sechs Jahre China haben ihren Abschluss gefunden. Glücklich bin ich hier am 7.9. abends angekommen nach einer ziemlich abenteuerlichen Bahnfahrt. Die Details werde ich Euch mündlich erzählen. Ich befinde mich heute noch in einem Traumzustand, und HK scheint *das* Paradies. So viele Sachen, so viel Schönes und während Jahren Vermisstes! – Vorerst nun aber herzlichen Dank für Eure Briefe 414 und 415, vom ersteren Orig. in S'hai und Duplikat hier erhalten. Für alle Eure Wünsche von mir und Julie vielen herzlichen Dank. Ich schrieb gleich heute nach S'hai. Wir wollen nun hoffen, dass ihr Pass bald bewilligt werde, wozu wir eigentlich recht gute Hoffnung haben können, denn am Vortag meiner Abreise war die Polizei nochmals für mehr als 1 Stunde im Haus und sagte Julie, sie soll bereits für ihre nötigen Impfungen für die Reise Vorbereitungen treffen. Alles wäre hier doppelt so schön, wenn Julie auch dabei wäre, aber nun, man kann es jetzt nicht ändern. [...]

Es folgt auch als Beilage ein Muster der Vis.Karten, die wir anfertigen liessen, bevor ich wegfuhr. Am 2.9. hatten wir nämlich eine grosse

Zurück in der Schweiz

Party in Nufer's Haus, und er hat alles dazu beigesteuert: Er ist also absolut nicht so, wie wir alle ihn sonst kannten. [...]
 Betr. Heimfahrt konnte ich noch nichts arrangieren; die Schiffe sind alle stark besetzt, und ich müsste fast 3 Wochen hier warten bis zum nächsten freien Platz auf einem franz. Schiff. Evtl. ziehe ich doch noch fliegen in Betracht, obschon ich schon 1946 hieher flog. – Von Dr. Duss erhielt ich auch einen Brief und lasse ihm vorläufig auf diesem Weg herzlich dafür danken. Die verlangte Soyabohnensauce werde ich ihm mitbringen. – Für die Schweizerkolonie in Shanghai mussten Julie und ich einen Wunschzettel aufstellen; alles jedoch, was wir darin aufführten, ist für die Ausfuhr verboten; vermutlich wird nun Julie das Geld erhalten haben, was sie ja auch brauchen kann. Alles mein Gepäck konnte China verlassen; vieles dabei gehört Julie und ist recht antik. Lediglich die Leica behielten sie zur Inspektion während einem Tag zurück. Ob sie nun auch im Gepäck ist, weiss ich nicht, denn ich fuhr dann weg, als die Inspektion stattfand. Bericht noch ausstehend. – So, jetzt will ich weiter sehen gehen wegen einer Passage und schliesse diesen Brief für heute. Nochmals vielen Dank für alle Eure Briefe und Euch allen die herzlichsten Grüsse und Küsse, auch von Julie,

Euer René

Register

(Es wurden nur Personen des öffentlichen Lebens und Ortsnamen in China und in der Schweiz aufgenommen)

Alpen 28
Alltag
– Kindheit/Jugend in Shanghai 46, 72, 89–90, 126, 132
– Heirat/-en/Ehe 9, 22, 60, 109, 119, 132, 134, 138, 141, 148, 150–152, 154–163, 169, 195, 229–230, 237, 248, 257–262
– Inflation 9, 12–13, 36–37, 40, 67, 91, 94, 100, 107, 112–113, 168, 170, 177, 179, 192, 195–196, 201
– Korruption 12–13, 52, 56, 136, 183, 246, 253
– Krankheit/Spital 78, 82, 99, 117, 120, 122–124, 158, 169, 205, 212, 217–218, 249
– Lebenshaltungskosten 40, 57, 69, 94, 96, 100, 103, 112, 113, 127, 142, 150, 152, 163, 165, 168, 170, 172, 184, 185–186, 192, 196, 198, 204, 225, 240
– Preiskontrolle 103, 144, 152, 192
– Rationierung 46–49, 77, 91, 99, 101, 114–115, 147, 191, 206, 225
– Schwarzmarkt 142, 145–147, 170
– Verkauf von gestohlenen Waren 59, 97, 100
– Wechselkurs 94, 103, 112, 127
– Tod/Sterben/Bestattung 36, 99, 101, 104, 109, 228
– Zensur 142–143, 164, 174, 193, 209–210, 212, 221, 244, 251
Altdorf 56

Amah 42, 62, 68–69, 73, 76, 174, 261
Amoy s. u. Xiamen
Arbeitswelt
– ausländische Firmen in Shanghai 15, 18–21, 48, 50–52, 54, 80, 85, 108, 112, 121, 140, 142–143, 186, 188, 192, 202, 211, 215, 225, 233, 246, 248, 251–252, 254
– Büroalltag 34–35, 40, 51, 79, 83, 99, 110, 112, 144, 177, 183, 198, 216, 218–219 228, 232, 241, 246
– Chinesen als Angestellte westlicher Firmen 35, 40, 59, 150, 192, 200, 239, 253
– Heimaturlaub 50, 198, 228, 235, 252
– Kuli 100, 106, 166, 209
– Mittelsmann, chinesischer [Compradore] 52, 110, 127–128, 132, 141
– Verhältnis zwischen chinesischen und westlichen Angestellten 16, 40, 119–121, 128, 253
Ausländer in Shanghai (s.a. Rassismus) 14, 16–17, 144, 195, 197, 199, 208–210, 224–226, 255
– ausländische Niederlassungen 14, 16, 53, 65
Aussenministerkonferenz (Moskauer) 61
Basel 21–23, 35, 50, 59, 83, 102, 112, 114, 121, 128, 142–143, 172, 191, 195, 196, 210, 215–216, 222, 228–230, 232, 234, 239–242, 245–247, 254
Berlin 189
Bern 7, 19–21, 25, 33, 82, 123, 141, 181, 186, 203, 218, 232, 236–237, 239, 250–251, 254–255, 259, 261
Blausee-Mitholz 105

Board of Trustees of Rehabilitation Affairs (BOTRA) 135
Boy 42, 44, 46, 57, 58, 62, 68–69, 73, 75–76, 100, 104, 106, 110, 114, 123, 174, 206, 261
Brienz 55
Brissago 63, 118
Buck, Pearl S., Schriftstellerin (1892–1973) 47, 49
Bund, The (Strasse in S'hai) 37, 54, 179–180, 203, 208
Burgdorf 7, 20–21, 30, 43, 59–60, 68, 81, 93, 108, 114, 129, 140, 160, 182, 230, 242, 257
Bürgerkrieg s. u. Krieg
Canton s. u. Guangzhou
Chapoo s. u. Zhabei
Chen Liang, Bürgermeister von Shanghai 177, 182
Chiang Ching-kuo s. u. Jiang Jingguo
Chiang Kai-shek s. u. Jiang Jieshi
Chillon (Schloss) 56
Chinesische Sprache 8, 22, 95, 130, 184
– Dialekte 96, 133, 141, 239
– Mandarin 96, 133–134, 141, 239
– Schimpfworte 93
– Unterricht 46, 93, 95, 101, 135, 216, 238
– Verständigung/Unterhaltung 129, 134, 149, 196, 239
Chinesisches Meer 10–11, 14, 85–87, 177
Chongqing (Chungking) 12, 69, 194
Chur 32, 42
Chushan Islands s. u. Zhoushan Islands
Compradore s. u. Arbeitswelt: Mittelsmann, chinesischer
Demonstrationen/Paraden 17, 68–69, 72–73, 108, 182, 190, 198, 212, 215, 226, 231

- Antiimperialistische Kundgebungen 61, 107, 216, 222–224
Diplomatische Beziehungen/Vertretung 19, 190
- Anerkennung der VR China 186, 197, 200, 202–203, 213, 219, 251
- amerikanische diplomatische Vertretung 208
- australische Gesandtschaft 146
- britisches Konsulat 107, 180, 203
- chinesische Botschaft/Gesandtschaft in Bern 19, 232, 237, 255, 259, 261
- französisches Konsulat 26, 125–126
- Schweizer (General)-Konsulat 19–20, 42, 87–89, 126, 132, 137, 175, 187, 212, 216, 224, 225, 227, 229, 238, 239, 251, 257, 261, 262
- Schweizer Gesandtschaft in Nanjing 19, 42, 62, 169, 200

Essen/Trinken
- chinesischer Stil 32, 48, 81, 92, 101–103, 110, 121, 129, 156, 204, 222, 226, 262
- frische Früchte und Gemüse 28, 68, 81, 98, 124
- Mooncakes 93
- Nahrungsmittelknappheit 147, 150, 153, 209
- Notvorrat 153, 176, 189, 193
- Rationierung von Lebensmitteln s. u. Alltag
- Reiswein 48, 102, 103, 110
- Tee 20, 26, 27, 69, 81, 86, 92, 98, 106, 129, 139, 141, 143, 249
- Wein 28, 50, 66, 89, 137

Feste/Feiern
- Abschiedsparty 60–61, 120, 252
- Christi Himmelfahrt (Auffahrt) 68
- Dragonboat-Festival 75

- Hochzeit 57, 119, 127, 148, 151, 248, 259–260, 262
- Mid-Autumn Festival 93, 198
- Nationalfeiertag
  - chinesischer 94–95, 199
  - Schweizer 84, 87, 94, 136–138, 216, 238, 239
- Neujahr, chinesisches 47, 49–51, 93, 96, 101, 109
- Ostern 62–63, 118, 129, 170
- Party 38, 48, 54, 60–61, 88, 110–111, 120, 126–127, 224, 229, 239, 247, 252, 262, 264
- Reformationssonntag 97
- Verlobungsfeier 127, 226
- Weihnachten 26, 30, 32–33, 99–100, 103–106, 164, 197

Foochow s. u. Fuzhou
Formosa s. u. Taiwan

Freizeitbeschäftigung
- Ausflug 80–81, 86, 92, 117, 129, 145–146, 149, 154, 156, 166, 170, 226, 242
- Ausstellungsbesuch 221, 233, 240
- Federball 69
- Fussball 120
- Jagd 101–103
- Jassen 50
- Kegeln 84
- Kino 50, 91, 94, 120, 124, 134, 139, 141, 143, 145, 154, 184, 190, 196, 233, 242
- Kreuzworträtsellösen 124, 145
- Korbball 126
- Lesen 46–47, 49, 92, 124, 145, 256, 261
- Mah-jong 145
- Pingpong 78, 84
- Radiohören 59, 80, 99, 138, 164, 180, 194, 208, 214, 221, 236
- Reiten 54, 64, 66–67, 78, 92, 104, 126, 131, 166, 176
- Rudern 66
- Schlagball 126
- Schwimmen 68, 78, 85–86, 126, 131, 206–207, 236

- Spazieren 70, 140
- Tanzen 59, 108, 134, 138–140, 145–146, 152, 239–240, 243
- Tennis 84, 126
- Theater-/Opernbesuch 67, 120, 134, 219, 233

Fremdenfeindlichkeit s. u. Rassismus
Fujian (Fukien) 10, 226
Fuzhou 14, 98
Genf 21, 25, 31
Gewerkschaftliche Organisationen 206, 226, 246
Goetheanum 61
Guangzhou 12, 13–15, 165, 167, 182, 186, 200, 243–244, 254–255, 261–263
Guangdong 10
Guomindang 11–13, 18, 20, 127, 175, 183, 189–190, 193, 196–197, 210, 213, 226, 234
Hainan 10
Handel (mit China) 14–16, 18–20, 52, 57, 93, 112, 127, 166–167, 178, 183, 189, 193–195, 204, 206, 212, 215, 217, 219–220, 234
- Foreign Trade Control Bureau 196, 212
- Ostindische Handelskompanie 15
- Schweizerische Handelskammer 93, 204, 236
- Swiss Office for Development of Trade 93
- Tauschhandel 246
Hangchow s. u. Hangzhou
Hangzhou 117–118, 129, 139, 169, 170, 181, 185, 202, 205, 226, 251
Heimweh 63–64, 66
He'nan 81
Himmler, Heinrich (1900–1945) 143
Hitler, Adolf (1889–1945)/Hitlerreich 142–143, 164, 178, 205, 216, 234
homeleave s. u. Arbeit: Heimaturlaub

REGISTER

Honan s. u. He'nan
Hongkong 23, 25–28, 31, 36, 41, 60, 69, 85, 102, 104, 107, 112, 114, 121, 141, 162–163, 166, 168, 182–185, 188–191, 194, 196, 198–199, 203, 213, 215, 220, 227–229, 231, 233–234, 236–239, 241–244, 246–248, 250, 251, 255, 259–263
Hongqiao 70, 143
Huangpu (Fluss) 86, 179, 199, 240
Hungjao s. u. Hongqiao
Jiang Jieshi (1887–1975) 11–12, 16–17, 68, 79, 84, 112, 153, 164–165, 167–168, 175, 182, 188, 192
Jiang Jingguo (1910–1988) 103, 142, 152
Jiangxi 10
Jiaozhou (Kiaochow) 240
Ji'nan 144
Klub 16, 48, 54, 59, 66, 68, 79, 84, 86, 92, 98, 103, 108, 115, 125–126, 129, 153, 191, 195, 206, 216, 222, 225, 227, 247
KMT (Kuomintang) s. u. Guomindang
Koch, Dr. Adalbert, Schweizer Generalkonsul in Shanghai (*1910) 98, 137, 141, 187, 203, 218, 224, 236, 238–239, 252
Komintern 11
Kommunistische Partei Chinas 11, 17, 235
Korruption s. u. Alltag
Krieg
– Bürgerkrieg, chinesischer 7, 11, 13, 116, 127, 150, 153, 156, 209, 213
– Ausgehverbot 156, 163, 172, 184, 188
– Aushebung von Rekruten 114
– Evakuation der Ausländer 192, 195, 197–199
– Flugangriffe der GMD 188–190, 192, 194, 197, 199, 204, 206–209, 211–212, 214
– Friedensverhandlungen 164–165, 167–168
– Generalmobilmachung 79, 93
– Kampfhandlungen 166, 177–181, 189, 199–200, 202, 210
– kommunistische Erfolge 11, 109, 132, 144, 153, 161, 163–166, 170, 172, 176
– Massenflucht 156, 162–163, 165, 175
– Plünderungen 153, 181
– Seeblockade der GMD 185–186, 188–189, 193, 197, 199, 207, 213
– chinesisch-japanischer 10, 13, 17–18, 20, 46, 153
– Kriegsgefangenschaft 18, 212
– Kriegsverbrecherprozess 76–77
– Verwüstungen durch 34, 36, 126
– Dritter Weltkrieg 96, 114, 138, 215
– Erster Weltkrieg 17–19, 54
– Guerillakrieg 12
– Koreakrieg 214, 218, 225, 236–237, 248, 250, 252–253
– Opiumkrieg 14–15
– Zweiter Weltkrieg 17–18, 20, 25–27, 99
Kuling 112
Kunming 102, 113
Li Zongren (Li Tsung-jen), Vizepräsident Chinas April 1948; «Kopräsident» ab Januar 1949 (1890–1969) 167
Lin Yutang, Schriftsteller (1895–1976) 47, 49, 233
Locarno 118
Lugano 208
Luther, Martin (1483–1546) 98
Mandschurei 10, 196, 202, 251
Mao Zedong (1893–1976) 11–12, 167, 192, 196, 207
Marshall, Gen. George (1880–1959) 11
Moganshan (Mokanshan) 129
Nanjing 12, 14, 19–20, 36, 42, 62, 82, 145–146, 154, 156, 164–165, 167, 169, 177, 181, 201, 203, 206, 209
Nanking Road (in Shanghai) 35–36, 39, 55–56, 72, 153
Nanking s. u. Nanjing
Nationale Volksbefreiungsarmee 11, 186, 216, 249
Nationale Volkspartei s. u. Guomindang
Nationalsozialisten 17, 51, 79, 90
Ningbo (Ningpo) 14
Peiping s. u. Peking
Peking 10, 12, 102, 104, 164, 167, 181, 195, 196, 203, 218–219, 226–227, 234, 239, 251–252
People's Liberation Army s. u. Nationale Volksbefreiungsarmee
Petitpierre, Max, Schweizer Bundesrat (1899–1994) 97
Polizei 17, 44, 75–76, 102, 136, 142, 172, 178, 181–182, 192, 225, 227, 232, 261, 263
Polo, Marco (1254–1324) 169
Pootung s. u. Pudong
Pudong 211, 226
Qing (Dynastie) 15
Qingdao 206, 228, 233
Rassismus
– Ausländerfeindlichkeit der Chinesen 44, 72, 95, 108, 189
– Vorurteile gegen Chinesen 8, 22, 69–70, 76, 92, 141, 162, 247
Rationierung s. u. Alltag
Räuberbanden 44, 58
Reise
– im Automobil 86–87, 129
– per Eisenbahn 26, 81–82, 92, 130, 146, 156, 220

– im Flugzeug 25–29, 31–32, 113, 264
– zu Fuss 113, 129
– krankheit 28–29
– per Maultier 113
– per Schiff 33, 60, 264
– im Tragsessel (Sänfte) 129
– verbot 220, 251
– Visum 26, 62, 136, 139, 198, 215, 222–226, 229, 232, 240, 242, 244, 247–248, 250–255, 257, 261–263
Religiöse Einrichtungen
– Kirche, -nbesuch 97, 110
– Mission, -ar 15, 98, 113, 251–252, 255
– Tempel 61, 105, 118–119, 130, 143, 171
Revolution 15, 18, 172
Rezzonicco, Clemente, Schweiz. Gesandter in Peking (*1897) 227, 229, 252, 255
Rote Armee s. u. Nationale Volksbefreiungsamee
Rotes Kreuz 40, 256
Rüegger, Paul, Minister (1897–1988) 227, 256
Schweizer Gemeinde (Schweizer «Kolonie» in Shanghai) 19, 66, 88, 120, 126, 153, 156, 178, 195, 239, 244, 262, 264
Schweizerklub s. u. Klub
Seide, Seidenwaren 20, 47, 106, 148, 240, 250
Sitten, chinesische 32, 46–48, 63, 128, 135
– Gesicht (Ansehen) verlieren 49, 100, 106, 112, 152, 195
Song Ziwen, Schwager von Sun Yat-sen und von Jiang Jieshi (1894–1971) 168
Soochow s. u. Suzhou
Soong T. V. s. u. Song Ziwen
Spaak, Paul-Henri, belgischer Ministerpräsident (1899–1972) 99
Spruga 63
Stampfli, Walter, Schweizer

Bundesrat (1884–1965) 97, 100
Stiner, Sven, Schweiz. Geschäftsträger in Peking (*1910) 203, 218–219
Suzhou 92, 174, 177
Sun Pu (Sun Fo), Sekretär der Stadtverwaltung, Polizeipräsident und Sekretär von Bürgermeister Wu Guozhen (1883–1953) 167
Sun Yat-sen, Gründer der Nationalen Volkspartei (1866–1925) 192
Taiwan 12, 165, 182, 190, 194–195, 204, 206–207, 209, 214, 218
Thun 81–82
Tianjin (Tientsin) 13, 69, 165–166, 181, 186, 188, 198, 194, 220, 239, 246
Tibet 113, 169
Torrenté, Henry de, Schweizer Gesandter in Nanjing (1893–1962) 115, 120
Trigault, Nicolas 42, 115, 120
Tsinan s. u. Ji'nan
Tsingtao s. u. Qingdao
UNO 213–214, 218
Verkehr 16, 30, 34–36, 39, 72, 86, 92, 95, 98, 153, 181, 191
– Autofahrenlernen 95
– Fahrrad/Velo 62–63, 93, 130–131
Visum s. u. Reisen
Voice of America 194, 200–201, 221
Wahlen, Friedrich Traugott (1899–1985) 97
Währungsreform 13, 127, 140, 142, 167, 184, 186
Weltpostverein 181, 186, 213, 234
Whampoo s. u. Huangpu
Whuangpoo s. u. Huangpu
Wohnen, Wohnkultur 16, 34, 38, 41–42, 44–45, 51, 58, 60–61, 64, 89–90, 115, 121, 127, 129, 144–146, 172, 185
Woosung s. u. Wusong

Wu Guozhen, 1945 bis Mai 1949 Bürgermeister von S'hai (1903–1984) 125, 169
Wu, Xiuquan, General (1909–? [letzte Erwähnung 1966]) 222
Wusih s. u. Wuxi
Wusong 177, 182
Wuxi 80–82, 149, 154–156, 177
Xiamen 14, 194
Yan'an 11
Yangtze s. u. Yangzijiang
Yangzijiang 14, 170, 188–189, 198, 207
Yenan s. u. Yan'an
YMCA 32, 34, 38, 40–41, 43, 66, 92, 146
Yunnan 169
Zeitungen, Presse 15, 46, 68, 77, 92, 94, 96, 100, 104–105, 107, 109, 111, 114, 123, 131, 140, 160, 167, 174, 182, 184, 189–190, 193–194, 208, 210, 214, 217, 219, 221–222, 226–227, 236, 238–239, 244, 246, 252, 254–255, 260
(Zeitungen) Schweizer 46, 68, 92, 111, 123, 160, 208, 238, 255, 260
Zhabei 86
Zhoushan Islands 194, 213
Zoll, Zollkontrolle 14, 25, 27, 56, 183, 243–244, 253, 261–263
Zollikofen 244

Das volkskundliche Taschenbuch

«Die Reihe heisst *Das volkskundliche Taschenbuch*: Dahinter verbergen sich herrliche Selberlebensbeschreibungen.» *Die Zeit*

«Ohne jeden Zweifel: Im autobiographischen Dokumentationsbestand der Europäischen Ethnologie hat die Reihe einen massgeblichen Platz eingenommen und ist aus ihm nicht mehr wegzudenken.» *Schweizerisches Archiv für Volkskunde*

1. Johann Rudolf Weiss: «*Ah! dieses Leben, diese Farbenglut!*» Zwei Schweizer auf Gesellenwalz im Orient (1865–1874). Herausgegeben von Paul Hugger. 304 Seiten, 1 farbige, 30 s/w Abbildungen. ISBN 3 908122 51 1
2. Ernst Witzig: «*Da war's um mich geschehen*». Erinnerungen eines Hagestolz aus dem Basel des 19. Jahrhunderts. Herausgegeben von Paul Hugger in Zusammenarbeit mit Ernst Huber. 208 Seiten, 24 Abbildungen. ISBN 3 908122 53 8
3. Marie Beyme: «*Fränzelis Kinderjahre*». Fast eine Idylle in Klingnau. Herausgegeben von Walter Nef in Zusammenarbeit mit Paul Hugger und Peter Widmer. 48 Seiten, 16 farbige, 2 s/w Abbildungen. ISBN 3 908122 52 X
4. Hans Jecker: «*Glück und Tücken der Menschheit*». Erinnerungen eines solothurnischen Offiziers, Politikers und Unternehmers. Herausgegeben von Hans Rindlisbacher. 272 Seiten, 32 Abbildungen. ISBN 3 908122 54 6
5. Arved von Brasch: «*Frei wie nirgendwo in der Welt!*» Leben im alten Baltikum. Herausgegeben von Rudolf Mumenthaler. 320 Seiten, 31 Abbildungen. ISBN 3 908122 57 0
6. August, Heinrich und Jakob Staub: «*Strenge Arbeit, schmale Kost, geringer Lohn*». Erinnerungen aus Oberrieden (ZH). Herausgegeben von Walter R. Bernhard, Gerold Hilty und Paul Hugger. 168 Seiten, 30 Abbildungen. ISBN 3 908122 62 7
7. Adolf Krayer: *Als der Osten noch fern war*. Reiseerinnerungen aus China und Japan 1860–69. Herausgegeben von Paul Hugger und Thomas Wiskemann. 424 Seiten, 30 Abbildungen. ISBN 3 908122 64 3
8. Walter Weigum: «*Ketzer, Kind und Konkubine*». Eine Kindheit in Appenzell (1913–1922). Herausgegeben von Roland Inauen. 204 Seiten, 30 Abbildungen. ISBN 3 908122 63 5
9. Regina Lampert: *Die Schwabengängerin*. Erinnerungen einer jungen Magd aus Vorarlberg 1864–1874. Herausgegeben von Bernhard Tschofen. 440 Seiten, 27 Abbildungen. ISBN 3 85791 301 0
10. Albert H. Burkhardt: *Blosse Füsse, blutige Zehen, blaue Wunder*. Eine Kindheit in Zürich-Seebach. Mit Zeichnungen von Max Trostel. Herausgegeben von Paul Hugger und Kurt Wirth. 180 Seiten. ISBN 3 85791 302 9

11 Rémy Rochat: *L'heure du Berger*. Edité par Paul Hugger. 160 pages, 20 photos. ISBN 3 908122 67 8
12 Olga Frey: *Großstadtluft und Meereslust*. Eine Reise nach Berlin und an die Ostsee 1900. Herausgegeben von Walter Leimgruber. 260 Seiten, 42 Abbildungen. ISBN 3 85791 303 7
13 Johann Georg Kreis: *«Predigen – oh Lust und Freude»*. Erinnerungen eines Thurgauer Landpfarrers 1820–1906. Herausgegeben von André Salathé. 180 Seiten, 29 Abbildungen. ISBN 3 85791 304 5
14 Charles Pasche: *Les Travaux et les Gens*. Oron-la-Ville au XIXe Siècle. Edité par Jean-Paul Verdan. 72 pages, 13 photos. ISBN 3 908122 71 6
15 Albert Emanuel Hoffmann: *«Zum Kaufmann bin ich nicht geboren – das ist gewiss»*. Aus den Tagebüchern eines Basler Handelsherrn 1847–1896. Herausgegeben von Christoph E. Hoffmann und Paul Hugger. 2 Bände zusammen 664 Seiten, 68 s/w und 10 Farbabbildungen. ISBN 3 85791 305 3
16 Paul Hugger (Hg.): *«Trostlos, aber verflucht romantisch»*. Notizen aus den ersten «Diensttagen» 1939/40. Mit Beiträgen von Simone Chiquet und Katharina Kofmehl-Heri und der Fotofolge «Dienstalltag» aus der Sammlung Herzog. 112 Seiten, 34 Abbildungen. ISBN 3 85791 306 1
17 Victor Rilliet: *En zigzag derrière Töpffer*. Deux jeunes Bâlois dans les Alpes en 1864. Edité par Paul Hugger et Jean-Paul Verdan. 110 pages, 56 ill. ISBN 3 908122 73 2
18 P. Matthäus Keust: *Kapuzinerleben*. Erinnerungen eines törichten Herzens 1840–1894. Herausgegeben von Paul Hugger und Christian Schweizer. Mit Beiträgen von Hans Brunner. 430 Seiten, 33 Abbildungen. ISBN 3 85791 307 X
19 Emil Wälti: *Fieberschub und Saufgelage*. Als Fremdenlegionär in Schwarzafrika 1894/95. Herausgegeben von Paul Hugger. 100 Seiten, 15 Abbildungen. ISBN 3 85791 308 8
20 Berthe Cottier: *Suchy – haut lieu de mon enfance*. Souvenirs du début du siècle. Edité par Annette Perrenoud, Paul Hugger et Jean-Paul Verdan. 80 pages, 13 ill. ISBN 3 908122 74 0
21 Hermann Eberhard Löhnis: *Die Tücken des Maultiers*. Eine lange Reise durch Südamerika 1850–1852. Herausgegeben von Kurt Graf und Paul Hugger. 368 Seiten, 59 Abbildungen. ISBN 3 85791 309 6
22 R. d'Argence: *Six mois aux Zouaves pontificaux* ou Les derniers jours des Etats pontificaux 1870. Edité par Dominic M. Pedrazzini. 116 pages, 19 ill. ISBN 3 908121 37 X